【引子】

兴对亡，盛对衰，古往对今来。

荒淫对勤政，酷法对仁怀。

定六合，平四海，隋殁对唐开。

明镜太宗喜，弄獐明皇爱。

安史之乱社稷忧，黄巢起义江山坏。

盛衰循环如春秋之交替，兴亡轮转似日月之瓜代。

这盛衰的道理看似浅显，人们却不断地重复着昨天的故事！

周武王在牧野逼纣王自焚，结束了延续近六百年的商王朝，继承尧舜禹汤的优良传统建立盛世西周。几百年后周王朝倾颓，春秋战国时期中华大地烽烟四起，各路诸侯拥兵自重，战事不断，民不聊生。嬴政灭六国，天下一统，但他万万料想不到，原本想要千秋万世的大秦王朝只传了两世，便被一个小小的亭长——刘邦——夺了江山。西汉兴、西汉亡，东汉兴、东汉亡，魏晋之后，中华大地再次分崩离析，南朝虽然偏安一隅，但也避免不了几大家族轮流坐庄，北朝更是折腾得热火朝天，伴随着一个又一个新政权崛起的，是一个又一个旧政权的衰败。

杨坚的出现完成南北统一，中华再次进入盛世，但他的命比秦始皇强不到哪儿去，自己死得不明不白，而且死后十几年间，家底儿就被儿子败得精光。老李家从老杨家手中接过传国玉玺，他们的表现总算不负众望，举国上下一片祥和：政治清明、经济发达、文化繁荣、军事强盛……各个方面都达到封建社会的一个顶峰，成为当时世界上首屈一指的大国。

即使是这样的盛世仍然逃不出盛极而衰的命运，并且衰得一塌糊涂。唐朝最后一位皇帝哀帝李柷丢了祖宗基业，中华大地也再次陷入混乱之中……成败谁人定？盛衰岂无凭？吹散厚厚的尘埃，展开讲述盛衰兴亡的历史长卷，让我们回到一千五百年前，尽量擦掉成功者撰写历史时对自己的粉饰和对失败者的抹黑，还原最真实的风流人物，细细体会其中的盛衰之道。

盛唐唐衰

壹

秦王破阵

古月◎著

中国铁道出版社有限公司
CHINA RAILWAY PUBLISHING HOUSE CO., LTD.

图书在版编目（CIP）数据

唐盛唐衰．壹，秦王破阵 / 古月著．– 北京：中国铁道出版社有限公司，2024.8

ISBN 978-7-113-31295-4

Ⅰ．①唐… Ⅱ．①古… Ⅲ．①中国历史－唐代－通俗读物 Ⅳ．① K242.09

中国国家版本馆 CIP 数据核字 (2024) 第 108859 号

书　　名：唐盛唐衰（壹）：秦王破阵
　　　　　TANG SHENG TANG SHUAI(YI)：QINWANG POZHEN
作　　者：古　月

策划编辑：王晓罡
责任编辑：马慧君　　　电　　话：（010）51873005
装帧设计：尚明龙
责任校对：刘　畅
责任印制：赵星辰

出版发行：中国铁道出版社有限公司（100054，北京市西城区右安门西街 8 号）
网　　址：http://www.tdpress.com
印　　刷：河北燕山印务有限公司
版　　次：2024 年 8 月第 1 版　2024 年 8 月第 1 次印刷
开　　本：710 mm×1 000 mm 1/16　印张：15　字数：231 千
书　　号：ISBN 978-7-113-31295-4
定　　价：88.00 元

目 录

第一章　杨广的发家史

第二章　杨谅之反

第三章　任性的隋炀帝

第七章　李渊闪亮登场

第八章　李世民锋芒乍现

第九章　翟让李密的崛起

第十章　李渊入主长安

第十一章　窦建德称霸一方

第十二章　杨广之死

第十三章　江山易主

第十四章　李密的衰败

第十五章　大唐开国战之浅水原战役

第十六章　大唐统一路漫漫

第十七章 秦王破阵

第十八章 烽火燃尽

后 记

【第一章】 杨广的发家史

主角：杨广

配角：杨坚、独孤皇后、杨勇、宣华夫人等

事件：两晋十六国之后，杨坚一统天下，建立大隋，他虽然成就如此千秋伟业，但也为自己家庭的毁灭埋下伏笔。杨坚的二儿子杨广不肯屈居人下，于是，心狠手辣的他把屠刀指向自己的父兄，在这个过程中，他将阴谋和手段演绎得酣畅淋漓。

梦里来了个隋文帝

公元265年至589年，是我国历史上的两晋、五胡十六国（五胡指匈奴、鲜卑、羯、羌、氐）、南北朝时期，南北朝的南朝包括宋、齐、梁、陈四个朝代，北朝包括北魏、东魏、西魏、北齐、北周五个朝代。这三百多年整个中华大地相当混乱，三天两头儿换朝代、换皇帝。

估计老天爷也不喜欢这混乱的局面，决定派个人下来收拾一下这个烂摊子，这个艰巨的任务就落到了西魏大臣杨忠的媳妇身上。

历史上很多大人物都有个共同特点，那就是他们的出身极其相似，一般情况他们母亲怀孕的方式都很特殊，主要可以分为两大类：第一类，未婚已孕；第二类，虽然已婚，但是怀孕过程和老公没关系。

杨忠的媳妇吕氏就属于第二类，她做了个梦，梦见一条苍龙趴在自己肚子上，醒来之后便身怀六甲。十个月后，吕氏产下一男婴，取名杨坚。杨坚的样子非常奇特。有一次，有人把他的画像给陈后主陈叔宝看，结果把陈叔宝给吓坏了，大叫道："吾不欲见此人！"

这杨坚的容貌到底有多奇特呢？简单总结一下，大概是这样的：

第一，大脑门子，额头突出，并有五个隆起的部分从额头直插到头顶；第二，下巴特别长，还向前撅着，是夸张的"地包天"类型；第三，眼睛跟手电筒似的，目光如炬，霸气外露。

这长相跟传说中的龙十分相似！

公元581年3月，隋朝正式建国，杨坚登基当上皇帝，谥号为隋文帝。（谥号是我国古代领导人或者地位够高的人死后别人给他起的称号。）

杨坚早年励精图治，开创了先进的选官制度，发展经济、文化，开疆扩土，当时全国人口达到近七百万户，隋朝进入繁荣富强的盛世。

杨坚在汉长安城东南选址建设国都——大兴城（今陕西省西安市城东、城南、城西一带，也就是唐朝的长安城），大兴城分为宫城、皇城和外郭三部分，完全采用东西对称布局。在此之前各个朝代的都城建设基本没有什么章法，皇宫、官员办公居住场所、居民住宅等杂乱无章。大兴城可就不一样了，这里的街道整齐划一、南北交错、东西对称，城市布局井井有条。从此之后，各个朝代的都城都开始采用这种均衡对称的格局，杨坚也算是开创了都城规划建设的先河。

大兴城的建设共用三年时间，在当时是全世界最大的城市，也是当时世界三大名城之一，另外两座名城分别是拜占庭（又称东罗马帝国）的首都君士坦丁堡和阿巴斯王朝的巴格达城（公元800年左右建造），同为世界三大名城，大兴城比君士坦丁堡大七倍，比巴格达城大六倍多，也就是说另外两座名城与大兴城相比，勉勉强强也就只能算是大兴城里的一个区。

通过首都的对比不难看出国力之间的差距，当时的大隋可谓空前繁荣，国际影响力更是无比强大。毫不夸张地说，杨坚要是感冒了，全世界都得跟着打喷嚏。

然而，这样一位强大王朝的英明皇帝在晚年开始犯起糊涂。

公元593年，杨坚命手下给自己修建一座离宫（什么是离宫呢？就是在国都之外为皇帝修建的永久性居住的宫殿，皇帝一般固定的时间都要去居住，中国有史以来最大的离宫是清代修建的避暑山庄）。杨坚将这座离宫命名为仁寿宫，整个宫殿修建得金碧辉煌、巧夺天工、雕栏玉砌、美妙绝伦，不是天宫胜似天宫。

宫殿修得不错，但把老百姓给害苦了。《资治通鉴》是这样记载的："丁夫多死，疲屯颠仆，推填坑坎，覆以土石，因而筑为平地。死者以万数。"也就是说建造这个宫殿死了好几万人，就地挖坑把尸体埋了。

除了大兴土木修建宫殿之外，杨坚还制定了相当变态的法律。例如：偷一文钱以上的小偷就要拉出去砍脑袋，也就是所谓的"一钱弃市法"。曾经有仨人合伙偷了个瓜，结果全部被押上刑场。当时，人们被迫养成早睡晚起的好习惯，能不出门就尽量不出门，因为说不定犯点什么事儿小命就没了。

上面说的都是针对平民老百姓的，对于朝廷的官员，杨坚也一视同仁，毫不手软。有个大臣上朝时衣冠不整，当值的御史没有及时纠正，杨坚知道后，便把那御史拉出去砍了，别的官员没有意识到问题的严重性，出来说了个情，结果也成为陪葬品。这样一来，搞得百官根本不敢开口说话，上朝的时候担惊受怕，朝不保夕。

在此基础上，杨坚临死之前又做了一件事儿，把大隋朝彻底推向万劫不复的深渊，这件事儿就是将皇位传给最不靠谱的一个儿子。

影 帝

杨坚有五个儿子，老大杨勇、老二杨广、老三杨俊、老四杨秀、老五杨谅。根据史料记载，老二杨广出生的时候的场面相当壮观，比他老爹还夸张。大凡传统大人物出世，史书上都会有一些类似的怪象记载，反正就是要告诉你，这个人的出生和别人不一样！

据说，当时满屋子红光，像着了火似的，独孤皇后的肚子里面发出一声巨响，有如惊雷一般，然后一条金龙腾空而起。这条金龙飞出之后见风就长，越长越大，在半空中张牙舞爪。正在这时，刮起一阵无名狂风，金龙被大风刮得东倒西歪，最后掉在地上摔成数段。

独孤皇后一惊，从梦中醒来。原来只是个梦！

梦醒之后生下个儿子，也就是杨广。

杨坚得了个儿子自然十分高兴，再听到这个金龙降世的梦，心里更是乐开了花儿，立刻就要给儿子起名字，当皇帝要英明神武，就叫杨英吧，转念又想，创业的时候需要英明神武，继承家业并发扬光大更需要心胸宽广，还是叫杨广吧，于是，这孩子就叫了杨广。

古时候立接班人讲究长幼有序，说白了就是要大儿子继承家业。

排行老二的杨广打心眼儿里痛恨这个规矩，不过规矩是死的，人是活的，杨广并未向命运和世俗的条条框框屈服，而是一门心思地祸害大哥，同时抓住一切机会取悦老爸、老妈。

杨勇这孩子也的确不争气，自己的老妈是个醋坛子，向来痛恨男人媳妇多，他老爸都不敢多娶媳妇，他倒好，妻妾成群，多到自己都数不过来。杨广和杨勇形成鲜明对比，虽然也有几个妃子，但都不来往，只和正妃同吃同睡。

有一次，杨坚和独孤皇后到杨广家突击检查，杨广把长得漂亮、穿着绫罗绸缎的姑娘都藏了起来，把那些又老又丑、还穿着破布衣服的家奴叫出来迎接圣驾，还把家里平时的娱乐工具砸坏，琴弦扯断，再弄些灰土洒在上面。

对于杨广精心布置的假象，老两口表示非常满意。（《隋书》记载，既而高祖幸上所居第，见乐器弦多断绝，又有尘埃，若不用者，以为不好声妓，善之。）

杨广不仅自己表现得好，还非常重视舆论宣传的作用，收买了很多大臣，让他们在自己老爸面前说自己的好。

那些被杨广收买了的大臣经常跟杨坚说：杨广和陛下非常相似，容貌俊美，举止优雅，性情聪颖机敏，性格深沉持重，喜好学习，擅长作文章，对朝中之士恭敬结交，待人礼貌谦卑……

经过这些铺垫，杨广终于准备大展拳脚，但还没等拉开架子，一纸调令让他痛不欲生。根据工作需要，杨广要被调到扬州当总管，这个官职相当于扬州的高级军政长官，官是不小，不过离开京城的话还怎么“坑哥”呀？到了扬州说不定也就跟太子宝座后会无期了。

于是，杨广来到后宫和老妈谈心，一把鼻涕一把泪地哭诉，说自己天生憨厚老实，只知道兄弟之间的感情是最珍贵的，但不知道什么时候得罪了大哥，大哥视自己如眼中钉、肉中刺，不顾及骨肉亲情，总想找机会把自己整死。在京城的时候，有老妈保护着问题还不大，如果要是去了扬州，没人能保护自己，说不定这一去就再也回不来了，死倒是没什么，主要是不能在老妈膝下尽孝，真是死不瞑目啊。

说完，杨广哭得更厉害了，差点没背过气去，演技之高，绝对是影帝的水平。这样的演技足以唬住独孤皇后，老太太看到二儿子这涕泪横流的样子，顿时怒从心头起、恶向胆边生，一边安抚着杨广脆弱的心灵，一边暗下决心要废掉杨勇，立杨广为太子。

太子之争

杨广在当影帝的同时，也不断加大对外公关工作的力度，严格贯彻落实内外都紧的方针政策。

在这样内外夹攻之下，杨勇再傻也能感觉到危机步步逼近，如果不反击，自己的大好人生可能就要玩完。

杨勇终于要反击了。

杨广会不会怕杨勇反击呢？当然不会，这正是杨广需要的，并且希望杨勇的反击来得更猛烈些。杨广就怕大哥当缩头乌龟，那样的话自己不好下手。现在，杨勇要进攻，而且是猛烈地进攻。但是，他忽略了很重要的一点，进攻越猛烈，破绽就会越多、越大。

杨勇知道老爸、老妈讨厌自己生活奢侈，讨厌自己玩乐器，讨厌自己整天和姑娘们混在一起，他便在太子宫的后花园整了个贫民窟，贫民窟里面盖了好多茅草屋，自己穿破布衣服住在茅草屋里，屋子里没有绫罗绸缎做被褥，就铺点干草当床铺。

过犹不及！

杨勇好像并不明白物极必反的道理。事情做得这么夸张，杨坚知道后心里反而更加不踏实。

杨勇的另外一个反击手法颇有一些搞笑色彩，他请个江湖术士做了个木偶，写上杨广的名字和生辰八字，然后用火烧、用水淹、用针扎……用目前比较流行的话来说就是：画个圈圈诅咒你。

杨勇采用这种超自然的方法进行反击，并未收到任何预期效果，但副作用还是很显著的：杨坚很快发现杨勇行为异常，决定派人调查一番。令杨坚万万想不到的是，他派去的调查员杨素正是杨广的亲信，这样的调查自然得不到真相，只会增加父子之间的误会。

调查员杨素向皇帝杨坚汇报道："太子的问题很严重，臣不敢讲。"

杨坚一听，急忙说道："但讲无妨。""恐怕太子想当皇帝。"杨素小心翼翼地答道。（《资治通鉴》记载，素还言："勇怨望，恐有他变，愿深防察！"）就这样，皇帝与太子之间的误会越来越深。终于，公元600年，杨勇被废。同年11月，杨广如愿以偿地当上大隋朝的接班人。杨广当上太子之后并没有骄傲自满，依然谦虚谨慎、小心翼翼地坑害着自己的亲哥哥。

有人说杨广能当上太子并不是自己多么厉害，而是杨勇实在太低能，事实证明，这种观点是站不住脚的。

公元602年8月，独孤皇后驾鹤西游。从后面发生的事情来看，老太太早死对她自己来说真不是什么坏事儿，甚至可以说是上天偏爱于她，不忍心让她看到自己亲儿子那些令人发指的行径。

杨广到底都干了些什么呢？远的不说，先说近的。

刚死了亲妈的杨广一天就哭一次。朝野上下议论纷纷，都说以孝闻名的太子刚刚死了亲妈，一天至少也得哭个十次八次吧，就哭一次实在是说不过去啊！于是组织专业人员开展调查。调查结果很快出来了，没错！一天就哭一次！不过是从早晨起床一直哭到晚上睡觉。

大臣们看着调查结果，纷纷伸出大拇指，什么是孝子？这就是孝子啊！大臣们表示，自己要是能有个这样孝顺的好儿子，下辈子做牛做马都值得！

悲痛欲绝的杨广整天都吃不上一碗饭，丧母之痛让他对山珍海味都难以下咽。按理说，这几天折腾下来，杨广肯定憔悴得不像样子。可是，细心人发现，杨广不但面色红润，而且还胖了！

为什么会胖呢？

很多年之后，人们看到负责杨广伙食的人的笔记，终于解开这个谜团。这本笔记记录了每天偷偷运回太子府内的食物，有：蒸羊羔、蒸熊掌、蒸鹿尾儿，烧花鸭、烧雏鸡儿、烧子鹅，卤煮咸鸭、酱鸡、腊肉，松花、小肚儿、晾肉、香肠，什锦素盘，熏鸡、白肚儿，清蒸八宝猪、江米酿鸭子……红丸子、白丸子、熘丸子、炸丸子、南煎丸子、四喜丸子……红肘子、白肘子、水晶肘子、蜜蜡肘子……

上面这食谱是我根据相声“报菜名”臆想的，《资治通鉴》中是这样记载的：“每朝令进二溢米，而私令取肥肉脯，置竹桶中，以蜡闭口，衣袱裹而纳之。”

禽兽不如

杨广就这样给自己的亲妈送终，实在是太禽兽了吧？但是，跟他对亲爹的所作所为比较一下，您就会发现，杨广根本就不是禽兽，而是禽兽不如。

独孤皇后死后，杨坚终于可以自由恋爱，其中最爱的要数宣华夫人陈氏。不过，这好日子也没过上两年，公元 604 年，杨坚病重，在仁寿宫养病。

深谋远虑的太子杨广这个时候就开始盘算起老爹死后自己怎么能顺利接班。为此专门制订出一套十分详尽的方案，写了封信，派人送到亲信杨素那里。

结果，马马虎虎的送信人把信送到杨坚手中，杨坚看完信后气得七窍生烟。

杨坚这边的气还没生完，那边又出大事了，一直伺候他的陈夫人从寝宫出来要回自己的住处换衣服，碰巧遇到了杨广，杨广对自己这个后妈心仪已久，今天终于按捺不住，扑了上去。还好旁边有几个太监，陈夫人在几个太监的帮助下，总算逃出魔爪。

陈夫人回到杨坚寝宫后惊魂未定，杨坚看陈夫人花容失色，便问原因，陈夫人把刚才的事情一五一十地说了一遍。

杨坚顿足捶胸，破口大骂："这个小兔崽子，怎么能够继承大统啊！"（《资治通鉴》记载，畜生何足付大事！）

这个时候杨坚才想起自己的大儿子杨勇，赶忙命人把杨勇叫来共商大事。这段时间杨广已经做了大量准备工作，此时杨坚的圣旨已经无法传到杨勇手中，得到这条命令的是杨广。杨广得知老爹的决定，立刻让亲信调集御林军守住仁寿宫各个大门，禁止任何人进出，然后，气定神闲地去寝宫给老爹请安。

请安仪式很快结束，随之结束的还有杨坚的老命。各种史料记载众说纷纭，有说是杨广亲自动的手，也有说是杨广手下代劳的，代劳者又被杨广灭了口。现在我们已经无法考证，不过，通过分析杨广的性格，可以推断出应该是他自己动的手，长期以来杨坚一直是个高大威猛、不可动摇的大山压在他心头，只有亲自下手推倒大山，才能更彻底地克服心理障碍，消除老爹带给他的阴影。

老爹刚死，杨广还没来得及穿上龙袍、坐上龙椅，就先做了一件事。聪明人一定认为是第一时间把关在小黑屋的前太子杨勇杀掉，以绝后患。

但是，聪明人错了，因为杨广不是聪明人，而是个禽兽不如的东西。杨坚死的当天晚上，杨广就迫不及待地再次对陈夫人表达爱意。给陈夫人送了礼盒和一首情诗："关关雎鸠，在河之洲。窈窕淑女，君子好逑。"礼盒里面装的是几个同心结。

看不出来，这个禽兽还蛮有情调啊！

陈夫人看到同心结和情诗直接气得晕了过去，杨广毫不犹豫地……

【第二章】 杨谅之反

主角：杨谅

配角：杨广、杨素、皇甫诞、裴文安、余公理等

事件：杨广和兄弟们之间的明争暗斗从未停止过，即使是他当上皇帝之后，兄弟们仍然顽强地坚持着和他做斗争，杨谅就是典型代表，他在第一时间举起反旗，想要把二哥从龙椅上赶下去，这兄弟二人到底谁更胜一筹呢？

一份不光彩的简历

公元604年，杨广即位，即隋炀帝，第二年，改年号为大业。

年号是个什么东西呢?

这要从汉武帝刘彻说起。汉武帝即位后突发奇想，给平淡无味的"年"前面加上一个华丽的修饰词(例如，公元605年也称隋大业元年)，这个词主要是表达自己的一些期望、想法或者上天预示的某些兆头等。没想到他这一个突发奇想竟然影响了中国后来的两千多年，甚至还影响到日本、越南、朝鲜等地。

杨广以"大业"为年号，是表达自己想要开创一番伟大事业的想法。

坐上皇帝宝座的杨广首先要解决一个人——前太子杨勇，这个同父同母的亲哥哥必须得杀，因为这个人曾经比自己更接近皇位。历朝历代，废太子总是一个不安定因素，只有从废太子变成死废太子，现任皇帝才能踏实。

解决掉亲哥哥的杨广终于踏实了，准备大干一场，开创丰功伟绩，留名青史。就在杨广撸胳膊挽袖子准备大展拳脚的时候，一个不和谐的声音传了出来："等等，你先别着急当皇帝，我有话说！"

说这话的不是外人，正是杨广的亲弟弟杨谅。

"什么？让我别着急当皇帝，难道让你来当？"杨广对此非常郁闷，当然，这也是在情理之中，当皇帝本来是一件大快人心的事情，你当弟弟的不来道喜也就罢了，竟然还敢跳出来捣乱。

不过杨广没多久就想开了："这个宝贝弟弟不论是智慧还是武功都还不如杨勇呢，杨勇我都搞定了，还在乎你小子吗？解决你就和碾死只蚂蚁也没什么太大差别，就先拿你开刀，让天下知道我杨广不是好惹的，连亲爹和亲兄弟都下得了手，其他非亲非故的胆敢嚣张的话全部灭了九族。"

其实，不能怪杨谅没有人情味儿，看看老杨家的内斗，就不难理解杨谅为什么不希望自己亲哥哥当皇帝。

前太子杨勇落马之时，杨谅足足失眠半个月，他失眠并不是心疼自己的大哥在受苦受难，而是知道，自己作为皇帝的亲儿子也是杨广登基的障碍，稍不留神也将步大哥的后尘。为了自保，杨谅就在自己的大本营——晋阳（今山西省太原市西南）——招兵买马。

杨谅一通折腾，还觉得不够踏实，就和老爹说：“父皇，‘人无远虑必有近忧’，现在貌似天下太平，可是突厥那边军费支出越来越多，队伍越来越强大，我们要采取点儿措施防备一下。”

杨坚听完之后，觉得这儿子很有正事儿，便问道：“那你说应该怎么办？”杨谅答道：“咱们也加强武力戒备，把并州作为一个重要军事基地，做大做强，镇住突厥，让他们不要太嚣张。”

杨坚也没有多想，觉得杨谅的话有道理，就让他去操办了。

为迅速扩大队伍，杨谅吸收大量地痞、无赖、流氓等亡命之徒，将其编入自己的军队。兵强马壮之后，杨谅终于可以睡个踏实觉了。

可是，还没踏实几天，又传来一个令他震惊的消息——四哥蜀王杨秀因为行为不检点，被杨广抓住小辫子，杨坚在杨广的怂恿下废了杨秀。

“这样下去，迟早会轮到自己。”杨谅心中想道。

这个时候的杨谅已经不仅仅是失眠，简直就是惊弓之鸟，哆哆嗦嗦地待在晋阳，不知如何是好。

当杨坚不明不白地死在大兴城的时候，远在晋阳的杨谅对此一无所知。当时没电报、没电话，更没网络，杨谅并不知道老爹已经见了阎王，是一封来自朝廷的诏书让他起了疑心。

杨广解决掉老爹和大哥之后，想起来还有杨谅这么个弟弟，想一并处理掉，就以老爹的名义给杨谅下了一道诏书，让他火速进京。

令杨广想不到的是，杨坚和杨谅这爷儿俩有点搞情报工作人员爱用的小手段，他们会在往来书信上做点儿小记号，表示这东西是出自自己之手。

杨谅看到这次的诏书上没有记号，再派人一打听，才知道老爹已经驾崩，杨广成为大隋的皇帝。这下杨谅不干了，大喊一声：“等等，你先别着急当皇帝，我有话说！”然后，竖起大旗，擂响战鼓，聚集军队，要和杨广拼个你死我活。

在这里我们要解释一下皇帝死为什么叫“崩”。这个最早是《汉书》里面形容汉高祖刘邦死后，百姓的精神支柱都崩塌了，此后的皇帝们也不管自己的死是否会导致社会的崩塌，总之都用“崩”来代替死，以标榜自己的重要性。

杨谅这样一个风风火火、干劲十足的小伙子到底是个什么水平呢？

我们可以通过一份简历来寻找答案。

杨谅，字德章，生于公元575年，隋文帝第五子。

论年龄，杨谅在五兄弟中最小；论相貌，杨谅在五兄弟中最漂亮；论智商，杨谅在五兄弟中占中等（当然，这五兄弟智商的整体水平偏低）；论受宠爱程度，杨谅在五兄弟中最会撒娇，最讨老爸老妈的喜爱。

通过这个简单的开场白，完全看不出杨谅有什么可以和杨广分庭抗礼的资本。

我们再分析一下他的政治生涯，看看能否找到什么亮点。

公元581年，杨谅被封为汉王，曾经担任雍州牧（“牧”是管理百姓的意思，也就是最高官员），在这之后，先后担任上柱国、右卫大将军、左卫大将军等。

公元597年，杨谅担任并州总管，黄河以北的五十二个州都是他的辖区，这些区域实现高度自治，他可以在黄河以北为所欲为。

简历读到这里，大家肯定觉得这小子还不错嘛，不过这个时候下结论还有点儿早，我们再看看他那不堪入目的军旅生涯吧。

公元598年，高句丽王闲极无聊，进攻大隋朝辽西地区（高句丽是公元前1世纪至公元7世纪在我国东北地区和朝鲜半岛建立起来的一个政权）。

当时的大隋朝可谓是兵强马壮，正处在不可一世的巅峰时期，哪能允许这种跳梁小丑出来瞎蹦跶。隋文帝杨坚当即任命汉王杨谅为行军元帅，率领三十万大军直扑东北。

高句丽这个小国一贯就是外强中干、色厉内荏，没事儿的时候自己在那瞎咋呼，嚣张得不行，真正要动起手来，立刻就蔫儿，老实得不得了。

高句丽王看大隋皇子亲自挂帅，带领三十万人马冲了过来，不要说真正动手，就是这三十万人一人吐一口唾沫都能把自己淹死，于是，他便不敢打了，想要示好，拍马屁的话刚要说出来，戏剧性的一幕出现了。

杨谅管理自己王府的家丁还算凑合，管理这三十万大军实在是费劲，至于行军打仗那就更别提了。队伍弄得一团糟，在强渡辽水的时候和老天爷作斗争损失惨重。屋漏偏逢连夜雨，又赶上军中感染流行病，大军是死的死、散的散，还没见到高句丽就少了二十来万。

这仗还怎么打？只能先撤。

公元 599 年，突厥侵犯隋朝边境，杨坚又任命杨谅为行军元帅，想让他率兵攻打突厥。结果这次更丢人，他连前线都没敢去，仗都是手下打的。

通过这份简历不难看出，杨谅作为一个失败的典型实在是太成功了，如此草包的他为何一定要冲击皇位呢？

原因很简单，傻子从来不认为自己是傻子，不管失败过多少次，每次他们都能为自己找到合适的理由和借口，证明失败的原因不在自己身上。杨谅也是这样的傻子，他并不认为自己不适合打仗，他反倒觉得自己天生就是将帅之才，现在兵精粮足，又有黄河天险，进可攻、退可守。要是能够灭了杨广，以后就再也不用担惊受怕了，还能当皇帝，这对他来说实在是太有诱惑力了。

因此，杨谅再次披上尘封的战袍，跨上平日养尊处优的战马，踏上西征之路。

智勇双残

不管是什么时候，造反永远是件大事，绝不能草率行事。杨谅是说造反就造反了，他的手下可不全是糊涂虫。有个大臣叫皇甫诞，官拜并州总管司马，这个官可是非常大，基本上所有的政治问题他都管，杨谅也一直比较给他面子，遇到什么棘手问题都会和他商量。

这次杨谅如此冲动，皇甫诞也是苦口婆心地规劝，让他悬崖勒马，不要玩火自焚。但自认皇位唾手可得的杨谅早就把这些话当成耳旁风。

皇甫诞声泪俱下地劝杨谅，就是为了让他知道：论智慧、论武功，杨广都比你高那么一点点，你是斗不过他的。

杨谅坚持的原因就是要借这个机会证明给大家看，他这样智勇双全的人怎么会怕杨广？

然而，自认智勇双全的人，大多都是智勇双残。

皇甫诞实在拿这个智勇双残的家伙没办法，只能把杨坚搬出来吓唬他："我们的将士没有杨广的彪悍，杨广的将士都是先皇带出来的，那可是把突厥打得落花流水的精锐部队啊！"

"这些年我也没闲着，咱们这片儿的地痞、流氓、小混混都被我给收编了，他们在被收编之前都是欺男霸女的好手，也是把老百姓打得屁滚尿流的精锐，再加上收编之后的调教，现在可称得上是虎狼之师。"杨谅对他的这群兵痞可是信心满满。

皇甫诞还不死心，继续劝道："先皇驾崩，杨广以太子身份继承家族事业，名正言顺，咱们起兵造反这算乱臣贼子啊。"

杨谅听后大怒，说道："我也是先皇的亲儿子，继承皇位也是名正言顺，再说了，我爹死得不明不白，杨广才是乱臣贼子，你不肯帮我，一定是收了杨广的好处。"

可怜皇甫诞这个忠心耿耿的大臣不但被骂得狗血淋头，而且还被收押入监。

其他人看到皇甫诞的下场也就都不敢吱声了。

杨谅一看气氛如此和谐，赶快商量正事吧，于是把手下叫来召开军事会议。他在会上说道："咱们的仁义之师已经竖起'诛奸党、振大隋'的旗号，大家想想怎么打仗吧！"

杨谅话音刚落，一个人大声说道："属下有灭敌良策。"

杨谅抬头一看，说话的是王頍（kuǐ），心中顿时高兴起来，因为这个王頍水平确实不错，文韬武略了然于胸。

杨谅连忙说道："爱卿有什么狠招尽管说出来。"

王頍答道："现在大王的手下有很大一部分是关西人，他们的亲戚朋友都在杨广的势力范围内，要是想让他们死心塌地替您卖命，就应该召集所有部队长驱直入，以迅雷不及掩耳之势直捣杨广老巢，在大家都没反应过来的时候您就已经坐上皇帝的宝座。如果我们不主动出击，而是在现在的地盘上展开防御工事，守株待兔的话，就要约束好那些关西的士兵，让他们不要造反，然后重用本地士兵，和他们一起保家卫国。"

杨谅听了个稀里糊涂，也不知道该咋办，既没有准备立刻进攻，又没有对关西的士兵采取任何措施。

开门红

就在杨谅举棋不定、不知道如何是好的时候，又有人给他出主意。这个人是裴文安，这小子虽然不是什么大人物，但出的主意却不错。

裴文安对杨谅说："井陉（今河北省井陉县）以西都是您的地盘，崤山以东的部队也都听从您的指挥，您现在就应该把这些部队都整合起来，老弱病残的分别驻守在关键位置，身强体壮的直扑杨广老巢。我愿意带领一群不怕死的勇士打头阵，您率领大军紧随其后，以雷霆之势占领灞上（今陕西省西安市东），这样咸阳以东的地盘也就都归您所有了，剩下的任务就是包围都城，到那个时候，想怎样玩死杨广还不是看您的心情吗？"

听完裴文安的计划，杨谅那高兴劲儿就别提了，憧憬着把杨广踩在脚下自己稳坐龙椅的情形。

按照裴文安的方案，杨谅派出各路大军，又提拔裴文安为柱国（柱国是正二品左右的官，意思是这个人对国家的作用就像柱子对房子的支撑一样重要），让他和纥单贵、王聃两位柱国一起带领最能打的部队直奔杨广老巢。

各路部队出发后，杨谅自己也没闲着，从军队中挑了几百个高手，这几百个人有的化装成宫女，有的化装成太监，冒充杨谅的后宫人员要返回长安，说是回长安，实际上他们的目的地是蒲津关。

要攻打蒲津关就要先打蒲州。蒲津关在蒲州西门外黄河的西岸，位于在今陕西省大荔县东，自古以来就是兵家必争之地，是关中与山西之间的重要通道，是黄河重要的渡口和秦晋之间的要道。从山西方向来说，它是自山西进入关中的一个跳板；从关中方面来说，它是自关中进入山西的一个关键点。

杨谅精挑细选化了装的几百精锐骗过蒲州守城的门卫进入城中，基本上兵不血刃便占领了蒲州。

蒲州刺史（刺史是地方最高军事、行政长官）丘和还算比较机灵，混乱之中跳上匹快马逃回长安，其他官员可就没那么幸运，大多成为杨谅的俘虏。

杨谅出师大捷，第一仗打得非常漂亮，绝对是个开门红。这个开门红让杨谅非常非常地兴奋，以至于兴奋过度抽起风，竟然将刚刚制订的计划给改变了，要把裴文安、纥单贵、王聃等人调回来。命令下达的时候，裴文安等人已经距离蒲津关很近了，再近也没办法啊，拿老板的俸禄就要听老板的话，不管老板的话有多么不靠谱。

战局逆转

裴文安等人被一个十分不靠谱的命令召回之后，杨谅对他们说："各位将军辛苦了。"

几个人你看我一眼、我看你一眼，都没明白杨谅葫芦里卖的什么药，只好答道："您更辛苦。"

"我怕你们打蒲津关太辛苦，要不就别打了，咱们还是守蒲州吧！"杨谅继续说道。

杨谅这看似抽风的举动实际上是内心活动的一种体现，他胸无大志，就不是做大事的料，在自己的一亩三分地上耍威风那是他的强项，真要走出家门离开自己熟悉的环境进入未知世界，他就怕了。

杨谅这话刚一出口，裴文安等人差点儿气吐血，几人心中暗想："唉！真是烂泥扶不上墙，打下蒲津关距离得到天下就不远了，你却非要窝在这里守蒲州，这样下去迟早被杨广灭掉。"

心里这样想，嘴上不能这样说呀，裴文安尽量控制住自己的情绪，做了几个深呼吸，然后心平气和地说道："老大，你这样个搞法咱们咋帮你打天下啊？大家都知道'兵贵神速'，咱们应该趁着杨广还没回过神来，拿下蒲津关，直捣长安，这样他那还没焐热乎的宝座就成你的了。现在倒好，他肯定已经做好准备，把四面八方的部队都招回来守好老家，再挑些彪悍的冲过来打咱们，后果不堪设想啊。"

杨谅听裴文安说完立刻就傻眼了，垂头丧气不知所措。

"现在只能好好防守，再找机会吧。"裴文安继续郁闷地说道。

事情已经到了这个地步，谁也没什么更好的办法，杨谅只能强打精神布置下一阶段的工作。

为加强防守，杨谅更换了几座重要城池的一号人物，任命王聃为蒲州刺史，裴文安为晋州刺史，薛粹为绛州刺史，梁菩萨为潞州刺史，韦道正为韩州刺史，张伯英为泽州刺史。

布置完这些防守工作，杨谅的心里总算稍微踏实一点。

杨谅这边还没踏实两天就出事了，晴空一道霹雳砸在脑门子上——蒲州城破，王聃缴械投降，纥单贵战败逃跑。

原来，前几天杨谅派人化装偷袭蒲州取得开门红之后，杨广的一个手下看不下去了，这人就是杨素，杨素为了给杨谅来个下马威，同时又能给杨广吃颗定心丸，决定采取军事行动对蒲州进行报复。

为证明杨谅手下都是草包、饭桶，杨素只带五千轻骑兵就出发了。

深夜，月黑风高，杨素到达河边，收集了几百条商船，在船上铺好干草，踩上去只有微弱的声音发出，人衔枚、马裹蹄，五千人马悄无声息地过了河。

第二天早晨，天刚刚亮，杨谅的军队在迷迷糊糊中就被杨素的军队打得丢盔弃甲。兵败如山倒，纥单贵杀了几个逃兵也稳不住局面，只好跟着逃兵一起逃跑。王聃更是被杨素的气势吓得腿肚子转筋，跑都不敢跑，干脆选择投降，献出杨谅交给他的蒲州城。

此战过后，杨广封杨素为并州道行军总管、河北道安抚大使，全权负责讨伐杨谅。

为什么通过这样一场胜仗杨广就会如此重用杨素呢？原来，杨素在出发之前就说了："我预计某月某日击败纥单贵、王聃，拿下蒲州。"果然和他预计的一样，就在他说的那天如期拿下蒲州城。

杨素到底是何许人？竟然如此厉害，他对杨广的帮助究竟有多大？

养狼人

杨广能当上皇帝和自身辛勤的付出、卓越的演技以及丝毫没有心理负担地对至亲下死手是分不开的，但是，如果没有杨素他也不一定能当上皇帝，可以说杨素是影响隋朝历史的重要人物，杨广的皇位有自己的一半，也有杨素的一半。

想当初，杨坚还英明神武的时候，就非常宠信杨素。那个时候的杨广仅仅是个看起来礼贤下士、尊贤重德的晋王。

作为一个有追求的人，杨广想着怎样才能百尺竿头更进一步，于是，手下们给他出了个主意：拉杨素入伙。

杨广通过赠送金银珠宝、豪宅美女等方法展开了一轮又一轮的猛烈攻势，杨素及其弟弟杨约俩人终于沦陷，成为杨广的忠实拥护者。

杨素为什么肯加入杨广的队伍呢？因为他知道杨坚总是要驾鹤西游的，他需要找到新靠山，杨勇这竖子不值得托付终身，杨广是个成大事的人，跟他混应该错不了。

杨素明白拿人钱财替人消灾的道理，理所应当要替杨广做事，刚刚入伙的他需要送杨广一份大礼，表现出自己的忠心和能力。

送礼要讲究投其所好，杨广喜欢什么？

当然是喜欢当太子。谁能帮杨广当上太子，谁就立了头功，将来就是一人之下万万人之上。

杨素知道换太子的事直接和杨坚说不合适，万一老头子喜欢杨勇，自己当面说人家大儿子的坏话岂不是要惹他不高兴。于是，采用迂回战术，先摸摸独孤皇后的底，通过独孤皇后再一步步瓦解杨坚，到时换太子就是水到渠成的事。

找了个合适机会，杨素和独孤皇后说杨广是个好人，孝敬父母，不贪财好色，继承了父母双方的优良基因。独孤皇后对此也深表赞同，同时表达了要是杨广能当上太子继承杨家家业，一定可以千秋万代。

两人达成共识之后事情就好办了，独孤皇后的枕边风加上杨素的添油加醋，杨勇就提前下岗了，杨广走马上任成为新太子。

这份大礼让杨广十分欣慰，杨素正式成为他的亲信，从此以后二人狼狈为奸，杨素一人身兼数职，对内给杨广出主意，给他讲狼应该如何披上羊皮装成一只善良的畜生；对外给杨广彻头彻尾地包装一番，宣传他的正面形象，告诉大家杨广是一只赤裸的羔羊，需要在各位的细心呵护下才能茁壮成长，这些爱心泛滥的大臣们果然也都不负众望，纷纷加入爱护杨广的行列中；在杨坚那里，杨素更是煞费苦心，想让他踏踏实实地把大隋交到新太子手中。

杨素就这样数年如一日兢兢业业地工作着，杨广也数年如一日勤勤恳恳地扮演着沉默而赤裸的羔羊。功夫不负有心人，他们终于熬到杨坚变成一个风烛残年的老人。

公元604年杨坚生病，才发现杨广是只披着羊皮的狼，并想重新启用前太子杨勇，这个时候杨勇还有翻身的机会，杨广也有功败垂成的危险。但是，杨坚发现杨广是狼，并没有发现杨素是养狼人，他让杨素传唤前太子杨勇到床前谋划大事，杨素招来的却是恶狼，杨坚也因此不明不白地离开人间。

杨广在做晋王和太子的时候杨素功不可没，杨广当皇帝的时候杨素更要展现自己超强的工作能力，让杨广安心做皇帝，像杨谅这样的跳梁小丑根本不劳他费心，自己就能轻松搞定。

心有灵犀

杨素趁着月黑风高拿下蒲州城，这在战略上有着十分重要的意义：杨广赢得喘息之机，可以调兵遣将；杨谅失去先机，想要一举渡过黄河，直插敌人心脏已经不可能了。另外，这对两军士气也产生很大影响，此消彼长，杨谅的将士就像霜打的茄子一样都蔫儿了，杨广的将士则像打了鸡血一样，叫嚣着要赤手空拳去和杨谅单挑。

就这样，胜利女神开始觉得杨广长得更帅一些。

叫嚣最厉害的是一个叫史祥的小子，杨广也不好打击他的热情，就让史祥当行军总管去和杨谅火拼，史祥这小子叫嚣得厉害，脑子也不笨，真要上战场可不能单枪匹马、赤手空拳，而是选出最精壮的一群将士出战。史祥带着队伍来到黄河岸边，发现对面杨谅的大将余公理已经摆开阵势，稳稳当当地坐在太师椅上等他呢，而且还是一副不怕死你就放马过来的架势。

史祥明白如果强行登陆，就算能成功渡过黄河，也得有一半将士喂鱼虾。“强攻不行，咱就智取。”史祥做出了一个十分明智的选择。

表面上，史祥大张旗鼓地准备战船酝酿登陆战；私下里，他的小弟都已经有组织、有计划地从黄河下游开始偷渡。“明修栈道，暗度陈仓”这招虽然土了点儿，但的确管用。

当余公理发现的时候，史祥的主力部队已经顺利完成偷渡。手忙脚乱的余公理准备重新布阵，对面敌军已经像潮水一样涌了上来。

史祥这边打得很痛快，但他毕竟是个配角，更痛快的还是主战场上的杨素。

杨素带着大部队浩浩荡荡地向杨谅的老家推进，晋州、绛州等军事重镇均有杨谅重兵把守，杨素并未直接攻城，而是向每座城池派出两千士兵进行牵制：你不出城我也不打你，你要是出来我就偷袭你。

兵来将挡、水来土掩，杨谅也不含糊，派出手下大将赵子开带领十多万将士迎敌。

赵子开行军布阵也算是中规中矩，侦察好地形之后，选择易守难攻的狭窄之地安营扎寨，在杨素必经之路设置层层障碍，又在险要地方安排防守人员。

布置好这一切，赵子开认为已然高枕无忧，心中盘算道："除非是天兵天将，否则谁也别想从正面越我防线一步。"

"从正面进攻是绝对不会有好果子吃的。"杨素侦察完敌情之后得出这样的结论。看来这哥儿俩还真是心有灵犀啊。

召开军事会议，杨素为此次攻坚战定下基本战术：迂回！

杨素看对方这布阵的架势，完全是防守，路都堵上了，根本不用担心敌人会打过来，于是，在正面战场上留下一些老弱残兵，自己带领精锐部队潜入深山。渡水攀岩、翻山越岭，这些艰辛不必细说，历尽千辛万苦之后，杨素带着军队绕过了赵子开的防守。

光绕过防守不行啊，仗还得打。杨素选好地势，扎下临时大营，让军师挑选三百人留守营地，自己琢磨着从哪儿开始进攻比较好。结果，过了好半天，军师都没把这三百人选好。原来，大家觉得赵子开的人马太多，怕拼不过人家，都不想冲锋陷阵，都想在大营留守。

杨素知道这情况顿时火冒三丈，不由分说，直接把刚刚选好的留守人员就地正法。然后大声问道："还有谁想留守吗？"

大家看着一地的人头，立刻就转变了态度，大声吼道："能够和大人冲锋陷阵是我等的荣耀，留守大营那是贪生怕死之辈的选择，我们鄙视这样的人。"

杨素对这个回答很满意，继续说道，"都不想留守，就随我一起杀过去，先斩赵子开，再灭杨谅。"说完，一马当先杀了出去，小弟们也都绰起家伙，紧随其后。

赵子开面对这突如其来的大规模敌军当时就乱了手脚，毫无准备的情况下打肯定是没法打，不能打就跑吧。可他们忘了一点，逃跑也是一门学问，没头没脑地瞎跑只能是跑进鬼门关。

这场战斗就这样在一边追、一边跑中打完了。

战后统计，赵子开军队死伤殆尽，其中被自己人踩死踩伤的就有好几万之多。

根本不是我儿子

杨素率新胜之师雄赳赳、气昂昂向东挺进，心里盘算着下一仗该怎么打，怎么样才能打出风格、打出水平。正琢磨呢，手下报告："我们快到介州了。"

"哦，知道了，下去吧，再探再报。"杨素有一搭无一搭地答道。

过了一会儿又来了个手下，继续报告："介州刺史梁罗跑了。"

杨素听到这消息后斗志立刻全无："我这刚来，还没见到面，你就被吓跑了，这仗打得还有什么意思啊？"

这仗打得的确没什么意思，杨谅的手下也是这样想的，并且还付诸实际行动，都不打了，跑的跑，降的降。

杨素带着小弟散着步就到了杨谅的老家——晋阳。

杨谅唯一能做的事情也就剩下投降了。

至此，这场雷声大、雨点小的杨谅之乱落下帷幕。

怎么处置杨谅？

这是个问题，并且是个棘手的问题。

有人说干脆一刀砍了算了，省事儿！也有人说一个娘胎里出来的，从小一起玩到大的亲兄弟啊，放了吧。

杨广虽然禽兽，但还多少保留些人味儿，这个时候又有点下不去手。于是，暂时将杨谅关押起来，慢慢研究怎么处置，这一关就是几个月，平时养尊处优的杨谅哪受得了啊？

公元605年，杨谅含恨而死，终于和老爹老妈团聚了。

想当初，杨坚和独孤皇后十分相亲相爱，为了避免前朝各位皇帝们和后宫无数女人生好多孩子的情况，杨坚只和独孤皇后生了五个儿子和几个女儿，并且和别人说："以前的皇帝和皇后、妃子们生一大堆儿子，这样就有了嫡子、庶子的差别，这些一个爹不一个妈的孩子们十分不和谐，老皇帝驾崩之后，皇子们经常拉帮结派地火拼，你们看我多英明，我的五个儿子都是一个妈生的，是不分彼此的亲兄弟，将来一定亲密团结、互敬互爱。"

杨坚猜对故事的开头，却猜不对结尾。事实证明，一个妈亲生的兄弟也都互相往死里整。

杨坚和独孤皇后的五个儿子中，杨勇和杨谅的悲惨命运刚刚介绍过，另外两个儿子什么情况呢？

老三杨俊从小被封为秦王，后来立了不少战功，开始骄傲起来，为非作歹，无恶不作，给自己盖的房子和皇宫一样豪华，把大街上的漂亮姑娘都抓回来一起住在豪华房子里。

杨坚知道后把杨俊抓了起来，想要处死，但又舍不得，最后贬为平民。同时，把他的大房子也给拆了，杨俊十分郁闷，最终郁闷致死。

老四杨秀的本质还算善良，有胆有识、英俊潇洒、武艺高强，在朝廷上下口碑也很好，只是缺乏管教，渐渐地也就走上歪门邪道，基本和三哥一样坏事做尽。后来太子杨勇被废，杨广当太子，杨秀十分不爽，在他看来只有像他一样文能安邦、武能定国的人才有资格继承皇位。

杨广知道自己弟弟是什么样的人，便先下手为强，和杨素联手，锲而不舍地在杨坚那里打杨秀的小报告，终于令杨坚出手把杨秀抓了起来。等到杨广当皇帝的时候，杨秀依然被囚禁着。

多年以后，杨广被手下勒死，有人想要让杨秀当傀儡皇帝，结果大家不同意，混乱之中杨秀和他的子孙全都被诛杀。这样一来，杨坚的儿子们都以悲剧收场。有人可能会说，这不还有杨广混得不错嘛。九泉之下的杨坚要是在天有灵肯定会这样回答他："我前世做了什么孽啊，这辈子的四个儿子杨勇、杨秀、杨俊和杨谅都不得善终，至于杨广那畜生，根本不是我儿子！"

【第三章】 任性的隋炀帝

主角：杨广

配角：章仇太翼、裴蕴、牛弘、张衡等

事件：隋文帝杨坚为大隋积攒下无比丰厚的财产，坐稳皇位的隋炀帝杨广立刻就发现自己实在太有钱了！于是，开始修建宫殿，开凿运河，修饰官服，搜罗美女……

隋朝结束中国数百年南北分裂的局面，达到一个封建时期的高潮。这个时期的作品有多优秀？一千多年前的古人到底有多少奇思妙想和过人智慧？他们采用的方法、手段先进吗……总之一句话——够任性吗？杨广和他的臣子们会将答案毫无保留地展现给您。

我是隋炀帝

至于杨坚的在天之灵是怎么想的，杨广根本不关心，收拾完杨谅之后，杨广终于可以踏踏实实、一门心思地开展自己的事业，在这之前先做一下宣传工作也是十分有必要的：

“爱盖房子、爱旅游、爱穿好看衣服、爱漂亮姑娘、爱显摆、爱打仗，不爱别人对我说三道四；

不是我不想当好皇帝，只是当昏君太过瘾；

我是杨广，我集历代昏君的缺点于一身，我和你不一样，我是隋炀帝。”

杨广以人格担保这个“凡客体”广告如假包换，绝对的货真价实，并且用毕生的精力兢兢业业地履行着广告中许下的诺言。

当时，隋朝的首都设置在雍州的长安，章仇太翼对杨广说：“陛下命属木，雍州刚好克木，陛下要想千秋万代、高枕无忧，就得搬家。”

杨广连忙问道：“搬到哪里合适？哪里能让朕成就千古一帝的霸业和美名？”

“洛阳！”章仇太翼继续说道，“有句古话这样讲的：‘修治洛阳还晋家’，也就是说把洛阳好好开发建设一下，搬到那里去，那里才是陛下的家。”

杨广对此深信不疑，公元604年11月，亲自到洛阳一线指挥建设工作。

雍州绝对是个好地方，是我国古九州之一，周朝的发源地。雍州有个凤翔县，这个名字的来源是“凤凰鸣于岐，翔于雍”，就是说有凤凰在岐山这里鸣叫，然后飞到雍州。

大家都知道凤凰不栖无宝之地，杨广也知道，但为什么章仇太翼让他把家从这么好的地方搬走他就搬呢？

因为，章仇太翼是个高人，非常非常高的高人，不是身材高，而是水平高。

章仇太翼，河北沧州人，字协昭。此人七岁开始求学，过目不忘，一天就能背下来好几千字的文章。等他长大之后更是遍读群书，八荒六合无所不知、无所不晓，一般人可能是博而不精，他却不一样，不但博，而且还精，他精通的就是占卜之术，俗称算卦。

此高人喜欢逍遥自在地活着，视功名富贵如过眼云烟，不过，后来还是没有摆脱世俗的诱惑，被杨坚招至麾下，从此开始为大隋王朝效劳。

公元604年，住腻了皇宫的杨坚想要去仁寿宫住几天，章仇太翼这个高人就跳出来说：“微臣夜观天象，陛下不能去仁寿宫啊，去的话可能就再也回不来了。”

杨坚这暴脾气哪能忍得了啊，转身就和群臣出发了，临走扔下一句话：“等朕从仁寿宫回来砍你的脑袋！”

（《资治通鉴》记载，帝将避暑于仁寿宫，术士章仇太翼固谏；不听。太翼曰：“是行恐銮舆不返！”帝大怒，系之长安狱，期还而斩之。）

高人之所以是高人就在于人家说的话看似极其瞎扯实则相当靠谱。

杨坚到仁寿宫就生病了，并且病得很重。知错能改的杨坚把杨广叫到床前，说道：“我的宝贝广儿啊，回家之后把高人放了，好好重用，人家说啥要听。”没过几天杨坚就被他的宝贝广儿给掐死了，也因此印证章仇太翼是个高人的事实。

杨广即位后，谨遵其父教诲，基本上把高人供了起来，凡有大事都要让高人算上一卦，给自己指点迷津。

因此，章仇太翼让他把家从“凤凰窝”搬到洛阳，他就立刻把洛阳定为东都，并亲临一线指挥建设。

公元605年3月，杨广让杨素、杨达和宇文恺共同负责东都洛阳的开发建设，每个月大概有二百多万人浴血奋战在建设一线。同时，在全国各地找了几万户有钱人，让他们把家搬到东都，使得东都更加人丁兴旺、繁荣富强。

杨广特意盖了个大宫殿叫显仁宫，这名叫得好，既和“仙人宫”谐音，又有彰显自己的仁德的意思。另外，其他大大小小的房子盖了无数，名字起得也都既好听，又有学问。

仅仅宫殿盖得好还不够，装修是关键。杨广从全国各地尤其是江南五岭（大庾岭、骑田岭、萌渚岭、都庞岭和越城岭）地区收集各种奇材异石作为装修材料，又收集嘉木异草，珍禽奇兽，放到后花园供自己欣赏。

孔老夫子说过："智者乐水，仁者乐山。"杨广自认是智者，必须得喜欢水，再加上杨广听章仇太翼说自己是木命，就更喜欢水了，水可以滋润木嘛。于是，又从河南、淮北等地征调一百多万人开挖通济渠，该渠也是隋唐大运河的一期工程，从西苑引谷水、洛水到黄河，又从板渚引黄河水经过荥泽进入汴水，从大梁以东引汴水进入泗水再到淮河，连接了黄河和淮河。

杨广此举主观虽是为自己享乐，但是客观上为中国作出不小的贡献，建成后的隋唐大运河成为一条十分重要的交通大动脉，在后来的上千年中，对我国经济和社会的发展起到巨大作用。

这个巨大作用杨广并不知道，而且也绝对不会在乎，他在乎的是怎样能够方便自己享受这"我乐，故我在"的幸福生活。

通济渠挖得相当壮观，宽四十步，两边修路，路侧栽柳，沿途还建设多达四十处的行宫。

杨广要做的工作又多又杂，但是有条不紊，就像是无师自通的运筹学天才，挖河的同时就已经安排人员建造龙舟和各种游船。

由于工期紧、任务重、待遇差，大批的役夫兄弟把性命留在了工地上，这怎么行？必须把问题解决了，绝不能让死人耽误活人的事儿！有关部门责令，把这些尸体统统用车运到外地，于是从成皋到河阳的路上运尸体的车子络绎不绝，绵延数百里，惨不忍睹。

同年5月，一项浩大的工程竣工，杨广对此十分满意。该项工程就是西苑，看规模就大得吓人，方圆二百多里，喜欢水的杨广特意在里面挖出一片"海"来，并且按照方位修建蓬莱、方丈、瀛洲等多座仙山。这山可跟一般的假山完全不同，仅仅是露出"海"面的部分就有一百多尺，那是相当壮观啊。

杨广又让人在西苑的北侧挖了一条龙鳞渠，给"海"蓄水，沿着龙鳞渠分布很多景点，每个景点都安排自己宠爱的妃子管理。

后人对这景致是这样描述的：其中桃成蹊，李列径，梅花环屋，芙蓉绕堤，仙鹤成行，锦鸡作对，金猿共啸，青鹿交游，就像天地间开辟生成的一般。

杨广最喜欢的一项娱乐节目就是，在月朗星稀的夜晚，带着数千宫女、太监骑马在西苑兜风。各个景点的妃子为讨好杨广更是煞费苦心、绞尽脑汁，玉盘珍馐这些常规项目根本上不了台面，人家采用的手段令现代人咋舌。

深秋，无情的西风吹落绿叶，吹散红花，漫长的冬季即将到来，杨广所钟爱的绿叶、红花并未为他多留几天。

然而，令杨广意想不到的是：昨天还是枯枝败叶，今天竟然又是花红柳绿！

杨广想："难道是老天爷知道我不喜欢草木凋敝，直接跳过冬天，迎来了生机勃勃的春天？"

杨广当然没有那么大的魅力，但他有至高无上的皇权。这花红柳绿竟然是彩绸做的假货。再到"海"边一看，不是三月，胜似阳春！水上飘着彩绸制作的碧绿碧绿的荷叶，粉嫩粉嫩的荷花……

后人有诗道：

宫中行乐万千般，止博君王一刻欢。
终日用心裙带下，江山却是别人看。
只道天工有四时，谁知人力挽回之。
红销生长根枝速，金翦栽培雨露私。

面对如此浩大且壮观的工程，人们不禁大发感慨：就算是土木工程的博导也没这么高的水平啊！

人格魅力感染了鸟

一项又一项大工程接二连三地开工，民工一批又一批地倒下，眼看着人手就不够用了。但是，这样的难题难不倒杨广手下的精兵强将，主管户籍的民部侍郎裴蕴向杨广汇报情况："现在民间的名册、户籍管理还有漏洞，存在制造假户籍欺瞒官府的情况，应该严办！"

"这个必须严办，简直是无法无天，一群刁民竟敢欺骗英明神武的皇帝！"杨广异常气愤地咆哮着。

有了杨广的支持，新政很快出台。全国上下重新登记户籍，如果有一个人情况不属实，那么相关责任人就要下台，严格贯彻责任制。另外，官方承诺，如果有人能够积极主动地打小报告，举报亲戚朋友、左邻右舍的欺瞒行为，只要能揪出一个壮丁，被举报家庭就要替举报家庭缴纳各种税款。

让百姓监督百姓。如此富有创意的政策出台后，很快就收到极佳的效果，全国一下就多了二十多万精壮劳动力。

有了新生力量的注入，工程可以更加顺利地继续开展。

公元606年，真正春暖花开的时候，东都洛阳终于基本建成。杨广亲自检查重要建筑，在发现工程合意之后，重重地奖赏相关人员，并提拔将作大匠（掌管宫室修建的官）宇文恺为开府仪同三司。

开府仪同三司在当时是从一品的大官，也是散官的最高官阶。开府的意思是可以建公府，自己设置相应的下属，仪同三司的意思就是可以享受司徒、司寇和司空这三公一样的待遇。

由此可见，杨广对洛阳的建设那是相当满意。

住的地方够气派了，穿的也不能寒碜，必须和一个昏庸皇帝极度安逸、奢侈、豪华的生活相匹配！

验收完房子的杨广派吏部尚书牛弘等人重新制定皇帝的车马、服饰、仪仗等方面的制度。

这些官员的压力还是蛮大的，之前负责盖房子、挖运河的官员表现太出色，优质、高效地完成了各项任务。

有压力才有动力，牛弘等人同样不负所托，制作的仪仗、皇帝和皇后的衣服、大臣的衣服等都是极尽华美靓丽，杨广对手下人的办事能力和效率给予高度评价。

精益求精！这是牛弘等人的口号，他们坚信：没有最好，只有更好。

为让皇帝的服饰以及仪仗超越历史，牛弘等人把目光转移到飞禽走兽身上，向各个州县征收漂亮的鸟毛。一夜之间，举国上下开始抓鸟。长得丑的麻雀、乌鸦等未受牵连，自由自在地在天空翱翔，长得漂亮点的鸟就倒了大霉，几乎被赶尽杀绝。

幸存的漂亮鸟们开始悲鸣：“长得漂亮也不是我的错啊，我招谁惹谁了，平白无故地就来灭顶之灾。”

好抓的鸟很快就抓没了，剩下的基本都是不好抓的。

当时，乌程（今浙江省湖州市）有棵特别高而且还没什么枝杈的大树，人类基本是爬不上去的，偏偏这棵树上住着一只非常漂亮的鸟。

有一天，喧闹声惊醒了正在孵蛋的鸟，它低头一看，原来是一群抓鸟的人准备把树放倒，好抓到它拔毛。

为了保护后代，这只鸟忍痛拔掉自己身上漂亮的羽毛，扔到树下。

看到那鸟主动拔毛，树下的小伙伴们都惊呆了，惊呆之余他们发现——这是一个多么理想的拍马屁的题材啊！

马屁精向杨广汇报：“听说英明神武的皇帝要做新衣裳，鸟兽们都主动献出自己的羽毛。通过这事足以看出您的人格魅力感染了鸟，您的霸王之气折服了鸟，您的……”（《资治通鉴》记载，乌程有高树，逾百尺，旁无附枝，上有鹤巢，民欲取之，不可上，乃伐其根；鹤恐杀其子，自拔氅毛投于地，时人或称以为瑞，曰：“天子造羽仪，鸟兽自献羽毛。”）

拍马屁是件很有意思的事情，看似是在夸人家，实际却是在侮辱人家智商，不信您看看下面这个小故事：有位十分出名的大作家要去一家书店走访，店主得知此消息后异常兴奋，把其他书全部下架，只摆放那位大作家的作品，以表达崇拜之情。大作家到店后觉得奇怪，便问道：“这里怎么都是我的书？其他书呢？”“其他书都卖完了。”店主如是答道。

作为局外人，几乎都能看出来拍马屁是赤裸裸的欺骗，为何被拍者却看不出来呢？是什么蒙住他们的双眼？

主要原因无外乎两个：

一个是过于自负。这样的人真的认为自己英明神武，别人夸他的话都是发自内心的，并且是真实的，甚至还会觉得别人夸得不够到位。

另外一个原因就是虚荣心在作怪！虚荣之心人皆有之，只不过有些人会用理智将其压制下去，尽量减少因为虚荣带来的坏处。对于领导来说，他的虚荣心若是战胜理智，这个单位就会跟着遭殃，如果是皇帝的话，那后果必然是百姓跟着遭殃。

大多数被蒙住双眼的人应该是上述两个原因兼而有之，杨广也不例外，不过，此刻的杨广可不在乎是否有人侮辱他的智商，因为他心情太好了，正穿着华丽的羽毛衣服站在端门之上，大赦天下。当朝五品以上官员穿戴着同样奢华的衣服前来朝贺，那场面是相当壮观，前五百年、后五百载无人能及！

胖也是罪过

杨广是个非常有上进心，并且能够持之以恒、孜孜不倦地做好一件事的人，可为什么他是个昏君，留下千古骂名，并且死后的谥号是个“炀”字呢？（“炀”的解释是：好内远礼曰炀、去礼远众曰炀、好内怠政曰炀、肆行劳神曰炀、去礼远正曰炀、逆天虐民曰炀。简单概括一下就是：好事不做，坏事做尽的人才会被称为“炀”。）

杨广所拥有的亭台楼榭不计其数，样式千变万化，尽能工巧匠之所及，但他在这件事情上仍然不懈怠，每次出去玩的时候看见别的建筑物有什么优点都会记下来，回来之后改善自己的宫殿。到最后他都看花了眼，也不知道什么样算好，什么样算不好，便开始找理论依据，派人四处搜罗各种建筑图纸，按照图纸给自己建宫殿。

就凭这件事谁还敢说杨广没有上进心？谁还敢说杨广做事情没恒心，没毅力？

只可惜他把恒心和毅力放在这种事情上，死后得个“炀”的谥号也算是实至名归。

看到这儿，有人该想了：杨广手下那么多大臣，就没有一个忠臣敢于站出来劝谏一下？

还真有，只不过碰到杨广这种昏君，什么样的忠臣都不会有好下场。

公元608年4月，杨广又准备在汾州（今山西省汾阳市）北边，汾水（今山西省中部的汾河）源头处再盖一个大宫殿，名字都想好了——汾阳宫。

为建好汾阳宫，杨广让御史大夫张衡准备相关图纸文件，张衡没去找图纸，反倒是找了个杨广心情好的时候对他说：“英明神武的陛下啊，这些年来全国的大工程太多了，国家财政支出太大，老百姓们负担很重啊，壮丁都被抓来干活，只有老人和妇女在家种地，粮食产量也明显不足。现在陛下的宫殿和天上的星星一样多，这个就别再盖了吧。”

杨广听完之后，好心情就像三伏天的冰激凌一样融化了。

杨广为什么不喜欢张衡这样说呢？因为他觉得整个国家都是他一个人的，想怎么搞都得听他的，牺牲一些贱民的利益来满足自己的愿望难道有什么不对吗？

没过几天，杨广找了个借口把张衡调到榆林去做太守，后来又派张衡负责修建楼烦城（今山西省娄烦县境旧娄烦镇旧址）。在修城期间，杨广到基层视察工作，看到张衡还像以前一样白白胖胖，完全没有因为工作辛苦而累瘦，便认为张衡工作不够吃苦耐劳，没有尽心尽力，因此，心中十分不爽。

后来，杨广又安排张衡负责江都宫的建设，结果依然不满意，于是，杨广找些莫须有的罪名把张衡抓了起来，免去所有职务，放回老家去种地。

杨广最讨厌像张衡这样为国为民的忠臣，最喜欢的就是善于察言观色、阿谀奉承、溜须拍马的小人，例如王世充这样的角色。

王世充本来是个西域的胡人，阴险狡诈，经常能够摸透杨广的心思，送些奇珍异宝或者其他小玩意儿讨皇帝欢心，杨广也越来越宠信他。张衡被撤职之后，王世充就开始负责江都宫的建设。

盛极一时

热爱祖国名山大川的杨广在钻研建筑之余也会抽出时间关注一下国内的旅游事业，并且亲力亲为，亲自投身到旅游事业中，带动行业发展。

现如今我们为了开发某个旅游景点也就是修条路、建个桥什么的，人家杨广根本瞧不上这小打小闹的工程，要干就干大的。

杨广在位期间开凿了京杭大运河的大部分河段，这些河道挖得都非常宽，足够他的龙舟队通行。按照老规矩，沿岸规划建设很多行宫，坐腻了龙舟随时可以上岸休息。（挖这段河不完全是为了玩，杨广要用它来运粮食，只有吃饱喝足才有精力玩啊。）

杨广的龙舟高达四十多尺，长达二百多尺，皇帝龙舟上的建筑像皇宫一样划分成正殿、内殿和东西朝堂等，大小房间有好几百个，装饰品非金即玉。皇后的龙舟相对小一点儿，其他妃子的再小一点儿。另外还有各种其他功能的龙舟按照一定的规矩护航，这套庞杂而完善的系统完全不输给现在的航空母舰编队！

杨广的龙舟队出游场面也是极其壮观，首尾相连大概有一百多公里，白天旌旗招展，晚上灯火通明，岸上还有盔明甲亮的骑兵卫队保驾护航。水里的场面都能搞这么大，陆地上肯定会更夸张。

有一次，杨广出游，随行的士兵有五十多万，各种马匹十多万，队伍绵延几百里，前面的队伍已经到达目的地，后面的队伍才刚刚出发。

为展示自己的威风，杨广和他的手下挖空心思，车马已经满足不了需要，十分夸张的行殿和行城才能和他相匹配。

顾名思义，行殿就是可以行走的宫殿，行城就是可以行走的城池，建造结构和真的宫殿、城池相差无几，下面装上轮子，用人力和牛马驱动宫殿、城池移动。

每次杨广住在行殿或者在行城里面出游的时候，胡人看到都会吓得半死，往往在数十里之外就跪在地上咣咣磕头，他们认为以人的能力做出这些东西实在是太难了，一定是超人的杰作。

（《资治通鉴》记载，令宇文恺等造观风行殿，上容侍卫者数百人，离合为之，下施轮轴，倏忽推移。又作行城，周二千步，以板为干，衣之以布，饰以丹青，楼橹悉备。胡人惊以为神，每望御营，十里之外，屈膝稽颡，无敢乘马。）

突厥的启民可汗把自己住的最好的大帐奉献给杨广，杨广一高兴就去启民的营帐做客，启民在杨广面前都不敢站着，趴在地上磕头有如鸡啄米。至于王侯以下的人物衣服都不敢穿，光着膀子跪在大帐前。（这和中原习俗不一样，光膀子不是没礼貌，而是极其尊敬的意思。）

除启民可汗之外，东突厥的处罗可汗也被大隋的国威吓得屁滚尿流，把自己最好的马都送给了杨广。

杨广在陆地上要威风的同时并未遗忘海洋这片广阔的天地，他派常骏等人率领大队的商船、官船、战船等出使周边数个岛国。

常骏一行人到达赤土国（今马来半岛的国家）的时候，赤土国王利富多塞派使者用最隆重的仪式接待，后来还派自己的儿子亲自到隋朝给杨广请安。

当时，隋朝全国上下共有一百九十个郡（“郡”是我国古代的行政区域，和现在的“省”相似），一千二百五十五个县。全国八百九十万户，领土更是幅员万里，这时的隋朝可谓盛极一时。

【第四章】一征高句丽

主角：杨广

配角：麦铁杖、宇文述、庚质、裴文安、来护儿、高元、乙支文德等

事件：由于种种原因，玩腻了基础设施建设的杨广把目光转移到高句丽身上，率百万大军御驾亲征，在这场实力悬殊的角逐中，有可歌可泣的悲壮英雄，也有令人啼笑皆非的闹剧，这场纷争最终又是如何收场的呢？

剑指高句丽

物极必反!

可是如此强大的隋朝要想落魄下去也不是一件容易的事情，不往死了折腾还真不容易衰败。

然而无所不能的杨广还是能给衰败找到突破口。

这个突破口就是与高句丽的战争。

公元610年冬，杨广到启民可汗家中视察民情，刚好赶上高句丽的使者也来启民家中串门。

杨广的手下裴矩是个极端的种族主义者，十分歧视高句丽，他对杨广说："高句丽本来是一群不开化的野蛮人，周朝初期，武王把它封给箕子，从此以后，在箕子教诲下高句丽人才不断学习进步，后来，汉朝、晋朝时期高句丽都是我们的郡县。"

"朕对那个地方不感兴趣。"杨广无所谓地说道。

裴矩继续说道："问题不在于陛下是否感兴趣，而是在于他们现在独立了，不听陛下的了，就是不给陛下面子。"

杨广听到这里顿时火冒三丈，拍案而起，咬牙切齿地说道："灭了他！"

裴矩看杨广这架势，立刻不失时机地说道："是啊，必须灭了他，当年先帝就一直看他们不顺眼，还派杨谅去砸过他们场子，怎奈杨谅不争气，没扬我大隋国威，反倒丢人现眼，让人家高句丽更加威风。"

杨广听到他老爹和那几个兄弟的名字就不爽，说道："别和我说那群窝囊废，他们跟我怎么比?"

裴矩一脸媚笑地说道:"当然没法比,现在陛下君临天下,虎躯一震，小小高句丽还不乖乖趴在陛下脚下做只哈巴狗。"

君臣二人这样一唱一和就把东征高句丽的事给定了。

《孙子兵法》开篇说道:"兵者,国之大事,死生之地,存亡之道。"用兵打仗这种大事岂能儿戏?这可不像小孩玩过家家，凑几个人就玩，玩完就散。

打仗之前要充分做好分析论证，做好方方面面的准备，该打时绝不手软，不该打时也决不能妄动。

杨广没读过兵法，也不懂得这些，做事情向来都是率性而为。

他当即就给高句丽使臣下了诏书：“对于你们这样的小角色，朕也懒得和你们绕弯子，就是想欺负你们，赶快回家告诉高元（高句丽王），立马乖乖归顺于朕，没事过来请个安，把你们那儿最好的东西都拿来孝敬朕。”

高句丽使者回去之后把情况一说，高元还真被这气势吓唬住了，立刻派人送来礼物，不过送来的礼物有点儿太上不了台面儿，杨广对此非常生气。

其实，这还真是杨广误会人家了，人家不是不想送点儿像样的礼物，怎奈地方贫瘠真的没啥能拿得出手的礼物。

杨广很生气，后果很严重。

这个时候隋朝的大部分基础设施建设已经接近尾声，感觉有点无聊的杨广对高句丽王不满意的最直接表达方式就是打架。

公元 611 年，杨广下令讨伐高句丽，各个部门做好本职工作，该抓壮丁的抓壮丁，该修战船的修战船，该造兵器的造兵器……

就这样，百姓的工作重点由盖房子、挖运河转移到战备上。

幽州总管元弘负责在东莱（今山东省莱州）海口建造三百艘战船，由于工期紧张，工人们根本没有休息时间，除了短暂的吃饭、睡觉时间之外，都要站在水里造船。

当三百艘战船完工的时候，大多数工人大腿都被水泡得生了蛆，累死、病死的大概有百分之三四十。

同年 4 月，杨广亲自到涿郡检阅队伍，之前全国下征兵令的时候就规定好了，各方人马都到涿郡会合。

这些征集来的人马开始从四面八方涌向涿郡，不难想象当初的场景，曾经的流氓、地痞、强盗、小混混、强奸犯、杀人犯，现在变成了拎着大刀、扛着长矛、背着弓箭的士兵，他们走在大街小巷上会是个什么情形？

情形就是整天都有规模或大或小的火拼，拼完就散伙，找机会再拼，不幸被砍死也就白死了，而且没人收尸，道路两侧的池塘边和树林里都是散发着恶臭的尸体。（《资治通鉴》记载，往还在道常数十万人，填

咽于道，昼夜不绝，死者相枕，臭秽盈路，天下骚动。）

打仗讲的是兵马未动粮草先行，杨广又征集各地民夫运送粮食，主要储存在泸河和怀远两个城镇。由于路途遥远，时间紧张，运粮的士兵为按时完成任务都拼了命地工作，比小蜜蜂还勤劳，这勤劳的代价就是负责运输军粮的士兵和民工死伤过半。

如此糟糕的战备工作带来很大副作用，一年多下来，农村劳动力明显不足，良田变成荒野，粮食产量已经满足不了百姓的需求，物价猛涨，全国各地通货膨胀极其严重，一斗米由原来的几十钱涨到几百钱。

除了大规模征粮运动，杨广还要求各地组织民工为国家运粮。据后来统计，这样征集来的民工有六十多万，这些人两人推一车米，一车三石左右，大老远地奔着泸河和怀远进发，道远的人还没到目的地，自己就在路上把粮食吃完了。

吃光本应送给杨广的军粮，麻烦可就大了，杨广绝不会让这些人看到第二天的太阳。关于这一点，这些人也是深信不疑，但不吃那些粮食就是饿死啊。

现在虽然没有饿死，却要被杀头，当然，除了被杀头还有一条路可以走，那就是——造反。

那个时候造反是一件非常非常容易的事情。在杨广当了大隋皇帝这几年真是把老百姓整得够惨。当时，只要看到那种面黄肌瘦，一脸苦大仇深的人，上前和他说："嘿，哥们儿，一起造反吧。"那人基本都不用思考就会答应。因为大家都知道，这样下去迟早被杨广玩死，与其被他玩死，还不如拼命和他玩一玩，说不定还能玩死他。

不过，这个时候还没有有号召力的带头大哥出现，农民起义也还没成气候，顶多就是一些占山为王和落草为寇的小角色，杨广懒得管这些贱民，他关心的是如何收拾高元。

前无古人后无来者

公元 612 年，杨广的军队在涿郡集合完毕，整装待发。

杨广问他的手下庾质："整个高句丽不过屁大点儿地方，全部人口还没有朕的一个郡多，朕现在带领这么多威猛的小弟去欺负他，高元会不会被吓哭啊？”

杨广这样问庾质是为了听他奉承自己，说自己肯定会旗开得胜、马到成功。

怎奈这个庾质是个实在人，本着对杨广认真负责的态度实事求是地回答问题：“臣觉得赢是能赢，但也说不好会不会出个意外，假如陛下御驾亲征，万一输了，岂不是脸上无光，臣建议陛下就不要去前线了。在后方指挥，赢，是陛下指挥有方；输，也没陛下的责任。”

杨广对于这个答案非常非常地不满意，征集这么庞大的军队，准备这么多战马、战车、战船就是想自己亲自指挥一下，好好过过瘾。

除了庾质认为杨广不应该御驾亲征之外，大臣耿询也认为杨广还是老老实实待在家里比较踏实，偏偏赶上耿询也是实在人，完全不顾及杨广的感受，充分地表达出自己的想法，后果就是，杨广大怒，非要拿耿询开刀，让其他实在人闭上嘴，别再叽叽歪歪地扫他老人家的战争雅兴。还好很多人出来说情，耿询才算是捡回一条老命。

庾质和耿询两个人表达自己想法都没捞到好果子吃，大家也就跟着学乖了，朝廷上下一片和谐，再也没人说三道四。

也有人趁机说：举国上下的臣民是多么爱国啊，皇帝说啥都拥护，绝不跟皇帝唱反调，在这种人看来给朝廷提反对意见就是卖国，拥护朝廷的一切决定——哪怕是错的——就是爱国。

我倒认为恰恰相反，秦皇汉武也好，唐宗宋祖也罢，不管哪个朝代都不能等同于国家，虽然封建统治阶级会用各种方式方法、竭尽所能地把自己跟国家画上等号，但事实证明不管是大唐王朝还是清王朝都已化作历史的尘埃，封建统治阶级都会走下舞台，国家还是这个国家，封建统治阶级只不过是一时把持国家而已，因此，客观地批评封建统治阶级，纠正其错误才是真正爱国，真正的爱国不是纵容封建统治阶级胡作非为，而是保护国家不受祸害，让这片长空是蓝天，让这片大地是净土，让这个民族更强盛！

此刻，杨广的决定可能就会害了国家，虽然有人试图阻止，却没人能阻止得了，杨广那边已经在兴冲冲地清点各路人马了。

各路人马加起来共有一百一十多万，再加上民工等，对外号称

二百万。这二百万大军分左右十二军出发，左十二军从镂方、长岑、溟海、盖马、建安、南苏、辽东、玄菟、扶余、朝鲜、沃沮、乐浪道出发；右十二军从粘蝉、含资、浑弥、临屯、候城、提奚、蹋顿、肃慎、碣石、东暆、带方、襄平道出发。杨广自己为总指挥，每支军队设大将和亚将各一名；有骑兵四十队，十队统编成一个团；步兵八十队，二十队统编成一个团，每个团的盔甲、旗号等各不相同。

大军准备好后，开始有组织、有纪律地出发了。

第一支军队出发后，每隔一天都会有一支军队出发，几十天之后最后一支军队才从涿郡离开。

这个时候最先出发的军队已经走出几百里，各支军队首尾相望，旌旗相连。

杨广的御营包括三台、九省、九寺等，分别隶属于内、外、前、后、左、右六军，仅仅这个队伍就有八十里长。

这军队、这场面、这威风空前绝后，能有如此大手笔的皇帝也是前无古人后无来者！

武烈麦铁杖

搞这么大的场面就为了收拾一个高句丽，的确是有点儿小题大做，已经不能用“杀鸡用牛刀”来形容，简直就是“拿大炮打蚊子”。

杨广为何要这样的呢？分析一下，原因应该是这样的：

第一，杨广追求丰富多彩的人生，他当上皇帝之后大大小小打了几仗，规模都不够宏伟，而且那时候他自己忙着建宫殿、挖运河，也没参与到轰轰烈烈的战争中去，现在他要填补这项空白。

第二，他老爹杨坚在位期间收拾了不少边陲之地，文治武功都颇有成绩，杨广当然不能输给那个老家伙，自己也要展展军威。

第三，眼光再放得宽一点儿、远一点儿，朝鲜半岛的大部分领土在汉朝的时候都是归我们所有的，想要成就千古一帝的杨广自然不能在领土上输给前辈，亲自把这块土地画在大隋地图上那将多么有成就感啊！

杨广虽然用大炮瞄准了蚊子，但是，大炮打蚊子并非易事，搞不好可是要丢人的。

大臣们的观点是：高句丽不过是辽东地区的一个小丑，没人搭理的时候他就会跳出来耍一耍，可是咱们大隋朝幅员辽阔，没那么多闲工夫来搭理这个小丑，他就不停地蹦跶。此次大隋皇帝下定决心亲自来收拾他们，他们一定会吓得屁滚尿流，口口声声要投降，却不一定真投降，咱们千万不能松懈，应该水陆并进，直取高元老巢——平壤。要是被他们拖延住，到了秋天，秋雨连绵，咱们人马太多，后勤补给也耗尽，人困马乏，这样就不好打这个小丑蚊子了。

公元612年2月，杨广指挥军队打响出征高句丽的第一战。

首战虽然告捷，但杨广也损失了几员猛将，其中一人便是传奇人物麦铁杖。

《水浒传》的一百零八将中有个好汉叫戴宗，人送绰号神行太保，此人最高奔跑速度能达到每天八百里。这个麦铁杖跑得虽然没有戴宗快，但也绝非一般人所能比，根据《隋书》记载，麦铁杖日行五百里，走及奔马。

麦铁杖，始兴江口（有人说是现在的广东省始兴县，也有人说是重庆市附近，现在已经无法考证）人，天生神力，单手能举鼎，健步如飞，跑得比马快。

麦铁杖年轻的时候有一份十分理想的工作——给陈朝的皇帝撑御伞，这绝对是高级官员。

但是高级官员的身份并不能改变麦铁杖与生俱来的野性，他仍然通过自身优势干些偷鸡摸狗的勾当。不过麦铁杖偷鸡摸狗和一般的小偷可不一样，他是白天下朝后跑到百里之外的城市偷东西，然后再跑回来，第二天早上照常上朝，御伞还撑得很到位，从未让皇帝挨过风吹雨打。

久而久之，麦铁杖偷东西的时候就被一些失主发现了，失主们来首都告御状，皇帝和大臣们都不相信啊，人家小麦天天按时上朝，难道他有分身术，一边上班一边偷东西。可是告状的人越来越多，于是大家就想出个办法，试探一下小麦是否能够一夜之间往返百里之外的城市。

有一天，退朝之后，有关部门重金悬赏请人到一百里之外的南徐州送一份紧急公文，能送到的人可以得到纹银一百两，同时还能得到皇帝亲自颁发的“飞毛腿”荣誉证书。

小麦听说这事儿之后，毫不犹豫接下这差事。那个时候小麦年轻，争强好胜，爱显摆，之前他去百里之外的城市偷东西也是这种心理在作怪。

第二天早上，小麦准时回来交差。皇帝和大臣们才相信那些失主并没有诬陷小麦，小麦对此也供认不讳。

皇帝和大臣们爱才，归还失主财物之后，也没把小麦怎么样，教化之后，继续让他当高级官员。

隋朝消灭陈朝之后，麦铁杖被收编过来当了杨素的小弟，在杨素带领下麦铁杖屡立战功。

当年江东谋反，杨素领命平叛，派麦铁杖半夜渡江摸清对方布防和兵力配置等情况。又派麦铁杖打头阵，由于麦铁杖作战过于勇猛，深陷敌阵，结果成为俘虏。

敌方主帅把麦铁杖绑好，让三十名士兵压着麦铁杖到后方受审。半路上麦铁杖抓住机会杀死三十名士兵，并切下他们的鼻子作为信物，平安回到杨素身边。

班师回朝后，杨素向杨坚汇报工作，论功行赏，麦铁杖被封了高官，可惜他是个文盲，吃了没文化的亏，不久被免官，回家待业。

是金子总要发光的，隋朝一直战事不断，怎么可能没有麦铁杖的用武之地？后来，麦铁杖又被召回朝廷跟随杨素征讨突厥。

杨广即位后，杨谅造反，麦铁杖又跟随杨素出生入死，每次打仗都冲在最前面，战功卓著。杨谅被灭后，杨素不忘麦铁杖的功劳，给他安排的官都不小，不是太守就是刺史，麦铁杖再次吃了没文化的亏，官当得一塌糊涂。

积极上进的麦铁杖放下大刀拿起经史子集，开始学习文化知识，没用多长时间他便成为“孔夫子挂腰刀——能文能武”式人才，把所管辖的地区治理得井井有条。

此次杨广御驾亲征高句丽，麦铁杖摩拳擦掌，想在这战场上成就自己的美名，出征前，麦铁杖对送行的亲友说：“大丈夫应战死沙场与日月争辉，决不能老死乡里与草木同朽。”

等到了辽东战场，麦铁杖又对儿子说：“我若战死，你们不必太难过，这是我的宿命。”

杨广指挥大军渡河，麦铁杖做先锋。

高句丽士兵在辽水对面建好防御工事，以逸待劳。隋军提前做好浮桥，利用浮桥过河，不知道哪个粗心的家伙把浮桥做短了，到达不了辽水对岸。于是战场上出现了这样一幕，隋军傻愣愣地站在河中央，进不能进，退不能退。

高句丽士兵趁隋军慌乱之时发动进攻，麦将军看着跟随自己出生入死的兄弟们一个个掉进辽水喂了鱼虾，心如刀绞，他奋不顾身，带着一群骁勇的小弟跳到水中，直扑敌岸，杀得敌人心惊胆战。

怎奈隋军大部队还在河中傻站着，高句丽的大部队已经杀了上来，麦铁杖终于寡不敌众战死沙场。

和麦铁杖一同战死的还有武贲郎将钱士雄、孟金叉等人。

傻子也能看出来，在这种情况下暂时撤兵才是最明智的选择。杨广无奈，只好鸣金收兵。

杨广一直以鸷鸟自居，但这个时候还是需要他展示出人性中善的一面，用来收买人心，明天好让更多人肯于死心塌地为他卖命。于是，杨广花重金买回麦铁杖尸体，用最隆重的仪式将其安葬，追封其为光禄大夫、宿国公，谥号“武烈”。

对于武烈麦铁杖的死，杨广还假惺惺地掉了几滴眼泪。

擦干眼泪，杨广让人重新修建浮桥，两天后，浮桥建成，各路大军顺利渡河，在辽水东岸与高句丽军激战，高句丽人扔下一万多具尸体后大败而逃。

杨广率军乘胜追击，包围辽东城（今辽阳市区辽阳老城）。

双线不利

令大家想不到的是，这座辽东城竟然成为杨广前进道路上的一颗钉子，死死地钉在地上，致使隋军寸步难行。

这事儿实在让很多人想不通，杨广号称的二百万大军，有战斗力的也有几十万，虽然像麦铁杖一样的将军不多，但人多力量大。

不过大家看看杨广是怎么指挥军队的，就不难理解辽东城为何危而不倒。

战前，杨广把各路大军的将领叫来开会，主要强调三点问题：

第一，不管是谁都不能擅自做主，要协调一致，几路人马互相配合，不得为抢军功而单独进攻。

第二，所有军事行动必须向征讨大军的总司令，也就是杨广本人汇报，没有得到命令不得擅自行动。

第三，高句丽人若是说了投降，就必须停止进攻，一定要善待俘虏。

《孙子兵法》说："不知三军之事而同三军之政，则军士惑矣；不知三军之权而同三军之任，则军士疑矣。"这段的意思就是：不知道军队的进攻防守之事、内部事务等而管理三军的政务，将士们会对将领下的命令感到困惑；不知道军队战略、战术的权宜变化，却干预军队的指挥，将士就会疑虑。这样既困惑，又疑虑，打仗怎么可能打赢呢？

杨广强调的三点问题，每个都是致命的，他的愚蠢还真是极具创造性。

当时不像现在一样通信设备先进，大家沟通方便，杨广要求大家必须配合，不能单独行动，并且行动之前还要向杨广打报告，等审批，结果就是导致当战场上某个局部区域出现战机，当事人不能抓此机会进攻，要和其他路的人马沟通好，然后再向杨广请示才能进攻，可是等到沟通好了，杨广的批示也回来了，战机早就错过了。

至于敌人口头说投降你就不打了，这种行为真是够白痴的。难道不知道"兵不厌诈""兵者，诡道也"吗？（《资治通鉴》记载，诸将或不识朕意，欲轻兵掩袭，孤军独斗，立一身之名以邀勋赏，非大军行法。公等进军，当分为三道，有所攻击，必三道相知，毋得轻军独进，以致失亡。又，凡军事进止，皆须奏闻待报，毋得专擅……又敕诸将，高丽若降，即宜抚纳，不得纵兵。）

杨广为何会制定出如此不靠谱的军规呢？

这和他的性格密不可分。杨广从小在严父注视下长大，做什么事情都不能放开手脚，为了扳倒前太子杨勇更是费尽心机，辛辛苦苦当了很多年演员。等杨坚死后，杨广自己成为老大，终于解放了，可以做回真实的自己，谁的话都不想听，谁的脸色都不想看，什么事情都要自己做主。而且，杨广本来就是个自以为是的人，认为全天下都没有他这么聪明的，别人都笨得要死，只有自己作出的决定才是最英明、最正确的。有这样的心理作怪，他才能制定出如此违背军事常理的军规。

仅论军事实力，双方差距悬殊，但高句丽人有个毛病——没有自知之明，不知道自己有几斤几两，面对大军围城，数次出来挑衅，每次都被打得鼻青脸肿，连滚带爬地跑回去。

屡屡受挫的高句丽军终于开始低调地死守城池，没过几天城墙就被拆了一大片，眼看着辽东城就快被攻下了。这个时候高句丽人扯着嗓子在城中大喊："别打了，我们投降！"

他们一边喊着投降，一边在加强防御工事，修补城墙。

攻城的隋朝士兵听人家说投降，就不能继续打了，因为杨广有言在先，谁敢继续打就砍谁脑袋。

隋军只能停止攻城，眼巴巴看着敌人修补城墙，同时把情况报告给杨广，请杨广指示下一步工作。

几天之后，杨广的指示回来了：接受投降。

结果这个时候高句丽人站在修好的城中大喊："咱们继续打吧，前两天说投降是逗你玩儿呢！"

于是又得请示杨广。

再过几天之后，杨广的指示又回来了：继续打。

眼看着城要被攻破的时候，高句丽人故技重施，效果依然很理想。打仗这事儿讲的是一鼓作气，隋军攻城攻得正来劲儿，突然就停了，不让打，士气也就越来越低落。

如此下来，几个月后，辽东城依然破破烂烂地矗立在那里。

杨广为什么会被高句丽人这样戏耍，可能是因为他想要效仿古人诸葛亮对孟获七擒七纵吧。

一般对内残暴的皇帝对外都装得宽厚仁爱，杨广就是一个这样的人。

转眼之间就到了6月份，辽东城久攻不下，杨广仍然不认为是他的制度有问题，决定亲自到辽东城下看看这到底是什么做的城，里面守城的是些什么样的天兵天将，害得他几十万大军用了几个月时间都拿不下来。

杨广刚到前线就被眼前的景象气歪了鼻子。

不远处的辽东城破烂不堪，估计城里的人都不敢打喷嚏，因为打喷嚏可能把这破城给震塌了。

这么个破城，几十万大军打不下来？

暴怒的杨广把各部门负责人叫到一起召开军事会议。会上杨广拍着桌子指着下面人的鼻子大骂："你们现在一个个高官得做、骏马得骑，这些都是朕给你们的，现在你们却消极怠工，不给朕好好工作。当初朕说要御驾亲征，你们都不同意，就是不想让朕来，自己可以徇私舞弊。朕这亲自来了，你们还把仗打成这样，要是不来的话，你们岂不是要直接投降人家高句丽！"

看着下面一个个快被吓尿裤子的大臣们，杨广觉得自己猜对了，继续说道："你们怕死不好好打仗，难道朕就不能杀你们吗？"

下面的将军们连个屁都不敢放，只能表示誓死效忠杨广，明天一定更加努力，早日拿下辽东城。

这边陆路战场受挫，水路又如何呢？

水军总统领是平壤道行军总管兼检校车莱郡太守来护儿，来护儿是东汉中郎将来歙的十八世孙（另据《新唐书·宰相世系表》载为来歙十五世孙），出身也算显赫，再加上本人勇猛过人，深受杨广信任，此次就派他当了水军统领。

来护儿率领江、淮水军从东莱海口出渤海海峡横渡黄海，直接进入高句丽，在距离平壤六十里的地方遇到高句丽军。

高句丽军排开阵势，有数十里长，隋军深入敌后，心里不踏实，见到敌人大队人马有些害怕，这时来护儿却十分开心地说道："太好了，我本来以为高句丽人听说我们要来，都会吓得藏在家里，和我们玩躲猫猫的游戏，那样的话我们还要花很多时间来找他们，现在好了，他们竟然主动送上门来。"（《北史》记载，吾本谓其坚城清野以待王师，今来送死，当殄之而朝食。）

高句丽军中也有自认为是高手的，这人就是高元的弟弟高建，高建是皇亲国戚，平时和人比武大家都要让着他，一来二去他就真的以为自己是高手。

这会儿他看见隋军刚刚登陆，想抢个头功，临时组织几百人的敢死队就冲了上去，结果被来护儿的大将手起刀落砍下大好头颅，隋军乘势掩杀，高句丽军大败。

胜利来得太容易也不是什么好事，来护儿就被这首战大捷冲昏头脑，全然不听他人的建议，挑了四万精锐士兵直捣高句丽老巢。

高句丽人一看硬拼肯定是不行的，于是采用诱敌深入的办法，将来护儿和四万精兵引入城中。

这些隋军当兵之前多数不是什么好鸟儿，进城之后没有高句丽士兵骚扰，开始疯狂地打砸抢，就在大家抢得正高兴之时，高句丽伏兵杀出，来护儿大乱。

进去四万精兵，出来的时候再一数，还剩几千盔歪甲斜的残部。

此战过后，来护儿老老实实地把部队驻扎在海边，在和其他路人马会合之前绝不敢出门了。

如此看来水路也是憋气窝火。

一个艰难的决定

其他路人马怎么样？他们能否取得一个令人满意的成绩呢？

左翊卫大将军宇文述率军出扶余道，出发时候要求每人带一百天的口粮，当然自己的武器、换洗的衣服等等该带的还是要带着。这样算下来，每个人要带的东西重量在三石以上。

“石”是古代的重量单位，各个朝代一石的重量也各不相同，一石是八十到一百二十斤，一人背二三百斤的东西，而且还要日夜不停地赶路，士兵也不是骆驼啊！

为了给自己减轻负担，士兵们都偷偷地挖坑把粮食埋起来。

一般情况下，士兵行军打仗只带几天口粮，再由专门运送粮草的部队负责补给。这次宇文述出这么个损主意，可把士兵们给害惨了，把粮草埋起来负担是减轻了，但队伍才走到一半粮食就已经吃光了。

自己带得不够吃就去抢高句丽人的吧。可是这高句丽人实在太坏了，采取清野战术，别说粮食，就是草根树皮都收拾得干干净净。眼看就断了军粮的宇文述迫于各方压力，只好火速进兵，争取速战速决，高句丽主将乙支文德可不是白给的，他采用灵活机动的战术与宇文述周旋，基本上是：敌进我退、敌退我进、敌驻我扰、敌疲我打。

宇文述一天最多的时候和乙支文德打过七仗，而且是七战七捷，一直打胜仗就没有撤兵的借口啊。

就这样，隋朝大军在一路凯歌中渡过萨水（朝鲜半岛东北部的一条河流，今为清川江），距离平壤城仅仅三十多里。

这个时候的隋军已经是强弩之末，再加上乙支文德又派使者来请降，向宇文述保证，只要隋军肯退兵，放他们一条生路，高元就一定老老实实地做大隋朝最忠实的臣子。

看着眼前的平壤城，宇文述只好做出一个艰难的决定：撤兵！

深入敌后，面对坚城，攻又攻不下，不攻的话在人家门口待着也没好处，并且军粮极其紧张，不撤兵还能怎样？

为防止高句丽军突袭，宇文述将队伍排列成一个个方阵，向后方撤退。高句丽军也没让宇文述失望，像马蜂一样从四面八方涌出来，能捅一刀就捅一刀，能踹一脚就踹一脚。

在高句丽军无比热情的欢送声中，宇文述终于带着几十万人到了萨水岸边，高句丽士兵仍然在后面不紧不慢地追击着。还好天无绝人之路，萨水并不是很深，水流也很平缓，只要渡过萨水他们就踏实了。

然而，就在隋军半渡萨水之时，突然，大地震颤，萨水上游有如奔雷一般，紧接着巨浪滚滚而来。与此同时，一直漫不经心的高句丽士兵突然像打了兴奋剂一样变得异常勇猛，这仗完全变成一边倒的屠杀。当然，屠杀也挺累的，隋军人数太多，要杀很长时间才能杀完，高句丽的军刀都砍得卷了刃。

隋军死伤无数，部分幸存者逃回辽东城。

原来，乙支文德早在萨水上游修了一个水库，把水装满，等到隋军渡河之时开闸放水，然后趁乱冲杀，这一仗就是著名的“萨水大捷”（这是从高句丽视角定义的战役名称），直接导致杨广的第一次东征大败而归。

水军那边的来护儿听说宇文述等人都被打得半死，自己在那干耗着也无济于事，只好带着残兵败将扫兴而归。

【第五章】再征高句丽

主角：杨广

配角：杨玄感、卫玄、李密、宇文述等

事件：隋炀帝杨广一征高句丽不但没取得和前辈一样的骄人战绩，反倒被高句丽狠狠修理了一番，这口气他是无论如何也咽不下去的，还好他有个“优点”就是越挫越勇，于是，再征高句丽的队伍又出发了。

杨广也算是命运多舛，再征高句丽的结果和上次差不多，但过程却大大不同，原因就是半路杀出个杨玄感。

杨玄感是谁？他为何要给杨广捣乱？

宇文述是无辜的

当初，盔明甲亮，雄赳赳、气昂昂的隋军有九路渡过辽河，共计三十万零五千人，等回到辽东城的时候再数，只剩二千七百个伤残人士。数以万计的军资、攻城器械等都成了高句丽的战利品。

这个时候用生气来形容杨广并不恰当，已经到了抓狂程度的他把宇文述等人统统关进大牢。

事情到这个地步，生气也好、抓狂也罢，都已无济于事，杨广也只好灰头土脸地带着残部返回老家。

公元612年9月，杨广总算回到东都洛阳，休息两天之后，平复一下受伤的心灵，他便开始处理导致本次战争失败的关键人物，当然，他自己是不算的，错误肯定都在别人身上。

宇文述，这个人虽然犯了大错，但对他不能下死手，也就是象征性地惩罚一下。原因有两点：第一，宇文述一直受杨广宠信，是杨广的爱臣；第二，两人是亲戚，而且还是近亲，宇文述的儿子宇文士及娶了杨广的女儿南阳公主当媳妇，宇文述和杨广两人是亲家。

杨广看着下面跪着的一大片将军，不是沾亲就是带故，收拾谁也下不了死手，但是，此次东征高句丽搞得这么窝囊，必须要杀两个人出出气，顺便把责任都推到哪个倒霉蛋身上。

这个倒霉蛋就是刘士龙。刘士龙是个不折不扣的小人物，没什么背景，倒霉的他被砍下脑袋向天下谢罪。

另外还有于仲文。他比刘士龙运气稍微好一点点，被关进监狱，忧愤成疾，郁郁而终，算是得到个全尸。

至于其他人嘛，有的降级，有的免官，也有没受到任何处罚的。在和高句丽军作战中，薛世雄表现特别英勇，在局部战场上取得一定胜利，因此逃过一劫。

就这样，第一次东征高句丽这一页算是翻过去了，谁也别提这事儿，谁提跟谁急。

转眼就到了第二年，内心强大的杨广已经从东征高句丽的阴霾中走了出来，把去年的事忘得一干二净，春暖花开，心情大好，准备再征高句丽。

要打架必须得有人，人多力量大，当炮灰的小兵好解决，强制征兵就行，但是，千军易得一将难求，小兵们总要有带头大哥，现在朝廷上下没有几个将军啊，去年基本都被撤了职。

这样的小问题难不倒英明神武的杨广，下道诏书再让宇文述等人当将军，问题不就解决了吗？

可是有人有异议啊，宇文述去年犯那么大的错误，今天说放就放，还官复原职，这个于情于理都说不通啊，也不好向社会交代。

杨广轻描淡写地说道："宇文述是无辜的！"

"他怎么可能是无辜的？那么多将士的鲜血和生命啊！"下边的人仍然议论纷纷。

杨广继续说道："宇文述因为军粮没有接济上，因此才被打败，这是运送粮草的士兵犯了军资供应不足的罪过，不是宇文述的责任，应该恢复他的官职和爵位。"

过了不久，大家已经渐渐淡忘这事儿的时候，杨广又封自己的亲家为开府仪同三司。

后院起火

杨广再征高句丽是在大家预料之中的，以他这种睚眦必报的性格，吃了这么大的亏，必然不能善罢甘休。

这个小小的高句丽不但没让他玩开心，反倒丢大人了，真是恨得杨广牙根直痒痒。此次东征，他暗下决心，就算是移山填海也要把高句丽弄死。当听说杨广依然要亲自出马的时候，有几个大臣立刻表示反对，左光禄大夫郭荣说："陛下不能没完没了地跟高句丽较劲，咱们这么大个国家还需要陛下来管理啊，还有很多正事要干的，高句丽不过是个东夷小国，派几个能征善战的猛将带上一票精锐将士去收拾他们即可，何必劳陛下大驾呢？"

几个大臣这样说的本意就是不想让杨广再去前线捣乱，又不能直说，只好说后方需要他，还有更重要的工作等着他来指挥。

杨广不会被这几个大臣的小算盘给算计了，人家可是要在哪里跌

倒就在哪里爬起来的。

公元613年4月，兵马、粮草准备充足，杨广亲自渡过辽水督战，派宇文述和杨义臣率军直扑平壤。

杨义臣是鲜卑人，本来姓尉迟，和杨坚关系不错，后来皇帝赐姓“杨”，在以往和突厥以及杨谅的战争中表现都很出色。

这次东征，杨广没搞那么大排场，也学乖了，自己放下大权，各个部队的将领可以根据实际情况自主定夺，灵活作战。

少了以往的花哨动作，开场就是猛攻辽东城。飞楼、云梯、地道等各种工具、各种方法层出不穷，二十四小时不间断作业。高句丽人也知道这次杨广带着火来的，投降的下场就是屠城，与其投降后像猪一样被杀死，不如英勇战死，杀一个够本，杀俩赚一个。

攻城的士兵一次次地冲上城头，守城的士兵一次次把他们压回来。

隋军中有个猛将叫沈光，借助云梯冲上城头，手持大刀如同切瓜一样转眼之间就砍死十多个敌兵，高句丽人并没有被这气势吓倒，更多的人冲上来群殴沈光，沈光寡不敌众被对方打了下来，不过这小子命够大的，没掉地上摔死，被一条绳子给接住了，沈光抓着绳子又爬上去接着杀。

这仗打得异常惨烈，辽东城如同一台巨大的绞肉机，不知疲倦地工作了二十多天，伏尸数万、流血漂橹，杨广看得直反胃，回去睡觉肯定得做噩梦，而且还会吃啥吐啥。

飞楼、云梯等传统攻城工具效果不理想，那咱就换点新招。隋军士兵多，民夫多，前线士兵该攻城攻城，后面的人开始做布袋子，很快就做了一百多万个，每个袋子里面装满土，用这些土袋子一点儿一点儿地堆起一个斜坡，从地面一直通到城墙上，隋军士兵们沿着斜坡终于攻进辽东城，眼看着就要城破人亡。

然而，可能是高句丽命不该绝，就在这关键时刻，大隋后方传来一个消息：后院起火了！

“什么？哪个小兔崽子不想活了，敢在朕的后院放火！”杨广气得破口大骂。

“那个小兔崽子就是杨玄感，他已经拉起大旗，公然造反。”手下人战战兢兢地答道。

待时而动

杨玄感是谁？

杨素的儿子。

他为什么造反？

这就得从头说起了。

杨素为大隋朝做了很多事情，问题就在于做得太多了，多到杨广自己都觉得不好意思，认为自己的江山有一半应该分给杨素才能和他立下的功劳相称。

可是杨广自己还嫌江山不够大呢，怎么舍得分给杨素？不分又不踏实，要是杨素死了，就无须为这事儿烦心，既不用分他半壁江山，又可以踏踏实实享受生活，毕竟欠人家的心里不踏实嘛。

杨素这人也不够低调，经常做些出格的事儿，杨广心里恨他，但嘴上不说，久而久之，杨素也发现了这个问题。

由于心理压力过大，杨素终于一病不起，杨广表面上给他派去最好的太医，送去最好的药，但暗地里总问太医杨素能不能早点见阎王。

当杨素知道这一切后，就明白了，自己抓紧时间离开这个世界应该是最好的结局，这样最起码不会拖累子女，于是，放弃治疗，驾鹤西游。

这事还真被杨素猜对了，杨广后来对宠臣说："杨素死得很英明，不然迟早朕要让他全家死光光。"（《资治通鉴》记载，帝谓近臣曰："使素不死，终当夷族。"）

俗话说：虎父无犬子。杨玄感继承了他父亲的优良基因，智商不在他爹之下，武功却远超他爹。

杨玄感明白伴君如伴虎的道理，因此一直在打着自己的小算盘。杨广准备和高句丽开战的时候，很多人劝杨广要冷静，别冲动。杨玄感却说："打！这仗必须得打，让东夷小国看看我大国的威风，我家世世代代享受着浩荡的皇恩，养兵千日，用兵一时，现在是我报恩的时候，我愿为陛下打头阵。"

杨广听得这个舒坦啊，对杨玄感的忠诚深信不疑。

杨玄感性格豁达，喜欢结交江湖朋友，和他关系最好的要数李密（后来是个极其重要的造反头子），和这些人在一起混时间长了，难免沾染些草莽气息，那颗本来就不安分的心越来越躁动。

《周易》说：“君子藏器于身，待时而动。”杨玄感默默地积累着自己的力量，耐心地磨砺着藏于身的“器”，等待时机成熟之时给杨广致命一击。

机会终于来了！

公元613年，杨广再征高句丽，而且不听大臣劝阻，采用的是御驾亲征的方式，留下空虚的后院给藏器于身的人以良好时机。

杨广让杨玄感在黎阳（今河南浚县东北）负责征集军粮。

粮食征集足了，杨玄感却不往前线运。杨广那边都快揭不开锅了，便派人来催粮，杨玄感的理由早就编得天衣无缝：全国各地现在占山为王的土匪太多，粮食运不过去，前线的将士只好再勒紧裤腰带坚持一段时间，等打通粮道立刻送去香喷喷的白米饭。

杨玄感一边应付杨广，一边在黎阳招兵买马，同时又把自己江湖上那些朋友都召集起来，兵精粮足的他准备大干一番。

这个时候杨玄感心里还是没有底，不知道公然反杨广会有多少人站在他这边，于是，对外宣称水军总管来护儿造反，他要征兵去讨伐来护儿。

大家都不傻，都明白来护儿没有造反，是杨玄感要造反。当时隋朝的情况就是大家都想造反，就是缺个牵头的，现在出来个牵头的，而且还是高级贵族，那大家还不是积极主动地跟着一起造反。

杨玄感投石问路发现自己还是很有号召力的，干脆直接就造了反，采用各种手段宣传自己的壮举，对外声称自己身居高位，几乎是一人之下，万人之上，家里面有八辈子都花不完的钱，现在自己把这些荣华富贵都抛在脑后是为了什么？

难道是为了自己当皇帝吗？当然不是！造反是为了解救天下千千万万的黎民百姓。这是多么的大公无私啊！

标榜了自己的伟大之后，杨玄感又把杨广的罪行添油加醋地列举出来，不过说实话，关于杨广的罪行根本不需要添油加醋，实事求是就已经足够人人得而诛之。

宣传的效果非常理想，那些吃不饱、穿不暖的难民，还有看不惯杨广劣行的有志青年们十分积极踊跃地加入反杨广的队伍中，这个队伍每天都能扩大数千人。

李密得知杨玄感已经动手，第一时间从长安赶到黎阳。

按照李密的看法，有三条路可以走：

第一条路是控制杨广返回中原的要道，切断东征隋军的归路，高句丽人知道后肯定会大举反击,到时前后夹攻,杨广就死定了,这是上策。

第二条路是西击长安，因为那里空虚，并且自古就是成就帝王的宝地，占领长安之后和杨广慢慢折腾，时间可能会长点儿，但基本上是稳赢的，这是中策。

第三条路就是直捣杨广的老巢——洛阳，这个看起来好像最有效，实际上风险最大，如果能够迅速攻占洛阳固然是好，万一洛阳久攻不下，杨广那边再从高句丽撤军，这样多路夹击，杨玄感就危险了，所以这是下策。

杨玄感自恃文武全才,水平比杨广高得多,再加上自己毕竟是造反，早拿下对方老家早踏实，于是选择下策——进攻洛阳。

杨玄感在进军洛阳的路上遇到第一个劲敌——卫玄。

卫玄是沙场老将，戎马一生，有胆有识，此次杨广御驾亲征高句丽，卫玄担任京兆内史（负责都城的治安和军事），留守洛阳，本以为可以趁着杨广出去的机会好好放松一下，过几天睡到自然醒的神仙日子，没想到跳出个杨玄干扰了他的好梦。

还好杨广走的时候没把人都带走，卫玄搜罗了一下，七拼八凑地就集合了七万人。

卫玄这老头儿深得用兵之道，他知道眼下时局不稳，手底下的士兵随时可能跳槽到杨玄感那边。

按照一般将军的方法就是出兵之前搞个战前军事动员会，当将军的在台上扯着嗓子瞎喊一通，大体上的意思都是：养兵千日，用兵一时，平时国家待你们不薄，现在正是国家需要你们的时候，你们要为国家奉献出肉体和灵魂，打仗的时候不要贪生怕死，贪生怕死是会被大家鄙视的，要做一个慷慨赴死的英雄，死以后会被追认为烈士，印一大堆奖状烧给你们，同时也会照顾好你们的老爹、老妈、老婆、孩子。

这个时候大多数士兵都是明白事理的，同样会像吃了兴奋剂一样敲着盾牌嗷嗷乱叫，表示自己肯定不是孬种，上刀山、下火海万死不辞。

可实际呢，到了战场上能打赢固然是好，打不赢就投降，都是爹生妈养的，谁的命都是一条，死了就啥都没了。

这叫什么？

这叫互相忽悠。

当将军的不拿点真东西出来，靠嘴忽悠士兵，除了极个别的士兵被忽悠住之外，大多数士兵都会用实际行动反过来忽悠将军。

当然，这种情况仅适用于窝里斗的内部战争，涉及外族入侵就不是这么个情况了，那时候投降的话是汉奸，是孬种。

杨玄感和杨广的战争是典型的内部战争，卫玄明白：如果仅仅靠忽悠是稳定不了军心的，到时只要局势对己方不利，手下的小弟们投降的肯定不在少数。

怎么才能把自己和这七万士兵绑在一根绳上？办法倒是很简单，就是损了点，不过这个时候卫玄也顾不了那么多。

卫玄在和杨玄感交火之前，先去了一趟华阴县。士兵们还纳闷呢，不好好打仗跑这儿来干什么？

答案很快揭晓。原来，杨素的坟在这里，卫玄带着士兵来挖人家祖坟，七万士兵，谁都没落下，一人一镐把杨玄感的祖坟刨个底朝天。

看着散落一地的骨头架子，卫玄仰天长笑："看谁还有投降的余地！"

刨完人家祖坟，卫玄带着绑在一根绳上的七万士兵迎击杨玄感。

挣脱金锁走蛟龙

辽东战场。

杨广听说杨玄感举起反旗，着实吓得不轻，他知道有几个因素对自己很不利：第一，老家现在比较空虚；第二，杨玄感手下有很多贵族子弟，这些人跟着造反后果很严重；第三，杨玄感还是有些本领的，并不太好对付。

这个时候，杨广的手下开始安慰他，告诉他事情没多严重，杨玄感看起来很厉害，实际上是瞎咋呼，成不了什么气候，现在立刻撤军，等把后院的火灭了，再回来和高句丽算账。

杨广叫来众将召开紧急军事会议，保密级别定为特级，制订出有计划、有组织、有步骤的撤退方案。

在一个月黑风高的夜晚，杨广的部队开始撤退，为掩人耳目，大量的攻城工具、营帐、粮草等军用物资又白白地留给高句丽人，看来这下高句丽人的伙食又能得到大幅度改善。

撤退方案制订得是不错，但执行起来还是有一定难度的。大家都不明白为什么这仗打得好好的突然就撤退了，而且是这样偷偷摸摸地撤退，有人说是外星人要来攻打地球了，还有人说其实是彗星要撞地球了，总之众说纷纭，人心惶惶。

城外这样闹哄哄地折腾，城里的高句丽人很快就察觉到异常，但又怕是杨广要诈阴他们，也不敢出来看个究竟，于是就在城头敲锣打鼓吓唬他们，这一吓唬还真管用，撤退的隋军更加慌乱。

到第二天中午的时候，高句丽的斥候出来转悠了一圈，回去跟将领汇报："我有两个消息，一个好的，一个坏的，您听哪个？"

"先说好的吧，这些天守城守得很郁闷，听个好的调节一下。"将领作出英明的决定。

"好消息就是，敌人真的撤退了。"斥候手舞足蹈地说道。

"坏的呢？"将领连忙追问。

"留下好多好多的东西，都搬回来的话肯定又得累抽筋儿。"斥候一脸郁闷地答道。

搬东西这苦活累活眼下是没时间干的，追击隋军才是正事。

于是乎，就出现了这样一个十分搞笑的场景：几十万隋军在前面跑，稀稀拉拉的几千高句丽兵在后面追，眼瞅着就追上的时候，高句丽兵就放慢脚步。

高句丽兵也不傻，并不会真的追上去和隋军火拼，人家那么多人，就算追上了还真能打得过人家啊，人家跑并不是怕高句丽人，肯定是有别的原因。

终于，高句丽人得到杨广已经渡过辽水的消息，同时也发现辽水这边的隋军也不多了，就剩几万老弱病残。

这回高句丽人又能抡开膀子砍人了，隋朝士兵人心惶惶，也顾不上抵抗，一门心思地要游到辽水对岸，后面的高句丽兵就一门心思地砍人。历尽千辛万苦，隋军大部队总算渡过辽水，高句丽人也就不敢再追了。

大军都撤走了，唯独一个叫斛斯政的人趁乱投降高句丽，原因就是他和杨玄感关系很好，怕杨广误会他和这场造反有关系，于是躲进高句丽中。

就这样，第二次东征高句丽在杨广无尽的遗憾中画上句号。

现如今杨广也顾不上遗憾，立刻调遣宇文述、来护儿等人火速增援卫玄，保住东都洛阳，那里有自己的超级大豪宅、金银珠宝和漂亮姑娘，可千万不能落到杨玄感手里啊。

卫玄的部队很快就和杨玄感接上火。

这场仗双方都有自己的优势，卫玄的优势就是手下七万小弟都是抱着必胜决心，不可能投降，投降就是死，刚挖了人家祖坟，人家能饶你吗？

杨玄感的优势就是自己太强了，历年来打仗养成的习惯就是举着长矛冲在最前面，挡者不死即伤，大家都说他是项羽附体。（《隋书》记载，玄感骁勇多力，每战亲运长矛，身先士卒，喑呜叱咤，所当者莫不震慑。论者方之项羽。）

这一接上火杨玄感就发现对方抱着必胜的决心，如果和他们硬拼的话，就算能赢也是伤敌一千自损八百，不划算。于是，假装战败，卫玄没想到杨玄感这么阴险，毫无顾忌地放马就追，追着追着就追进了包围圈，伏兵四起，卫玄的先头部队全军覆没。

杨玄感着急拿下洛阳，掉过头来穷追猛打，一天之内两军交火十几次，如此高强度的作战，卫玄有些吃不消，这时候他开始暗自庆幸，多亏先挖了杨玄感的祖坟，断了士兵们的后路，不然仗打到这个份儿上自己这边肯定早就溃不成军。

眼看着卫玄就要抵挡不住的时候，援军到了。

这也正是李密所担心的，还没攻下洛阳，自己又没个像样的根据地，对方军队已经从四面八方赶回来，形成合围之势，这种情况下再想全身而退，的确十分困难。

敌人的援军一路攻打杨玄感的老巢黎阳，另外几路分别在宇文述和来护儿等人率领下前来支援卫玄。

在几路大军的猛攻下，杨玄感大败，最后和十几个卫兵一起落荒而逃，准备去上洛（今陕西省商洛市商州区）躲一躲，再找机会翻本儿。

然而，后面追兵不断，杨玄感虽然能够凭借自己的勇猛数次击退追兵，但自知大势已去，仰天长叹，对自己的弟弟杨积善说："哥哥我是没有当皇帝的命，不过士可杀不可辱，我不想被杨广抓到受他欺辱，你杀了我吧。"

杨积善明白哥哥的性格，也不犹豫，抽出刀就把杨玄感的脑袋砍下，砍完之后也想自我了断陪着哥哥一起死，免得他在黄泉路上太寂寞。就在这时杨广的追兵冲了上来，杨积善自杀未遂，被抓回洛阳。

杨广为让天下看到公然和他作对是不会有好下场的，把杨玄感的尸体在洛阳最繁华的区域展出三天，然后剐了，再点把火给烧了。

此次杨玄感造反是6月份起兵，同年8月份就挂了，时间虽短，但意义重大，他作为高级贵族打响反隋的第一枪，为其他准备起义的农民、一般官员、贵族等起到很好的带头作用。（虽然在他之前也有些人造反，但那些不过是占山为王的土匪罢了。）

"反隋"的一号战犯被挫骨扬灰，然后开始处理各类从犯，直接相关人员都是抓住就杀，其他逃往各地的都被抓回洛阳受审，因为此事被抓、被杀的人不计其数。

之前提到给杨玄感出主意的李密也在被抓回洛阳受审的行列，和他一起的还有韦弗嗣、王仲伯等十几个人。半路上，李密和王仲伯等人偷偷商量要找机会逃跑，大家一致认为有钱能使鬼推磨，拿出自己所有的金银财宝送给押送他们的使者，表示钱财乃身外之物，将死之人要这些也没什么用，并且说："人生最痛苦的是人死了，钱没花光。"

经过李密等人这样一忽悠，使者们认为犯人已然心死，应该不会想着逃跑，对李密等人看守也就没那么严密。

李密等人又找机会请人买很多好酒，准备一大桌的山珍海味，请使者吃饭，酒足饭饱之后使者们都睡得都跟死猪一样。

李密等人溜之大吉，逃跑的时候叫韦福嗣和他们一起走，韦福嗣还不领这个情，觉得自己无罪，回到洛阳顶多被杨广臭骂一顿，罚他跪个搓衣板啥的。李密一看人家不领情也就没坚持，结果，韦福嗣到洛阳就被赏了个五马分尸。

当时的战犯实在太多，以至于杨广、宇文述等人漏了条大鱼都没察觉到，这条大鱼就是李密。正是：打开牢笼放猛虎，挣脱金锁走蛟龙。

李密逃跑后几经辗转投靠瓦岗寨，他在那里大展拳脚开创出一片崭新的天地，把反隋运动开展得轰轰烈烈，令杨广苦不堪言。不过，这些都是后话，这里暂且不提。

如果我们认为杨广两次征讨高句丽未遂就会打退堂鼓，那就太低估他做事情的决心了，不达目的誓不罢休，这才是杨广的性格，因此，必然要三征高句丽。这次的结局总算还说得过去，看起来是场漂亮的“完胜”，但实情真是这样吗？

竹篮打水一场空

转眼间一年过去了，公元 614 年春暖花开的时候，杨广又开始惦记征讨高句丽的事儿。

对于这一点杨广手下的文武百官实在是百思不得其解，这个高句丽王高元和杨广到底有多大的仇啊？难道高元曾经伤过杨广的心？

大臣们也不敢问，每次杨广叫大家来商量征讨高句丽的事情，大家都不吱声。杨广一看大家不吱声，那好吧，我自己定就得了，管你们什么看法呢。

2 月，杨广正式下令：三征高句丽！

3 月，杨广亲自到涿郡，督促征兵。

这个时候的隋朝已经乱得像一锅粥，再加上去年杨玄感那么一搅和，更加糨糊得不行，人心散了，队伍也不好带，军队中每天都有大量的士兵逃跑。杨广下令对逃兵格杀勿论，结果派出去抓逃兵的人同样一去不复返，也成为逃兵。

杨广不在乎这些，只要部队里还有人就行，看来他是抱着血战到底的决心，如果士兵都跑了，说不定他还要亲自扛起大刀和高元单挑。

直至 7 月，杨广的兵还没集合完，很多地方的士兵都是还没到集合点就已经跑得精光。不过，瘦死的骆驼比马大，即使这种情况，杨广依然能纠集几十万人马，大摇大摆去找高元玩命。

这次高元是真怕了，前两年砍人砍得太多，刀都卷了刃，现在正磨呢，刀还没磨好又送来好几十万个脑袋砍，别说是几十万个能跑能跳的大活人，就是几十万根木桩子让你砍也得累得够呛啊。还有，去年杨广扔在辽东城外那些东西也真够多的，好不容易才收拾完，这又要送来一大堆，实在没有劳动力干活。

高元选择了投降，这次不是诈降，是真的投降，举起小白旗，送上投降书。

这次高元没做任何抵抗就投降的原因是高句丽地小，连续两次大规模战争实在有些吃不消，杨广不在乎自己的大隋被祸害成什么样，人家高元是有责任心的将领，要为百姓负责任。

高元投降总得表个诚心吧，于是，斛斯政就派上了用场。

斛斯政就是杨广二征高句丽时的那个叛徒，高元知道杨广最恨别人背叛他，就把斛斯政送回给杨广，哄他开心。

杨广 8 月份班师回朝，路上还出了点儿小插曲，堂堂皇上的队伍竟然被邯郸的响马杨公卿半路给劫了一票，杨公卿抢走几十匹御马高高兴兴地回家吃马肉去了。

由此可见，当时的天下已经混乱到什么程度！

损失几十匹马表面看来不是什么大事，但细琢磨一下，这皇帝当得也太丢人了吧，在自己的国家里被强盗打劫。这事让杨广有些郁闷，就如同东征高句丽大胜而归的这块美玉上的一个瑕疵，然而，瑕不掩瑜，很快杨广就把这点小郁闷给忘得一干二净，因为他有更爽的事情可以做。

更爽的事情就是做红烧人肉，这菜的主料是斛斯政。

杨广的手下把斛斯政洗刷干净，收拾好之后放到锅中……

斛斯政不是唐僧，吃他的肉不会长生不老，可是大家迫于杨广的压力，依然都要吃上一口，表示皇上的敌人就是我们的敌人，只有吃他的肉才能表达出自己有多么恨他。

大多数人没有吃人肉的爱好，只是象征性地尝上一口，但是，仍然有人趁此机会大肆献媚，这些奸佞小人为表达自己对杨广的敬爱之心，竟然狼吞虎咽地吃了个饱。

（《资治通鉴》记载，杀斛斯政于金光门外，如杨积善之法，仍烹其肉，使百官啖之，佞者或啖之至饱。）

吃饱喝足，杨广想要耍耍威风，羞辱一下高元，派人招高元进京见驾，这个时候的高元可能是已经把刀磨好了，也可能是预见到杨广快要有大麻烦，没有精力对付自己，总之，他是没给杨广这个面子，随便找个借口便没进京见驾。

杨广这才意识到自己三征高句丽只是竹篮打水一场空。

这样的结局让杨广情何以堪?

盛怒之下，他准备再次对高句丽进行大规模军事打击，然而，此时的隋朝已经不具备这个实力，四征高句丽的计划最终也没有实施，杨广一心要征服高句丽的梦想只能和他的身体一起埋入黄土之中。

【第六章】农民兄弟唱主角

主角：刘元进、王世充

配角：张须陀、鱼俱罗、吐万绪、罗士信、孟让、始毕可汗、樊子盖等

事件：本想继续和高句丽缠斗的隋炀帝杨广实在难以再次组织一场大规模军事活动，因为他已经陷入了内战的泥淖，虽然有几个得力打手为他排忧解难，但这难还是越解越难。从这个时候开始隋朝进入遍地烽烟的混乱时代，群雄割据，农民和贵族的起义如雨后春笋般遍布漫山遍野，然而，他们目前也仅仅是把水搅浑，只能为后人做嫁衣裳。

好汉在哪儿

是什么导致杨广四征高句丽的愿望无法实现呢？深层次原因相信大家在前文中都能体会到，但杨广体会不到，他认为做好愚民工作的同时再限制住百姓的武装力量就可保天下太平无事，如果这想法正确的话，那么“焚书坑儒”加上刀器管制，嬴政的大秦王朝应该就会传到现在吧，按照平均一个皇帝在位二十年来计算，现在差不多应该是秦一百一十一世。

不管杨广是怎样想的，总之隋朝是乱了起来。大家都知道隋唐时期好汉多，有出身草莽的，有出身官宦的，还有出身皇族的。杨广这边自己闹腾得厉害，好汉们也没闲着。

这个时候的造反将领大多数还不是“造反分子”，而是朝廷的官员，踏踏实实地做着杨广的打手。该时期的队伍也不纯正，大多都是土匪强盗，聚众闹事，干些打家劫舍的勾当。

齐郡王薄、孟让就是把反隋组织搞得轰轰烈烈的典型代表，手下有十多万小弟，打家劫舍，攻城略地。

木秀于林风必摧之。他们这样毫无顾忌地大展拳脚，自然有人看不下去。

此人就是张须陀，他一出手，王薄等人便吃了大亏。张须陀不光是自己厉害，手下更是有个牛人。这牛人比牛还牛。

有一次，此人看见两头牛在打架，搞得鸡飞狗跳、尘土飞扬，严重影响社会和谐，便上前劝架，畜生根本听不懂人话，不管此人说的如何好听，两只畜生都不理不睬，我行我素，根本不把一个善良人的好心当回事，专心致志地激战。这下可把此人惹火了，只见他一手抓住一头牛的角，双臂一用力，大喝一声，两只牛角应声而断。

此人小时候家里穷，给人家放牛，牛到处乱跑的时候他懒得追，就扔小石块打牛脑袋，久而久之练成百发百中的飞石绝技。

另外，此人视力极好，而且像猫头鹰一样天生夜视，伸手不见五指的夜晚，一只苍蝇、蚊子从眼前飞过都能看出来公母。

身怀三绝的牛人便是罗士信！

罗士信，历城（今山东省济南市）人，天生神力，勇武过人，能横推八匹马，倒拽九头牛，成名兵器——镔铁霸王枪。（罗士信是隋唐名人秦叔宝的老乡，这个时候的秦叔宝还不是名人，仅仅是来护儿手下一个亲兵，但是来护儿给予秦叔宝高度评价："秦叔宝此人勇悍无比，有志气，有节操，日后定能飞黄腾达，成就大业。"现在还没到秦叔宝登场的时候，我们还是重点关注一下罗士信。）

上面这段关于罗士信的描述来自民间传说，正史记载的他也是英雄了得，罗士信生于公元595年，张须陀带他剿匪的时候是公元613年，也就是说他只是个十多岁的孩子。两军对垒，小罗主动请缨要求上阵杀敌，张须陀看他只是个小屁孩儿，认为他穿盔甲都费劲，更别提上阵杀敌了。

小屁孩儿也没多做解释，而是用实际行动告诉领导——你错了！

罗士信让人拿来两副铠甲，一副刚合身，另外一副稍大点儿，他先把合身的穿上，又把稍大点儿的套外面，两套重铠穿在身上如若无物，抄起镔铁霸王枪飞身上马。

张须陀看着眼前威风凛凛、杀气腾腾的少年英雄，二话不说，亲自擂起战鼓为罗士信呐喊助威。

罗士信来到两军阵前，看到敌人正在布阵，也没和他们客气，催马上前开始厮杀，砍下敌人的脑袋，高高抛起，用镔铁霸王枪将脑袋接住，就像串糖葫芦一样，然后举着这串"糖葫芦"在敌人阵前策马飞奔。

一般人哪见过这场面啊，个个吓得目瞪口呆。张须陀率领大部队乘势冲杀，直杀得敌人哭爹喊娘，四散奔逃。从此以后，罗士信就成了张须陀的贴身保镖，每次打仗都身先士卒，必然杀得敌人落花流水。

杨广听说自己有这么骁勇的手下，立刻派"随军记者"详细报道张须陀、罗士信的战斗实况，在国内外大肆宣传，树立大隋将军的光辉形象，充分发挥先进典型的示范带头作用。

那个时候没有相机，"随军记者"就用纸笔画下张须陀、罗士信的战斗画面，印刷成各种宣传材料，全国各地有组织、有目的地开展"树典型、学先进，向张须陀和罗士信学习"活动，一时之间张、罗二人的名字家喻户晓。

（《资治通鉴》载：帝遣使慰谕，并画须陀、士信战阵之状而观之。）

越杀越多

以往的杨广只会标榜自己，这次为什么会在张须陀、罗士信身上下这么大功夫呢？因为他渐渐发现国内形势好像不太乐观，需要收拾一下那些贱民，这事总不能自己出手吧，还是需要有人给他出苦力，张须陀、罗士信刚好是合适人选。

杨玄感造反这事对杨广触动极大。有一次，他在洛阳大街上遛弯儿，看着熙熙攘攘的人群，表达出对手下人的不满，说道："大街上竟然还有这么多成年人啊！"

这话什么意思？手下立刻就明白了，这是皇帝责备他们清理杨玄感余党的时候下手还不够狠，杀人还不够多，对老百姓太仁慈。

还有一次，杨广对手下说："杨玄感振臂一呼就有十万人响应，朕越来越觉得天下的人不能太多，人多爱闹事儿，现在朕的宫殿也都盖好了，运河也挖差不多了，要那么多人已经没有太大用途，该杀就杀吧，千万别手软。"通过这些事不难看出直到最后杨广依然没有认清大隋朝内忧外患的根源在于他非人的统治。

杨广身边的忠臣基本上已经绝种，剩下的都是些阴险奸诈、作恶多端、吃人不吐骨头的刽子手，他们执行杨广政策的时候更是变本加厉，为了多杀些人到杨广那里邀功，他们把当初杨玄感开仓放粮时吃过这些粮食的老百姓全部赶尽杀绝，甚至那些百姓家的猫猫狗狗都没放过。（《资治通鉴》记载，玄感之围东都也，开仓赈给百姓。凡受米者，皆坑之于都城之南。）

这样的做法无疑是火上浇油，更多的好汉蓄势待发，或者直接揭竿而起，还有更多的人浑水摸鱼，把大隋朝这锅粥搅得越来越糨糊。当初杨玄感造反时，江南刘元进起兵响应，拉起大旗开始招兵买马，造反武装势力迅速扩张，不到一个月时间便纠集数万人。

刘元进带着这伙杂牌军准备渡过长江和杨玄感的部队会合，结果他动作慢了点，杨玄感已经被剁了。

刘元进这小子脑袋还算灵活，带头大哥没了无所谓啊，正好自己当带头大哥。于是，捡块看起来还不错的石头刻了个玉玺，又找了个大尺寸太师椅简单修饰一下，往上一坐，就自称了皇帝。

当天下乱到一定程度的时候，什么样的笑话都会发生，这样随随便便就能称帝，更搞笑的是竟然还真有人承认刘元进这个皇帝。吴郡（今江苏省苏州市附近）朱燮、毗陵（今江苏省常州市）管崇带着自己刚招的七万小弟过来捧场，誓死效忠元进皇帝。刘元进也没让他们失望，都给封了大官。

大家一看跟这个皇帝混还不错嘛，基本上早入伙儿的都能当上三品以上大员。于是，东阳（今浙江省金华市）、会稽（今浙江省绍兴市）、建安（今福建省建瓯市）等地的很多人杀了地方官府负责人，抢占山头，响应刘元进。

一山容不下二虎！谁要是拉帮结派抢个山头，平时干些打家劫舍的勾当，杨广也懒得管他，如果他也想当皇帝，并且还付诸了实际行动，那杨广是绝对不会纵容的。

杨广派出左屯卫大将军吐万绪和光禄大夫鱼俱罗带兵打击刘元进的非法组织。

吐万绪和鱼俱罗两人都是久经沙场的老将，也是令突厥闻风丧胆的人物，按理说这两个人要收拾刘元进并非难事，不过今非昔比，现在人心早散了，队伍十分不好带，战斗力根本发挥不出来，再加上刘元进的小弟势头正猛，在这种情况下两军交火互有胜负。

刘元进的手下以农民为主，昨天还在拿着锄头刨地，今天就上战场，那战斗力比“零”大不了多少，渐渐地战争呈现出一边倒的趋势，管崇等人也先后被杀。终于，刘元进抵挡不住吐万绪和鱼俱罗的攻势，退守建安。

鱼俱罗和吐万绪老哥俩配合得越来越默契，经常是一场大仗下来就要有上万起义军魂断他乡。但是，两员老将发现一个他们无法接受的事实——对方的人越杀越多！

原来，刘元进的起义军队伍跑到哪里，哪里就有无数吃不饱穿不暖的农民加入“反朝廷的大家庭”中，虽说部队质量上不去，但数量却越来越庞大。

刘元进“皇帝”被打得很惨，杨广依然不满意，他无法容忍另外一个皇帝的存在，连下诏书批评鱼俱罗和吐万绪工作不力，一群农民组成的乌合之众还不是三刀两刀就能搞定的？

鱼俱罗和吐万绪知道这仗不好打，刘元进水平一般，队伍战斗力不强，但他们得到百姓支持，这个靠山无比巨大，因此，建议杨广应该暂作休整，等时机成熟再战，杨广对此很气愤。

有人在前线拼死拼活，有人在后方七嘴八舌！杨广身边的奸佞小人们开始迎合主子的意思，尽情地编着关于鱼俱罗和吐万绪的坏话，终于编得足够多，多到可以治两位老将军的罪：

鱼俱罗在闹市区被砍了脑袋，吐万绪忧愤成疾，郁郁而终。

这就是为大隋朝出生入死的下场啊！以后一定不会有人肯为杨广效力了！然而，这个结论并不准确，鱼俱罗和吐万绪刚被撤职就有人顶上了，这人就是王世充。

不了解内情的人肯定觉得奇怪，做杨广忠实的仆人，出生入死，把自己的一生都奉献给大隋，奉献给杨广，这样是不会有好下场的，也就是说好人没好报啊，那王世充为什么还肯替杨广卖命呢？

王世充不怕，他知道自己不是好人，他认为不是好人就会有好报，他曾经不止一次地私下嘲笑鱼俱罗等人，觉得他们都是榆木脑袋，笨得让人难以理解，完全不像自己一样有一双慧眼，善于察言观色，能够随时感受主子的喜怒哀乐。还有两行伶俐齿、三寸不烂舌，主子喜欢听什么就说什么。仅仅会看会说还不行，还应该有实际行动，经常找些稀奇古怪的东西献给主子，这样自然就不会像那些傻瓜们一样费力不讨好。

（《旧唐书》中对王世充的评价是：善候人主颜色，阿谀顺旨，每入言事，帝必称善。乃雕饰池台，阴奏远方珍物，以媚于帝，由是益昵之。）

按照惯例，这样的人大多数水平都一般，因为他们都把心思用在邪门歪道上了。王世充却不然，天生智商就不低，再加上后天的刻苦努力，熟读兵法，也算是深得用兵之道。

像王世充这样想皇帝之所想、急皇帝之所急的人当然不会让杨广失望，他明白刘元进越早消失越好，在这片中华大地上同时存在两个皇帝会让杨广很难堪。于是，王世充得到出征剿匪的军令之后立刻马不停蹄率领隋军精锐南下，渡过长江，猛攻刘元进。

刘元进这皇帝没当几天就被迫卸任了，因为死人是没办法当皇帝的。

王世充带兵打仗的确有一套，很快刘元进就成为他的刀下之鬼。

树倒猢狲散，刘元进和朱燮等人的手下散的散，降的降。

王世充这个时候善心大发，跑到寺庙里烧香拜佛，在佛像前对天发誓，凡是肯积极主动投降的一律不用杀头。

这样看来王世充还不是很坏嘛！

不过，这个结论同样不准确！

一个月内刘元进的旧部大概有三万多人投降，王世充带着这三万多人去野外郊游，找了个风景秀丽的地方，挖了个大坑。这坑相当大，足够活活埋下三万多人。埋完之后王世充说道："我是说过投降不杀头，但没说投降不活埋呀。"

杨广得到这个消息之后非常开心，这个世界上的人又少了一点儿，犯上作乱的威胁也就小了一点儿。

扮猪吃虎

皇帝的夸奖是大臣工作的最大动力，得胜而归的王世充继续快马加鞭地去收拾另外一个烂摊子，眼下他要做的工作实在太多。

前文中提到的齐郡孟让被张须陀、罗士信打跑之后并没有消停，而是跑到盱眙一带继续发展自己的势力，他的情况和刘元进有相似之处，就是边跑边四处招收小弟，越跑队伍越壮大，等到孟让停下来数人的时候，连自己都惊呆了——足足有十多万啊！

这样的实力足以让孟让风光一时，他带领着十多万淳朴的农民占领都梁宫，以淮水为天然屏障，割据一方。

都梁宫是什么地方？那是人家杨广在江苏盱眙给自己建造的离宫，现如今里面住着一群农民，这让杨广情何以堪！

这个时候想皇帝之所想、急皇帝之所急的王世充再次站出来为皇帝排忧解难。和王世充比起来，孟让实在是太嫩了。

两军对垒，王世充稳坐江都城，要上演一出扮猪吃虎的好戏，在险要的地方设下很多障碍，装出一副十分害怕的样子，坚守不出。

孟让还真就把自己当成老虎，把王世充当成了猪，认为王世充不

过是个皇帝跟前的马屁精，除了会写写文章、拍拍马屁之外便一无是处，自己收拾他还不就像老虎吃头猪一样容易嘛。

两军实力相当的情况下，骄兵必败，更何况王世充的实力本就在孟让之上。孟让带着刚扔下镰刀、锄头的农民战士大摇大摆地冲到江都，王世充依然坚守不出，以孟让的实力想要攻城太不现实，只能这样对峙着。就这样，日子一天天地过去，孟让一点儿办法都没有，他的军粮却在一天天减少，眼看着就要揭不开锅了，怎么办？抢粮呗，总不能饿死啊。

孟让这边兵分多路到处抢粮，王世充一直在寻找战机，终于，在孟让最薄弱的时候，王世充果断出击。被王世充这样一条凶狠、毒辣、阴险至极的毒蛇咬上一口，那后果可想而知。

孟让辛辛苦苦组织起来的农民起义军被打得七零八落，一万多人丢掉性命，孟让仅仅带着几个随从落荒而逃，从此之后这个名字再也没有在任何史料上出现过。

眼睛哭肿

社会已经乱成这个样子，对于一个正常皇帝来说，应该反省自己，收敛一下，想办法安抚百姓，但杨广并非正常皇帝，可能是他觉得有像王世充这样的人替他收拾烂摊子，也可能是觉得自己就像秋后的蚂蚱一样，再也蹦跶不了两天，在全国形势如此恶劣的情况下，依然有心情组织大规模秋游活动。

公元615年秋，天高云淡、金风送爽，杨广带领大队人马巡游北塞。

杨广这小子平时坏事干得太多，得罪的人也太多，突厥的始毕可汗以前就曾经受过他欺负。现在隋朝国力下降，杨广又没什么防备，这给始毕提供了一个绝佳的报仇机会，于是，他准备带领几十万铁骑倾巢出动，给杨广致命一击。

十分完美的时机，若不是半路杀出个义成公主，说不定始毕还真能得手。

这个义成公主是始毕的老婆，也是隋文帝杨坚的侄女，义成公主虽然嫁给始毕，但心还是向着娘家人，得知始毕要放暗箭，立刻派亲信向杨广汇报情况。

杨广得到这消息后吓出一身冷汗，也没顾得上擦汗就迅速躲进雁门城（今雁门关）。始毕抱着一击必中的决心，率领数十万铁骑携万钧之势直冲雁门郡（今山西省朔州一带），转眼之间雁门郡的四十一座城池有三十九座被攻破，然后突厥大军集中力量进攻雁门城。

雁门城的士兵和老百姓加起来也就十五万，粮食储备更是极度匮乏，估计再有个二十几天便无米下锅。

向来不可一世的杨广被吓坏了，抱着儿子哇哇大哭，眼睛都哭肿了。（《资治通鉴》记载，上大惧，抱赵王杲而泣，目尽肿。）一直哭也不行啊，总不能把始毕的几十万铁骑哭走啊。杨广和大家找了个安全的地方召开军事会议，商量退敌良策。

有人提议和始毕玩石头剪刀布，他要是输了就得撤军；有人提议和始毕说：你妈喊你回家吃饭呢……总之，没有一个靠谱的方案。宇文述提议，要不咱们就铤而走险，选几千精锐士兵和始毕死磕，护送皇帝冲出重围。

一个叫苏威的大臣对此表示反对，认为宇文述的提议太不现实，风险也太大，眼下的实力守城都费劲呢，怎么可能有实力突破始毕的铁桶阵，还是老老实实待在城中踏实些。

苏威的想法得到樊子盖等大臣的支持，并在此基础上进一步完善，最终大家建议杨广坚守城池，安抚城中士兵和百姓，共同保卫家园；同时，号召全国各地兵马前来救援；再请义成公主做内应，在后方拆始毕的台。

这个方案有个核心问题，就是现在的士兵们十分厌倦战争，大家都怕解完突厥之围后又惦记着东征高句丽，因此，需要杨广向大家许诺，渡过此劫后一定安安心心地好好过日子，再也不欺负这个，打那个，让百姓可以休养生息。

未来的主角

杨广低下高傲的头颅，亲切地走到士兵中间，和士兵谈理想、谈人生，“平易近人”的杨广很快就和士兵们打成一片。

在战争的间歇期，杨广经常来到一线，给士兵们打气，扯着嗓子大喊：“兄弟们辛苦了，我杨广十分有幸能和你们这群英勇的士兵同甘苦、共患难，有你们这样的兄弟今生无憾。此次若能渡过难关，保证大家以后都能享受荣华富贵，守城过程中表现突出的普通士兵直接提升为六品官员，另外还将赏赐你们……”

听完杨广的战前动员，熟悉杨广的人都以为这厮弃恶从善、痛改前非了呢，但更熟悉他的人明白：对于一个能够比肩影帝的专业骗子来说，他的话连标点符号都不应该信。

守城的士兵还真被这影帝给忽悠住了，一个个拼命杀敌，突厥人一时之间寸步难进。义成公主那边也派人过来向始毕告急，说是几个宿敌准备趁始毕老家空虚的时候大举进犯。与此同时，雁门城外围的救援部队也纷纷赶来，始毕一看占不到什么大便宜，只得鸣金收兵，败兴而归。

公元 615 年 10 月，大难不死的杨广狼狈不堪地逃回洛阳。不过这厮是典型的好了伤疤忘了疼，屁股刚坐到龙椅上就开始和大家商量下一步怎么收拾高句丽，樊子盖对此不是很支持，提醒杨广应该履行在雁门城许下的诺言。

杨广对于下属善意的提醒并不表示感激，反倒十分气愤，原因有两点：第一点，他不想拿出那些金银珠宝、绫罗绸缎送给低等的士兵；第二点，他想忘记那段屈辱的历史，谁揭他的伤疤他就恨谁。

过了两个月，杨广又派樊子盖去平叛农民起义。樊子盖知道自己得罪了杨广，就想通过这次行动好好表现一下，怎么好好表现？当然就是尽量多地杀人，杀得越多杨广越高兴。

樊子盖把农民的房子烧光，把抓回来的还有投降的起义军和农民无差别地活埋。他这样个搞法并不能平息叛乱，只会令叛乱升级。杨广对他更加不满意，于是，派李渊接替樊子盖的职位，负责平叛。

李渊上任之后，采用怀柔政策安抚叛军，效果十分理想，大家全部积极踊跃地选择投降，前前后后共有数万人成为李渊的手下，剩下几个不想走正路的也都跑到别的地方去闹事了，叛乱很快得以平息。

杨广对这个结果十分满意，对李渊大加赞赏，但是，有件事情在这个时候杨广无论如何也难以想象：这个李渊将是未来的主角，也就是取代大隋朝的人。

【第七章】 李渊闪亮登场

主角：李渊

配角：窦氏、老子、独孤氏等

事件：有那么多人前赴后继地冲在前面趟遍雷区，虽然没什么实质收获，但也都轰轰烈烈，在历史上留下或浓或淡的一笔。该来的总是要来，大隋王朝的掘墓人——李渊——终于按捺不住寂寞，闪亮登场。对于李渊，人们有太多的疑问：

他的先祖是老子吗？

他是汉族人吗？

他的身世如何？

为什么他能够当皇帝？

豪华的身世

公元前516年，我国历史上最著名的人物之一——老子（李耳，也称李聃）——骑青牛西出函谷关，从此销声匿迹。一千多年之后，公元566年，我国历史上又一个大人物出生，此人便是李渊。据说，李渊是老子的后人。

千万不要问这个说法是否靠谱，这个问题实在难以回答，除非给我一台时光机，让我沿着历史的长河细细偷窥，才能给您一个正确的结论。目前来看，我们只能参考正史记载，当然，正史基本都是成功者自己写成的，非要把自己跟历史名人扯上关系，我们也只能假装相信。

关于李渊老祖宗的问题没必要下太多功夫去研究，把这个难题留给专家吧，我们还是关注一下大人物的父母。

李渊的父亲李昞，隋朝时期被封为唐国公，祖籍陇西（今甘肃省南部），汉族人。李渊的母亲独孤氏，和杨坚的媳妇独孤氏是亲姐妹，正宗的鲜卑人。史料记载，鲜卑族里面独孤姓氏是东汉光武皇帝刘秀的后人，这么说来他们还算是汉族血统。

鲜卑族是我国古代北方的一个游牧民族，隋唐以来，不断被汉化，渐渐地鲜卑已不再作为政治实体和民族实体而存在，只有部分姓氏流传下来，例如慕容、呼延、长孙、宇文、独孤等。

“身体发肤，受之父母”，李渊的身体里流着部分鲜卑的血，由于这个原因，人们就难免要讨论一下他的民族问题。

这些鸡毛蒜皮的小事李渊肯定是看不上眼的，那个时候还是大汉民族为中华正统，如果有户口本和身份证的话，上面应该是写着：

姓名：李渊。民族：汉族。

不管是鲜卑族也好，汉族也罢，都是中华民族的一部分，我们不搞民族歧视，因此也没必要计较这些小问题。还是让我们把目光放得更宏观一些，关注一些“大”事情，例如，李渊有三个乳头。（《新唐书》记载，“体有三乳。”）

有人该问了，难道这算是大事？答案是肯定的，绝对的大事，而且是天大的大事。古时候人们认为身体相貌和常人有所不同的话，往往他的人生经历也和大家不一样，例如：尧眉八彩，舜目重瞳，禹耳三漏。

尧的眉毛有八种颜色，比彩虹还多一种。舜的眼睛有两个瞳孔，现代医学解释，这种情况属于瞳孔发生粘连畸变而导致的，我国古代那位力拔山兮气盖世的霸王项羽也是重瞳。禹的耳朵就更神奇了，竟然有三个耳朵眼儿。

这些超乎常人的外部特征还是很难作假的，你说你有彩虹眉毛、两个瞳孔、三个耳朵眼儿，大家看着没有也不好解释啊，于是，“体有三乳”成了很好的选择，别人总不能撕开衣服验证一下吧。

和常人不同的身体特征并不能给李渊的事业带来任何实质性帮助，务实派关心的是家族的经济实力、政治资本和人脉网络等等，在这些方面，大家可不要试图和李渊进行比较，人比人气死人啊！现代很多“官二代”“富二代”仗着自己的爹或者干爹有俩臭钱儿，当个芝麻绿豆一样屁大的官就嚣张跋扈，为所欲为。这些人要是看到李渊豪华的身世还不“羡慕、嫉妒、恨”死。

（“羡慕、嫉妒、恨”是一个很自然的心理变化过程。看到别人比自己优秀，首先产生的是羡慕之心，紧接着有些人就会开始朝着目标努力，他们明白“临渊羡鱼，不如退而结网”的道理；但是，另外一部分人就会因为别人比自己强而产生嫉妒之心，当嫉妒到一定程度，并且发现永远无法像别人一样优秀的时候，就会心生恨意，恨别人比自己强。）

李渊的背景有多雄厚？出身有多高贵？这个要一点一点慢慢说。

李渊的爷爷李虎年轻时风流倜傥，志向远大，文能安邦，武能定国，为西魏（南北朝时期的一个国家）作出巨大贡献，被封过很多官，其中一个是柱国。

李渊的姥爷是独孤信，此人长得极帅，武功也好，一生中取得的成绩十分辉煌，曾经当过北魏（南北朝时期的一个割据政权）的大司马、柱国等，后来隋文帝一统天下又被封为柱国、赵国公。独孤信的女儿继承了他的优良基因，一个个都跟仙女一样，其中三个女儿分别当了北周（南北朝时期的一个割据政权）、隋朝和唐朝的皇后。有这样的爷爷、姥爷和爹、妈集团的势力怎么可能会弱？

李渊的爸爸李昞同样也是柱国大将军，继承了李虎唐国公的称号，但李昞命不好，英年早逝，他死的时候李渊仅仅七岁。李渊的妈妈比爸爸还牛，她的大姐和七妹分别嫁给北周和隋朝的皇帝，这样她就有一个亲姐夫和一个亲妹夫是皇帝，标准的皇亲国戚，而且还是近亲。

有这些背景，李渊刚一出生什么都不用做，就已经拥有显赫的地位，大姨夫是皇帝，大姨妈是皇后，七姨夫是皇帝（隋文帝杨坚），七姨妈是皇后（就是前文中提到的那个醋坛子皇后）。

李渊真的什么都不做？只是一心一意地做一个集权钱于一身的标准而又合格的纨绔子弟吗？

如果李渊真要踏踏实实做纨绔子弟的话，中国历史可能就会被改写，没有被改写的历史告诉我们：李渊绝不是一个纨绔子弟，而是一个奋发图强的好少年，学习文化知识的同时，还练就一身好武功，尤其擅长骑马、射箭。（会射箭这点很关键，直接影响到后来娶媳妇的问题。）

李渊七岁丧父，变成了一个没有爹的可怜孩子。还好他聪明伶俐又招人喜欢，七姨妈不忍心看着外甥孤苦伶仃受欺负，就把他接到自己身边抚养，这对李渊的成长至关重要。

这个环境是孕育李渊做皇帝的温床，提供温床的不是别人，就是他的七姨妈。假如七姨妈在天有灵，知道这个孤苦伶仃的小外甥后来竟然推翻自己儿子的天下，不知将会有何感想！

从通常的角度来看，李渊的命并不是很好，人生悲剧之一便是少年丧父，这个就被他赶上了，后来还有一件，不过目前尚未发生，这里暂且不提。从另外一个角度看，也正是因为他少年丧父才有机会躺在孕育皇帝的温床之上。

为什么说这个环境是孕育皇帝的温床呢？李渊在这里看到了杨坚是如何以禅让的方式从前朝皇帝手中得到的皇权，看到了励精图治的杨坚是如何消灭后梁、陈（南北朝时期的两个政权）统一的，也看到了表哥、表弟们（杨坚的几个儿子）是如何堕落的，还看到了二表弟杨广是如何整死老爹和其他几个亲兄弟登上皇位的。

除了这些，李渊还能学习到如何治理国家，能够深刻认识到什么样的行为可以富国强民，什么样的行为会毁掉国家，这些都是他建立大唐王朝的基石。

皇帝的温床

等到李渊成为一个大小伙子的时候，七姨父看着一脸英气、满身武功的内侄，心里也是十分喜欢，就给他安排了一个很锻炼人的好差事——千牛备身。

千牛备身，这个名字怪怪的，到底是个什么角色呢？《庄子·养生主》里面有篇文章叫《庖丁解牛》，大概内容是一个厨子用一把很锋利的刀杀牛。后来皇帝们随身携带一把防身的御刀，取名为千牛刀，意思是说这刀很锋利，可以杀一千头牛。再后来，皇帝们让最信任的贴身保镖替自己掌管千牛刀，在此基础上演变出一种职位——专门保护皇帝安全的贴身侍卫——千牛备，这个名字后来又演变成千牛卫，也叫千牛备身。

李渊能当千牛备身，武功绝不含糊，皇帝的保镖可是高危工种，脑子不灵活的话说不定要死上多少次。

作为千牛备身的李渊深得杨坚及其儿子们的信任，如果连贴身保镖都不信任，还能信任谁呢？

这个信任非常重要，它保护李渊逃过后来杨广对皇室集团内部的大清洗，并且在杨广吃喝玩乐的时候，他可以担任山西留守这一守卫边疆的重要差事，也使得自己可以手握重兵。

不过这些都是后来的事情，现在李渊还有他的长辈们关心的是一个很现实的问题：男大当婚女大当嫁，李渊该娶媳妇了。

李渊的媳妇不好找啊，首先要门当户对，其次要有好姑娘能配得上这能文能武的帅小伙。说来也巧，还真有这么一个姑娘满足条件。

第一个条件，必须得是皇亲国戚。

和今天不同，那个时候的人分三六九等，有贵贱之别，就算家里有金山、银山，但如果是做生意的，那只会被划分成富人，和贵是沾不上边的，要想既富又贵除了有钱，还要出身好，最起码得是做官的，更高层次的就是皇亲国戚。

有一户人家，家主叫窦毅，他的老丈人是北周文帝宇文泰，皇帝给自己找女婿那肯定是相当严格，由此可见窦毅肯定不是一般人物。窦家也因此成为高级皇亲国戚。

第一个条件这家满足了。

第二个条件，这姑娘必须得是个奇女子。

仅仅有些才气是不够的，有才那是基本条件，更主要的是奇，得

和一般姑娘不一样，不然，家庭条件好又才貌双全的姑娘有的是，凭啥你就能出头啊？

窦毅有个闺女，刚出生就把全家人吓到了，在这孩子呱呱落地的时候，头发就长到脖子，等到三岁的时候头发已经和身体一样长，而且乌黑油亮，能当镜子照。外表长得好看，那是花瓶，就算长得奇特，那也只是一个奇特的花瓶而已，肚子里有真才实学才是关键。

小窦这丫头聪明伶俐，十分招人喜爱，从小被她的舅舅北周武帝接到皇宫里像自己亲闺女一样抚养。对于这一点，她和李渊倒是十分相似。小窦的舅舅和舅妈婚姻不幸福，经常闹家庭矛盾，她这个舅妈是突厥的公主，从小娇生惯养，比较任性。

在这种情况下，年仅七岁的小窦当起和事佬，劝舅舅要以大局为重，不要和一个女人一般见识，何况这个女人的娘家实力很强，如果把她逼急了后果不堪设想，作为一个聪明的皇帝应该多为国家、为老百姓着想，维护社会的安定团结，这些的前提就是要处理好夫妻关系，有突厥的支持，就可以把精力放在中原广阔的空间上。

一般情况下，七岁的孩子大概除了会计算一些简单的加减法之外，也就是知道什么样的糖葫芦好吃，什么样的头花漂亮，至于夫妻关系应该如何处理这种问题，应该不在她的视线之内，更不要提国家安定和称霸一方这种事情。

通过小窦劝舅舅应该哄好老婆这件事情来看，她绝非一般孩子。

北周武帝也是明白人，被七岁的小女孩这样一提醒，立刻就震惊了，难道自己还不如个孩子吗？怎么能为儿女私情影响国家发展，于是和皇后重归于好，从此以后俩人过上幸福生活。

北周武帝死后，北周日渐衰落，杨坚乘虚而入完成接管，美其名曰——禅让，但是，明白人都知道这就是用比较文明的方式篡权。

这个时候的小窦已经十多岁了，出落成一个大姑娘，当她得知这个消息后悲痛欲绝，说道：“唉！只怪我自己不是男人，不能纵马提刀砍了杨坚那厮，挽救北周。”（《旧唐书》记载，恨我不为男，以救舅氏之难。）

比武招亲

谁家有这么个女儿都得当成宝贝养着呀，肯定不舍得轻易嫁出去，窦毅两口子也是挖空心思琢磨着通过什么方法能给女儿找个合适的婆家。研究了无数方案，都没有十分满意的，最后决定返璞归真用比武招亲这个方法。

为什么说比武招亲这个方法是返璞归真呢，因为，这个方法最接近于大自然中雌性生物择偶时采用的方法，经过各种各样的斗智斗勇，强壮而富有智慧的雄性可以抱得美人归，这样才能让自己的下一代更加强壮、更加富有智慧。

当然，比武招亲还是比动物界采用的方法复杂一些，并非那么野蛮粗暴，而是和现在的招投标很相似，甲方定下基本规则，投标方各显神通，在一个公平、公开、公正的舞台上展示自己的能力和水平，令甲方最满意的投标方将有幸成为乙方。

作为甲方的窦毅准备好两张孔雀图和一副弓箭，用这个来考核作为投标方的各位风流倜傥的青年才俊。

听说窦毅招女婿，全国各地的纨绔子弟们都像打了兴奋剂一样披星戴月赶到招标现场，不过很快一个个就像霜打的茄子、斗败的公鸡一样灰头土脸地打道回府了。

情窦初开的李渊需要一个秀外慧中的好姑娘陪他度过一个个漫漫长夜，于是，挽起宝雕弓，搭上穿云箭，双臂一较力，弓开如秋月行天，箭去似流星落地，说时迟、那时快，爱神之箭已经不偏不倚地插在两只孔雀的眼睛之上。

窦毅对这箭法很满意，对李渊这人更满意。

这个婚姻堪称完美，两家门当户对，两个年轻人情投意合，有理想，有抱负，一个当初舅舅的家族产业被收购的时候已经跃跃欲试要为舅舅家人出头，另外一个命运已经安排好要他亲手埋葬这个朝代。

我们现代人经营企业讲究强强联手，这样可以取长补短，把企业做大做强；同时，可以提高抵御市场风险的能力，万一时运不济赶上个金融风暴什么的能够大大提高企业的生存能力；另外，当企业强大到一定程度的时候就可以形成垄断，这个垄断的效果那是相当不得了的，自

己主导市场，想怎么样就怎么样，在投入基本不变的情况下，收益成倍增长。经营家族也是同样的道理，窦姑娘和李渊的婚姻使得窦家和李家绑在一起，原本实力就十分雄厚的两个家族的联合使得李渊综合指标跃上一个新台阶。

婚后，李家实力的提升不仅体现在家族实力上，而且还体现在人口上，窦氏为李渊生了四个儿子和一个女儿，分别是李建成、李世民、李玄霸、李元吉和平阳公主。

在清朝的时候有个皇帝叫爱新觉罗·玄烨，为了避讳“玄”字，已经死了一千多年的李玄霸只好“被迫”把名字改成李元霸。

【第八章】李世民锋芒乍现

主角：李世民

配角：李渊、算命书生、刘文静、高德儒等

事件：没有李世民的话，李渊很难当上皇帝，这是一个不争的事实。李世民有什么过人之处呢？他对李渊的帮助有多大呢？在李家造反的过程中他到底起到什么样的作用？另外，李家父子位高权重，享受着荣华富贵，他们为什么还要造反呢？

“比您还尊贵的人”

公元598年12月，李家再次迎来喜事，窦氏为李渊生下第二个儿子，这婴儿注定将是中国乃至世界历史上的一个标志性人物，因为护送这婴儿投胎来到人间的是两只神龙，两只神龙在李家盘旋三天，看着这个孩子顺利健康平安之后，踏着七彩祥云回天庭复命去了。（《旧唐书》记载，时有二龙戏于馆门之外，三日而去。）

婴儿降世肯定是事实，但神龙护驾这事是真是假就没人能够给出准确答案，《新唐书》对此也没有任何记载。（《旧唐书》和《新唐书》都是关于唐朝的纪传体正史，《旧唐书》本来就叫《唐书》，后来宋朝的欧阳修、宋祁等人编写了《新唐书》，《唐书》便被称作《旧唐书》，两本史书有一定出入，但大部分内容基本一致。）

按照现在比较流行的辩证唯物主义的观点来看，这事是超自然的。不过在当时君权神授思想占统治地位的时期，大人物这样登场是顺理成章，并且十分必要的。

李渊得了个儿子很是高兴，随之而来的也是让他发愁的问题——孩子应该起个什么名？

有人会认为这对李渊来说不应该是问题啊，毕竟人家是文武全才，给孩子起个名还不是信手拈来，给一般孩子起名可以信手拈来，对于不一般的孩子来说就不能这样随意了。

于是，一直到孩子四岁的时候，依然没有一个合适的名字可以用来称呼他。这期间，起过几个名，有的文雅但不够响亮，有的响亮但不够文雅，总之是没有合适的。

就在李渊一筹莫展的时候，一个算命书生来到李府，书生见到李渊之后十分惊讶，说道：“本书生阅人无数，从来没见过有人像您这样尊贵的。”

不管这书生说的是真是假，总之李渊听得十分开心，等这书生见到李渊二儿子的时候，又说了一句话，李渊更加开心了。

“终于见到比您还尊贵的人了！”当书生见到这个四岁孩子的时候，扭头对李渊说道。

就在李渊心花怒放，乐得合不拢嘴的时候，书生接着说道：“此子贵不可言啊，等到此子二十岁左右的时候，一定能够济世安民。”

说完这些，书生转身离去。

当李渊从这莫大的幸福中回过神来的时候，才认识到事情的严重性，现在他们已经富贵至极，简直就是一人之下万人之上，“贵不可言”是什么意思？就是尊贵到不能说的程度，那就是皇帝啊。

本次算命事件要是泄露出去，肯定得满门抄斩，甚至株连九族。

李渊立即派人去追算命先生，可是把整座城池翻了个底朝天也没见那书生的踪影。

书生没找到，但儿子的名是有了，济世安民之人就叫“世民”吧，既文雅，又响亮。

装　病

时光荏苒，日月如梭，转眼就到了公元615年，也就是杨广被突厥人困在雁门城，眼睛都哭肿了那一年。在那一年李渊代替樊子盖平叛，在杨广表彰李渊工作很出色的同时，也发现李渊的实力貌似很强大。

怎么办？

第一个办法：就当没看见，让其继续发展。这是杨广绝对不能接受的。

第二个办法：直接把李渊抓起来砍了脑袋。这个很难操作，而且现在天下大乱，还需要李渊给自己卖命呢。

第三个办法：派亲信制约他的权力，找机会削弱他的实力。杨广觉得只能这样了。

杨广颁下一道圣旨，任命李渊为太原留守，王威、高君雅二人为他的助手，辅助剿匪。

王威和高君雅二人说是助手，实际上是添乱的，这俩人都是杨广的心腹，到李渊这里做卧底。

李渊对于这两个卧底的到来不但不排斥，反倒表示十分欢迎，这欢迎不像是装的，如同发自内心一样，好像来到太原这二位不是奸细，而是来帮他打天下的一般。

王威和高君雅对此表示不理解，李渊不给他们两个人小鞋穿就算不错了，为什么好像发自内心地希望二人到来呢？

其实，这事儿不难理解，杨广忌惮李渊，李渊又何尝不知道？

想当初斛斯政被做成红烧人肉之后，杨广把斛斯政的亲戚也都收拾了，这样就出来一些职位上的空缺，李渊是这件事的受益者，关西十三郡的军队都归他一个人管。过了几天之后杨广开始怀疑李渊的忠心，就想把他叫到身边来亲自训训话，加强思想教育，让他能够死心塌地为自己卖命。

李渊当时心里就不踏实，也不知道杨广叫自己过去到底是什么意图，怕自己有去无回，于是装病。

装病容易，可如何瞒得过杨广派来的使者呢？

这事儿也难不倒李渊。

大鱼大肉、金银珠宝、香车美女这套传统流程走完，使者开口了："李渊平时为国为民操劳过度，累坏了身体，眼瞅着就是有今天没明天，还怎么进京见驾啊，万一旅途劳累再挂掉，那可是国家之不幸，百姓之不幸，您就安心在家养病，我回去向皇帝汇报您的情况。"

这次李渊侥幸蒙混过关，他也认识到自己不能太张扬，便开始通过酒色掩饰自己。

此次杨广派两个人来监视自己，只要自己表现好，杨广就再也不会产生怀疑，这样反倒是踏实许多。

毫无后顾之忧的李渊开始研究剿匪问题，当得知这次的剿匪对象是甄翟儿的时候，李渊笑得上气不接下气。

李渊为何会如此高兴呢？

目前李渊腹背受敌，内部对他威胁最大的是魏刀儿，此人自称历山飞，手下一员猛将就是甄翟儿，要除历山飞先灭甄翟儿，这样内部的威胁就可以基本消除。

来自外部的威胁就是突厥，自己身为守边大将，和突厥的战争从未停止过，要是能有机会把突厥问题也解决掉，那就有充分的时间和精力发展自己的势力。

今天，杨广让他消灭甄翟儿正中下怀，李渊能不乐吗？

不过乐归乐，这个甄翟儿可不是白给的，那是相当的骁勇，要灭他并非易事，但李渊不怕他，李渊手下有精兵强将，更有那个“贵不可言”的儿子统领这群精兵强将，这支部队不容任何人小视。

善良并且热爱和平

李渊率领着数千士兵在雀鼠谷（今山西省介休境内）与甄翟儿邂逅。

王威看看对面两万大军，再看看自己这边的几千人，腿肚子有点抽筋儿。

这是李渊在杨广的卧底面前表现的好机会，他当然不会放过，在敌众我寡的情况下李渊表现出将誓死对抗任何反对杨广的势力的决心，即使失去宝贵的生命也将是无限的荣耀。

其实李渊根本不惧甄翟儿的两万大军，说是两万大军，要看是什么情况，如果他们赢了，这两万人抢东西那比四万人效率还高，如果他们打输了，这两万人跑起来还不如两千人逃跑的效率高呢。

事情果然不出李渊所料，甄翟儿带着两万人马呼啦一下冲上来，李渊几千人的正面部队立刻就散架子了。看着眼前撒落一地的各种军事物资，甄翟儿的两万人也顾不上追杀隋军，一门心思地想发财，开始往自己口袋里面塞东西，那效率真比四万人高。

就在这时，李世民率领精锐骑兵从侧翼杀出，甄翟儿阵脚大乱，这两万人开始四散逃跑，人多，地方狭小，互相踩踏，致残、致死者不计其数。

此战过后，杨广根据线人汇报的情况，对李渊的表现十分满意，但李渊的实力依然让他耿耿于怀，还是要找机会削弱一下，想来想去，杨广终于发现好机会就在眼前啊：前段时间突厥人突袭雁门郡，都把自己欺负哭了，现在正好让李渊和突厥火拼，要是能搞个两败俱伤就太完美了。

李渊接到这个新任务更加认识到事情的严重性，看来自己拥兵自重，杨广是无法容忍的，不把自己折腾死，他绝不肯善罢甘休。与此同时，李渊也发现这是一个解决突厥问题的极佳时机，处理好突厥问题自己才有条件考虑怎么处理和杨广的关系。

对付突厥要比对付甄翟儿难得多，甄翟儿手下人再多都没用，那是一群毫无作战经验的农民，没什么战斗力，突厥却不同，都是标准的战士，硬碰硬肯定要两败俱伤，出奇制胜才可能花费最小的代价取得最佳效果。

头脑灵活的李渊很快就想出了好办法，他精心挑选两千个英勇善战的勇士，让他们化装成突厥人潜入突厥腹地。

这两千假突厥骑兵让真正的突厥人吃尽了苦头，经常是突厥士兵在休息娱乐的时候发现一群兄弟部队的战友骑着战马呼啸而来，正想着上前打个招呼，结果对面乱箭齐飞，运气差的直接被射成刺猬，运气好的躲过这一轮，还没等上马呢，锃亮的钢刀已经砍到脖子上。

时间久了，突厥人终于扛不住了，表现出人类善良、热爱和平的一面，恰好李渊也是个善良并且热爱和平的大好人，于是，双方坐在桌上和和气气地签订了睦邻友好条约，突厥人答应以后再也不到隋朝的领土放马，踏踏实实地守着自己的一亩三分地过日子，并且心甘情愿为李渊供应战马。李渊也开开心心地撤回两千假突厥兵。

就这样，突厥问题得到初步解决。

命世才

收拾完甄翟儿，搞定了突厥人，李渊终于长出了一口气，不过杨广是真的睡不着了，挖空心思地研究怎么除掉这个心腹大患。

杨广算计着怎么收拾李渊，但李渊的二儿子李世民可不是好欺负的，这些年来他一直暗中积蓄着力量，结交绿林好汉、草莽英雄，例如长孙顺德、刘弘基和刘文静等人更是好汉中的好汉，这些人在未来轰轰烈烈的造反运动中都将是叱咤风云的人物。

这样的人物为什么甘心臣服于仅有十几岁李世民呢?

刘文静的一句话很好地回答了这个问题：“此非常人，豁达类汉高，神武同魏祖，年虽少，命世才也。”

就是说李世民不是平常人，是和汉高祖刘邦、魏武帝曹操同一个档次的，虽然年轻，却是掌握这个世界命运的人物。

这个时候刘文静被关进太原监狱，原因是他和李密是亲家，前面说到李密这个反贼在杨玄感兵败后跑到瓦岗山，官府拿他没办法，他的亲戚朋友可都跟着遭了殃。

最近这段时间李世民心理压力还是蛮大的，您想啊，天天惦记着造反，这可是诛九族的大事，他一个不到二十岁的少年承担这么大的压力能轻松吗？

心情烦闷的李世民到监狱里面和刘文静谈理想，谈抱负，以缓解压力。

刘文静倒是很直白地表达自己的观点："现在这个天下真是乱得不能再乱了，十分需要像汉高祖刘邦或者像汉光武皇帝刘秀一样的英雄人物出来收拾这个烂摊子，拯救苍生于水火。"表达完这个意思后，刘文静若有所指地补充道，"只可惜当今没有这样的英雄人物啊！"

"你怎么知道没有？难道我不是吗？"李世民回答这个问题的时候情绪没有丝毫变化，这样嚣张的话从他嘴里说出来竟是如此自然，仿佛不过是在陈述一个事实而已。

刘文静眼前顿时一亮，李世民不经意间展现出来的王者之气令其深深折服，于是毫不犹豫地敞开心扉，把自己对当今天下大势的看法娓娓道来。

这个时候天下是个什么情况呢？

前段时间杨广不知道哪根筋出了问题，说出这样一句话："我梦江都好，征辽亦偶然。"然后，离开洛阳，移驾江都，这样全国的政治、经济、文化中心——洛阳——变得十分空虚。

李密等人领导的造反武装势力已经十分强大，正在向洛阳方向逼近。

李渊坐镇的太原地区也是人心惶惶，只是缺一个带头大哥领着他们闹事。

这个情况刘文静和李世民也都十分清楚，天赐良机，此时不反更待何时？

现在已然万事俱备，就差一个关键人物——李渊！

李渊想不想反？敢不敢反？

李世民并未敢直接找老爹问个究竟，而是找到老爹的死党——裴寂。裴寂和李渊是莫逆之交，无话不谈。

李世民通过裴叔叔给自己探了口风，得知老爹态度并不明朗。这样，李世民就知道和老爹说这种诛九族的事情不会把关系搞僵。

找了个合适机会，李渊爷儿俩就当今天下大势进行切磋。

李世民开门见山，先是大骂杨广昏庸无道，天下百姓生活在水深火热之中，然后表示眼下正是有志之士站出来取而代之的好时机。

李渊见惯了朝代的更替，目睹了杨坚如何铲除异己又通过禅让的方式夺得天下，然后消灭其他政权统一天下，他看到一个又一个皇帝的非自然死亡，这些皇帝里面甚至还包括杨坚，因此，他并不认为皇帝这个职业就是一辈子的铁饭碗。但李渊已经不是二十来岁血气方刚的年纪，他知道造反的后果有多严重，这事必须得慎重。

李世民历来的表现都让李渊十分满意，李渊决定最后考验一次自己的亲儿子，看看他是否真能成大事。因此，开口说道："你这乱臣贼子，竟然想造反，看我不把你抓起来送给陛下。"

李渊这戏演得不错。李世民却毫不慌乱，慢慢悠悠地说："天下情况已然明了，至于怎么选择全在您一念之间，您要是想告发我，我也不敢违背父亲的意愿。"

（《资治通鉴》记载，渊大惊曰："汝安得为此言，吾今执汝以告县官！"因取纸笔，欲为表。世民徐曰："世民观天时人事如此，故敢发言；必欲执告，不敢辞死！"）

李世民在这个时刻表现出来临危不乱的王者风范，让李渊坚定地认识到这个儿子错不了，是干大事的材料。

起　兵

李家父子这边有条不紊地准备着造反，杨广那边也没闲着，一道圣旨下来要治李渊的罪，理由是李渊的部下王仁恭等人抵御突厥不力。

李渊得到这个消息之后有点儿慌了手脚，现在就造反吧，准备还不够充分，不造反吧，杨广那边逼得又这么紧。

不过李渊已经下定决心，准备不充分就不充分吧，来不及想那么多了，竖起大旗就准备造反。

这边旗杆都做好了，杨广又来一道圣旨：朕这两天心情好，赦你们无罪。

李渊看到圣旨后，松了一口气，收起旗杆继续井然有序地开展着造反的相关工作。

很快，一切准备就绪，择良辰吉日，李渊准备起兵。

这段时间，杨广的两个卧底——王威和高君雅——发现气氛好像不太对啊，李渊这边大肆招兵买马，他的亲信们也都一反常态，不像以前那样懒懒散散，而是干劲十足、不知疲倦地训练新兵。

这两个卧底觉得应该是他们发挥作用的时候了，于是，找个借口要杀长孙顺德和刘弘基。这王、高二人也不想想，就他们那几斤几两能斗得过李渊?

公元617年5月的一个清晨，李渊和王威、高君雅在办公室里处理公务，这个时候刘文静带着一人来到办公室，声称有重要情况汇报，李渊就让王威去拿文件看看是什么重要情况，那人却说这文件不能给王威看，只能给李渊一个人看。李渊假装不明白怎么回事，问其原因，那人汇报道："王威和高君雅做突厥人的走狗，要引狼入室带突厥侵犯中原。"

此时王、高二人再笨也明白是怎么回事，看来李渊是要动手了，然而，两人还不死心，想做最后的挣扎，捋胳膊挽袖子上来拼命。刘文静、刘弘基、长孙顺德等人一拥而上将王、高五花大绑，捆个结结实实，然后拉到菜市场游街，游够街咔嚓、咔嚓两刀干净利索地砍了脑袋。

王威和高君雅是杨广的人，他们来这是监视李渊的，对于这一点大家心知肚明，李渊和这二人撕破脸皮，公然砍下人家的脑袋，这是摆明要和杨广翻脸。

事情到了这个地步，接下来将要发生什么事情就算是傻子也会明白，于是，人们纷纷开始主动分伙，有支持李渊的，有静观其变的，还有公然表示反对的。

西河郡（今山西省汾阳市及周边地区）太守高德儒把反对声喊得最响亮。

看来还真是每个成功人士的背后都有这样一群人，他们肯于站在成功人士对立面，毫无保留地牺牲自己以满足对方需求。现在李渊正缺少一个人来开刀，也需要一腔热血来祭旗，这个时候高德儒就跳了出来，李渊对这个傻子发自内心地表示感激！

李渊会不会高兴得太早呢？再怎么说人家高德儒也是一个郡的郡守，按常理说不应该太差呀，不过杨广的官不能按常理来推断，位高权重者的能力和水平不一定高，我们先回顾一下高德儒这个“一把手”是怎么当上的。

大家都知道秦二世的时候有个太监叫赵高，他曾经上演过一出指鹿为马的好戏，这个高德儒学好的不灵，学坏的倒是有一套，他指着野鸡叫凤凰，并借此机会飞黄腾达。

公元615年，身为杨广亲卫校尉的高德儒一直不甘心做这样个小官，时时刻刻寻找着拍马屁的机会。

功夫不负有心人，这一天，也不知道从哪儿飞来两只鸟（事情过去了一千多年，现在也没人能说清楚是两只什么鸟，我们姑且认为是野鸡吧），这两只漂亮的野鸡从洛阳的西苑飞到杨广的屋顶。

看见这两只野鸡，高德儒感动得热泪盈眶，趴地上咣咣磕头，嘴里还激动地念叨着：“苍天啊，大地啊，这是哪位好心的神仙大姐帮我演戏啊！”

谢过苍天、大地和不知名的神仙大姐，高德儒乐颠颠地跑到杨广身前，张口说道：“恭喜陛下，贺喜陛下，陛下英明神武、德超三皇、功盖五帝……上天降下祥瑞，有两只凤凰落到了陛下的屋顶。”

你说有凤凰落到屋顶就有啊？人家杨广也是要考察一下的。

杨广把和高德儒一起的十来个人叫到跟前，针对凤凰事件展开调查。大家也都不糊涂，杨广爱听什么，他们心里有数，再说了，高德儒说看见凤凰，自己说没看见，那显得多不懂事啊！

于是，大家异口同声：的确是有两只凤凰落到陛下的屋顶。

这事儿哄得杨广十分开心，想当初自己把家从“凤凰窝”搬到洛阳，这凤凰竟然也跟了过来，可见自己具有何等超凡的人格魅力啊！

杨广一高兴，高德儒就升了官，也终于圆了自己混进高官的梦，这样的货色都能当上太守，可见隋朝离灭亡不会太远了。

出师大捷

高德儒只是个有梦想的笨蛋，但李渊仍然没有大意，即使是对付一个笨蛋也要全力以赴，正所谓战略上藐视敌人，战术上重视敌人。

这是李渊起兵的第一仗，这仗的胜负十分重要，胜则军威大振，万众归心，跟随者更加坚定，观望的墙头草自然也会倒向这边；败则后果不堪设想，追随者动摇，观望者变成反对者。

李渊深知此理，派出自己的两个儿子李建成和李世民作为统帅，让温大有做参军协助两位公子。

温大有出身名门世家，温家是个大家族，在隋唐时期颇有影响力。温大有共有兄弟三人，各个出类拔萃，当时的一个牛人薛道衡曾经评价这三兄弟“皆卿相才”。这三兄弟也没让老薛失望，果然都当上高级官员，为大唐的发展建设立下不少功劳。

临行前李渊再三嘱咐温大有照顾好他这两个年幼不成器的儿子，他俩有做得不对之处，该打就打，该骂就骂，一定要把这场仗给打赢。

李渊如此小心谨慎也在情理之中，这个时候他的手下虽然有能征善战的老兵，但那些都是隋朝的旧部，万一战场上有什么意外发生，这些人临阵倒戈呢？为了保险起见，尽量先不用老兵，等自己威信树立起来，大家肯死心塌地为自己卖命了，再派上战场也不迟，以后要打的仗会很多，现在还是用没为大隋效过力的新兵比较稳妥。

新兵蛋子空有满腔热情，缺少一身的武功。李世民和李建成哥儿俩并不担心这个，谁都是从新兵走过来的，只要领导有方，新兵照样有不俗的战斗力，只不过这对带兵人的要求比较高，日常生活要以身作则，打仗要身先士卒，和士兵们有福同享，有难同当。

说起来容易做起来难。

这个时候刚好是盛夏，天气炎热，路边半熟的瓜果梨桃散发出诱人的香气，新兵们以前干什么的都有，也有素质低的，偷个桃，摘个瓜吃得不亦乐乎。李世民知道后并未责罚，而是苦口婆心地做他们思想工作，告诉他们老百姓都不容易，大家以前也有不少是当过农民的，应该知道农民的辛苦，然后又找到农田主人，把损失加倍赔偿给人家。

事情处理得干净漂亮，老百姓和士兵无不心悦诚服，明白人也都看出来这是仁义之师，是能成大事的队伍。

这样一支农民组成的部队在严格训练下很快就形成不俗的战斗力，基本上不费吹灰之力就把高德儒捆得像个粽子似的押在军营门口。

杀高德儒是次要的，拿他说事才是真正目的。

李世民的好口才在这个时候发挥出作用，足足说了两个时辰，愣是没喝一口水，内容就是杨广如何昏庸无道，手下才会有这样依靠野鸡当太守的官员，这样的皇帝和官员导致天下大乱，民不聊生，李家世代忠良，现在高官得做、骏马得骑，吃的是玉盘珍馐，穿的是绫罗绸缎，但每当想起老百姓还生活在水深火热之中，吃什么山珍海味都如同嚼蜡，李家现在兴仁义之师是为了解救天下苍生，重振中华之雄风，不是为了自己当皇帝，并且再三强调绝对不是为了自己当皇帝。

放弃幸福生活，为天下百姓造反，这是一种什么样的舍己为人、大公无私的精神啊！

高德儒还要感谢李世民，因为李世民的精彩演讲他才多活了两个时辰。

杀完高德儒之后，其他官员个个噤若寒蝉，不过事实证明，他们的担心是多余的，李世民知道血腥的杀戮带不来和平，只会造成更大的混乱，主犯严惩、协犯不咎，这样既能杀一儆百，又能收买人心。

李世民没动其他官员一根头发，安抚他们脆弱的心灵之后，让他们各司其职，做好本职工作，对于西河郡的百姓更是秋毫不犯。

几天之后，李建成、李世民率领正义之师返回晋阳。

事情和预料的一样，但当幸福真正到来的时候，李渊仍然抑制不住内心的喜悦，说道："像这样用兵，定可以一扫天下。"（《资治通鉴》记载，渊喜曰："以此行兵，虽横行天下可也。"）

"您参了吗"

此战过后，李渊心里踏实多了，造反热情也更加高涨。

李渊深知得民心者得天下的道理，怎样能得到民心？这事说起来好像很难，操作起来其实非常简单。老百姓历来都是实在人，你对他好，他就对你好。这个时候原本属于杨广的百姓们已经饿得两眼放绿光，漫山遍野能吃的都吃干净了，谁给他们粮食吃，谁就是好人。

李渊开仓放粮，老百姓感激得不知如何是好，吃完人家粮食就开始琢磨着怎么报答人家，老李家有钱有势，什么都不缺，怎么报答？这个问题一直困扰着老百姓。

机会终于来了，李渊在征兵。

老百姓家里精壮的少年们争先恐后地来到李家军的营门应征入伍，一时间“参军光荣，不参军落后”的口号响彻晋阳大地，人们见面打招呼问的不是“您吃了吗？没吃回家吃去吧”，而是“您参了吗？没参赶快参去吧”。

客观来讲，参加李家军的确是明智之举，不管李家起兵是为自己当皇帝，还是为解救天下苍生，总之，他们可以给老百姓带来好生活，可以振兴中华民族，参加李家军既能解决温饱问题，又可以给自己一个大展身手的机会。

开门红斩高德儒，募新兵人丁兴旺，外部条件准备就绪，但该事件的核心是李渊自己，李渊摆在什么位置合适？

直接称帝？

如此幼稚的做法还是留给那些没文化的土鳖们用去吧，李渊是不会这样丢人现眼的。

为什么说这种做法不可取呢？因为直接称帝弊端太多：

第一，这样将会最大限度地惹怒杨广，杨广说不定会把全国各地镇压农民起义的军队都调过来先把这个李皇帝灭掉。

第二，这样做会使得自己脱离百姓，百姓会认为你造反不是为拯救他们，是为自己当皇帝。

第三，这个时候是造反的初级阶段，根本不具备建立王朝的条件，帝都只能是个空架子，总不会像刘元进那样自己找块看起来不错的玉石刻个玉玺吧？更不要说建设皇宫这种需要大兴土木的事情。现在称帝，别人看到的只能是个不伦不类的皇帝，不像真皇帝，反倒像是小孩过家家，严重影响自己的威信。

称帝不行，那用原来的官职呢？

这也不合适，造反还认原来主子给的官，岂不是不合逻辑。

裴寂给出了个主意，叫“大将军”。

历朝历代，很多造反的头子都采用类似的称谓，这是为什么呢？因为，这个做法堪称完美，大将军李渊不是皇帝，也不承认杨广是他的皇帝，他现在只是一个为解救广大受苦受难的农民兄弟的大将军。

李渊任命裴寂为长史，刘文静为司马，温大雅和他弟弟温大有共同掌管机密，其余的文武官员都按照才能授予职务。李渊又封李建成为陇西公、左领军大都督，封李世民为敦煌公，右领军大都督，二人各自设置官府僚属。

公元 617 年 7 月，李渊正式起兵，晋阳老家由李元吉留守，自己和李建成、李世民等人率领三万精兵喊着嘹亮的号子出发了。

出兵的同时，李渊写了封信，收信人竟然是李密。

【第九章】翟让李密的崛起

主角：翟让、李密

配角：张须陀、裴仁基、王秀才、刘长恭、虞世基等

事件：翟让和李密走到一起就如同咖啡遇到牛奶、Tom遇到Jerry、福尔摩斯遇到华生……定会使人眼前一亮，他们果然不负众望，在隋朝末年掀起一场轰轰烈烈的农民起义运动，把张须陀拉下马，收服秦叔宝、程咬金、罗士信等猛将，并且已经逼近隋朝的心脏——洛阳。

“牵手”成功

李渊为什么给李密写信呢？信的内容又是什么呢？

这个还得从几年前说起。

前文中说到李密骗过看守成功越狱，曾经身处囹圄之中的人更加认识到自由的可贵，东躲西藏不被抓到只能是暂时的自由，推翻杨广自己当老大才能获得真正的永远自由，李密已经没有回头路可走，只能把“造反”这条路走到底。

如今的李密特别适合用“虎落平阳被犬欺”这句话来形容，先后投奔郝孝德、王薄等农民起义军领袖，都不被重视，流落街头。要饭根本要不到（不是大家没有同情心，而是都没粮食吃），只能跑到山里挖草根、扒树皮用来填肚子。

最后，李密逃到他妹夫丘君明家里，丘君明在雍丘县（今河南省杞县）当县令，李密虽然是他大舅哥，但更是头号通缉犯，他可没那个胆子收留通缉犯。令人没想到的是在这穷乡僻壤的小地方竟然有人慧眼识英雄，这人是个姓王的秀才。

王秀才识人看相有一套，看出李密和平常人不一样，定有大作为，便把自己的宝贝女儿嫁给这个流浪汉。看来不光是今天人们知道选男人就像选股票一样，关键看将来发展，不能把眼光锁定在当前。

只可惜王秀才道行不够深，看得不够准，故事的开始和结局都看走了眼，李密带给王秀才的不是荣华富贵而是死于非命。

李密被丘君明的堂侄给出卖了，大队隋军人马将王秀才家团团围住，王秀才和丘君明都变成刀下之鬼，李密那天刚好不在家，躲过一劫。

这个时候全国各地的农民起义军就像雨后的春笋一样漫山遍野都是，李密逃亡可去的地方非常多，他在外黄（今河南省民权县西北）人王当仁、济阳（今山东省济阳区）人王伯当，韦城（今河南省滑县东南）人周文举，雍丘人李公逸等人之间流窜，这些人倒是对李密非常尊敬，当时民间流传这样的童谣：“杨花落、李花开，花开花落转轮来……”就是说姓李的要灭了姓杨的当皇帝，这个“李”具体指谁就没人知道，大家都觉得李密像这个人，因此也就格外尊敬。

不过，李密不看好这些人，发现他们都难成大事，唯独瓦岗（今河南滑县东南）军的老大翟让是个人才，并且也是实力最强大的一个。

李密认为，投靠瓦岗军是个不错的选择。事实证明，这次他对了。

翟让原来也是隋朝的高官，而且还是个“京官”，在东都洛阳做法曹（司法官员），后来得罪大人被关进大牢，眼看着就要人头落地，在这关键时刻，翟让的贵人出现了。

有个叫黄君汉的狱卒觉得翟让是干大事的人，要是窝窝囊囊地死在这里实在是太浪费，就私自把翟让给放了。

重获自由的翟让逃到瓦岗开始招贤纳士，他运气还真够好的，竟然能招来像单雄信、徐世勣这样的英雄人物。

《说唐全传》里的单雄信乃是隋唐第十八条好汉，手中一柄金钉枣阳槊（《说文解字》注：槊，矛也。《通俗文》说：矛长超过一丈八尺就叫槊），勇冠三军。历史上真实的他手持长矛同样也是骁勇无比。

《说唐全传》中的徐世勣能掐会算、料事如神，真实的他同样有勇有谋，他还有另外一个名字叫徐懋功（也称茂公，后来投靠李渊，归唐后赐姓李，也称李世勣，为避太宗李世民讳而去“世”字改单名勣），在造反初期就给翟让制定出基本方针政策——兔子不吃窝边草，咱们打家劫舍要有选择，附近乡里乡亲的不能动，要去较远的地方抢劫过往商船，油水多，还不得罪当地老百姓。

翟让一直执行着徐世勣的政策，瓦岗军富得流油，在附近又有很好的群众基础，吃不上饭的农民慕名而来，渐渐就形成一支一万多人的大队伍。翟让、李密这对搭档相见恨晚，两个曾经都当过大隋朝阶下囚又重新获得自由的男人终于牵手成功，他们的牵手是“化学反应”，注定成就不平凡的一生。

向刘邦、项羽学习

李密刚入伙就提出了一个建设性意见——还得继续扩大队伍。可是，怎么扩大啊？周边十里八村的农民也都来得差不多了，剩下一些老弱病残的招来只能吃闲饭，看来李密入伙的第一个意见不太靠谱。

但是，李密说了，你们眼光太狭隘，就知道盯着农民，难道就不能把注意力转移到同行身上？兼并小企业是大企业扩张之路，兼并小规模农民起义军就是做大做强瓦岗军的一个基本思路。

在翟让、李密的威逼利诱之下，周边的小规模造反武装——如王伯当等——均被收编，瓦岗军的实力跃上一个新台阶。

队伍强大了，李密发表了第二个建设性意见——向刘邦、项羽学习。

“什么？！向刘邦、项羽学习？”翟让对如此大胆的意见感到十分惊讶。

“难道不行吗？我们不应该妄自尊大，更不能妄自菲薄。想当年刘邦只不过是一个当着亭长的小混混，没有做不到，只有想不到。”李密看了看目瞪口呆的翟让继续说道，“现在我们兵精粮足，人心所向。再看看杨广，他的精锐部队已经在打高句丽的时候丧失殆尽，竟然还有心情游山玩水，完全不顾及民怨沸腾，我们此时不动手更待何时？”

李密的一番话让翟让陷入沉思。

翟让本来是个大官，拿俸禄、吃皇粮，后来为了活命才被逼上瓦岗，并没有什么政治目标，也没有太大的理想和抱负，就是想着能够大口喝酒，大块吃肉，大秤分金银，过着无拘无束的日子，当着快快乐乐的老大，要是能这样生活一辈子也挺不错啊。现在，他的这个理想已经变成现实，难道这就是他真正追求的人生目标吗？

“不是，绝对不是！”翟让沉睡多年的雄心壮志在心底发出呐喊。

翟让注定是做大事的人，是要在隋唐英雄史上写下浓重一笔的人。此刻的翟让还是难以下定决心，让他占山为王，当个强盗头子他没啥心理负担，让他公然和杨广对着干，把目标定位为推翻大隋朝自己当皇帝，他还真是一时半会儿转变不过来。

为帮翟让尽早下定决心，上天又安排一个角色出场。

这个角色倒不是什么大人物，不过人家是从大城市来的，给窝在瓦岗的土包子们送来国内最新消息。

此人名叫李玄英，来自东都洛阳，他从大城市跑这穷乡僻壤来干什么？答案出乎大家的预料，来找李密！

为什么找李密？

因为李密是真命天子啊！

李玄英带来一首民间广为流传的歌谣，歌中唱道：“桃李子，皇后绕扬州，宛转花园里……”

歌词的意思就是有一个逃亡中的姓李的人是个重要人物，皇帝和皇后都跑扬州逛花园去了，在花园里逛着逛着就出不来了，也就是说他们会死在扬州。

俗话说：外来的和尚会念经，更何况还是大城市来的“和尚”，李玄英的言论在瓦岗地区引起不小的轰动，很多人慕名而来，这些人已经不完全是吃不饱、穿不暖的农民，很多都是有理想、有抱负的英雄豪杰。

“杨广会死在扬州”这话听起来实在太诱人，他死在扬州就要有人入主洛阳，想想洛阳的豪华宫殿、金银珠宝、香车美女……就会让人流口水，翟让也不例外，他甚至开始憧憬自己入主洛阳的情形，但是，距离真正动手干还差那么一点点勇气，还需要有人来推他一把。

这个推翟让最后一把的人并不难找，身边就有一个，此人叫贾雄，是翟让的军师，这个军师有点吃里爬外，他跟李密的关系比跟翟让好。

李密为能说服翟让陪自己一起干大事，和贾雄商量好，让贾雄找机会再劝劝翟让。

翟让现在正因为踏踏实实当个强盗头子还是激情一把冲击皇位这个问题进行着激烈的思想斗争，斗争来斗争去都下不了决心，想找军师商量一下。

翟让见到军师，说明情况，贾雄一看这是好机会，不能错过，他和翟让说：“李密是传说中推翻大隋并能当上皇帝的人，您要是自立为王恐怕不合适，不过您要是拥护他，拜他当老大，跟着他混，定能前途似锦，做个开国元勋封妻荫子，也是千秋万代啊。”

翟让是个实在人，不知道李密和贾雄已经串通好，对军师的话深信不疑，下定决心做大事。

王 牌

做大事之前，有件小事让翟让很头疼，就是吃饭问题，现在跟自己混饭吃的人太多了，几万张嘴天天要吃粮食啊，当强盗之后大家都不种地，自己不能生产粮食，只能抢，周边的又不能抢，怎么办呢?

“带着队伍出远门，去外地抢粮食，荥阳是个不错的选择。”在翟让头疼的时候，李密又给出了个好主意。

这的确是个好主意，听者无不心悦诚服，也都暗自纳闷：为什么只有李密能想出这么好的主意？我们怎么就想不出来呢？看来他真是传说中的真命天子。

公元616年冬天，翟让终于带着小弟冲出瓦岗走向全国，转眼之间荥阳郡的大部分城池都成为他的囊中之物，再拿下荥阳城就算大功告成，完全实现第一阶段的目标。

事情到这份上，杨广再不务正业也得管管，指望荥阳太守杨庆退敌还不如自己给翟让写封信唠唠家常，然后请他回家安心种地呢。

为保住荥阳，杨广打出大隋朝的王牌——张须陀。

张须陀就是那个杨广宣传画的主角之一，实力绝对不是吹出来的，靠的是在战场上真刀真枪拼出来的，勇猛，并且治军有方。罗士信可以说是张须陀一手培养起来的，从一个十多岁的莽撞少年成长为一个独当一面的少年将军。

张须陀的另一个得力手下更是名震天下，他的名字至今家喻户晓，如果现在有人排个中国古代名人榜，这人绝对榜上有名，而且排名还会相当靠前。另外，要是可以征收肖像费，这人肯定要比巴菲特、比尔·盖茨、阿拉伯皇室等加起来还富有。

此人就是“门神”之一，姓秦名琼，字叔宝。

秦叔宝和罗士信是老乡，都是历城人，原本在来护儿手下当兵，后来张须陀平叛声名鹊起，秦叔宝就转投张须陀门下。

秦叔宝换了新部门后工作相当繁忙，跟随张须陀四处剿匪，这匪有真土匪，也有农民起义军，当时秦叔宝作为隋军也分辨不了那么多，完全是杀戮机器，只要是反隋的武装势力就是他的敌人。

当时涿郡卢明月在祝阿县（今山东省齐河县东南的小周镇）聚众闹事，一聚就是十多万人。张须陀带着一万多人杀气腾腾地过来平叛，以一击十，仍然把卢明月打成缩头乌龟，躲在营寨中不敢露头。

久攻不下，张须陀带的粮草快吃没了，没办法只好撤退。

卢明月这段时间当缩头乌龟自己也感到憋气窝火，看张须陀跑了，终于有机会出口恶气，于是，带人就在后面狂追，张须陀撤退工作做得有条不紊，卢明月一直没占到什么便宜，也不甘心，不甘心就一直追，追着追着有小弟来报告：老家丢了！

这是怎么回事？

原来，卢明月中了调虎离山之计，张须陀诈败，假装逃跑，当卢明月率领主力部队出击之后，秦叔宝和罗士信率领一千精锐偷袭敌方营寨。

偷营劫寨可不是简单工作，对方主力虽不在家，但仍有大队人马留守，而且营门紧闭，又上了好几道大锁，就怕有小偷小摸或者隋军过来捣乱。

秦、罗二人到了营寨门口发现进不去，怎么办？

撤？

绝对不行，那就把作为诱饵的张须陀给卖了。

不能撤就只能打，二人也不犹豫，翻栅栏进入卢营之内。

从这件事就能看出名将和菜鸟将军的区别，名将打仗都是身先士卒，干苦活、累活；菜鸟将军打仗都是遇到危险往后缩，让手下先去踩雷。

两员名将进入卢营之后砍瓜切菜一般杀了数十人，然后打开营门，一千精兵冲进来开始收割脑袋。

卢明月听到老家丢了也顾不上追人，掉头回援。

张须陀看这情形便知道秦叔宝和罗士信已经得手，于是，大吼一声回马杀来。

在张须陀和秦、罗前后夹击之下，卢明月仅仅带着几百个小弟躲进深山，辛辛苦苦带起来的十多万人也散伙了，不过卢明月不在乎，保住性命最要紧，几年之后的他将再次携数十万人马卷土重来。

张须陀作为杨广的王牌，在和造反武装的斗争中几乎是百战百胜，他的名字令各路英雄闻风丧胆。

听说张须陀要来，翟让心里没了底，以前翟让可在他手底下吃过不少亏，李密一看这要糟啊，还没开打士气已经输一半，这仗肯定打不赢，得想点办法。

心病还得心药医，翟让怕张须陀是因为张须陀太猛，李密告诉翟让：猛并不可怕，可怕的是有脑子，张须陀猛但脑子不够，随便用点儿手段就能收拾他。

按照以往的经验，李密每次说的都没有错，这次翟让依然选择相信他。

根据事先制订好的战术，翟让率领大部队在正面战场上和张须陀对阵，和往常一样，翟让依然大败，撒开脚丫子玩命地跑，张须陀在后面玩命地追，队形完全乱了套。

这个时候李密率领一千精兵从张须陀侧方杀出，这一千人队形整齐，抱成一个团，如同一把巨大的铁锤，砸到哪里，哪里就是一片尸体，用这样的奇兵冲击散乱的隋军，隋军阵脚大乱。

翟让发现李密说得果然正确，用计谋确实可以击垮神勇的张须陀，立刻打起精神，把刚才逃跑的力气全都用在掉头追杀隋兵上。

与此同时，王伯当等人也从四面八方杀来。

战场形势急转而下，隋军开始掉头狂跑，张须陀仗着自己勇猛杀出重围，一看手下都在里面困着呢，又掉头杀了回去，如此这般的冲杀数次，大有《三国演义》中赵子龙在长坂坡七进七出的气势。

怎奈双拳难敌四手，就算张须陀浑身是铁能捻几根钉啊！看着眼前兵败如山倒大势已去，他也是独木难撑，再看看平时跟随自己出生入死的兄弟一个个倒下，还有杨广特意为他画的宣传画……张须陀毅然冲入刀山枪林之中，转瞬之间便被淹没。（《隋书》记载，“兵败如此，何面见天子乎？”）

张须陀的做法可算是空前绝后，古往今来一直都是部下救长官而以身殉职，哪有长官救部下而丢了性命的？

张须陀的死给大隋带来沉重打击，他可是杨广曾经标榜的剿匪英雄！是大隋军人的楷模，是令反贼闻风丧胆的猛将，可以说他死之后隋朝再无良将。

张须陀被斩，斩他的人偏偏就是传说中姓“李”的人，这样很多准备为大隋朝鞠躬尽瘁死而后已的人开始动摇，是不是应该选择转投传说中真命天子的阵营呢？

信仰动摇的人太多了，他们也需要为自己留后路，这样就直接导致黄河以南大部分地区的隋军一蹶不振。

杨广只好派裴仁基接管荥阳地区工作，秦叔宝、罗士信等人便跟随裴仁基撤回虎牢关，闭关死守。

这个时候，不知道翟让哪根筋不对劲，也不知道是想家里的老婆孩子，还是想院子里看门的大黄狗，竟然和李密分兵，自己带着部分人马回瓦岗去了。

李密带领本部人马成立蒲山公营，带着这些人四处忽悠，没几天时间又有几座城池缴械投降，不费一兵一卒获得大量军事物资。

翟让看李密那边形势大好，又有点后悔，屁颠屁颠地来找李密，二人在荥阳郡整顿人马，稍作休整之后准备开展第二阶段工作。

“人性的光辉”

翟让、李密在荥阳整顿人马，剑锋直指虎牢关，虎牢关距离东都洛阳也就二百多里地，虎牢关和洛阳之间再无天险，拿下虎牢关，洛阳基本上就算是敞开怀抱迎接翟、李。

看来杨广这段时间肯定是吃不香，睡不着，饱受煎熬。

我们猜错了，实际情况并非如此。

杨广手下有个“心地善良”“善解人意”的亲信，他不忍心把残酷的真相告诉杨广，不想让外面的坏消息破坏杨广吃喝玩乐的雅兴。

这个“善良”的人就是虞世基，他还有个弟弟叫虞世南，兄弟二人才华出众，兼书法家和诗人于一身，当时人们把这兄弟二人和古代两位贤士——陆机和陆云兄弟——相媲美。

人的才学和品德不一定是相称的，才学好不见得品德高，例如，北宋蔡京书法堪称一绝，人品却烂得一塌糊涂。

虞世南德才兼备，虞世基却有才无德。

虞世基心思缜密，善于察言观色，摸透了杨广的脾气秉性，办事情那是无往而不利。

眼下各地群雄并起，翟让、李密更是快打到了家门口，杨广要是知道真相那得多闹心啊，他闹心手下当然不会有好果子吃，皇帝开开心心，大家才能有好日子过。

各地剿匪不力的消息经过虞世基之手后都变成了小问题，大概也就是某某地方有一小撮儿不识时务的农民聚众闹事，已经被英明神武的杨广领导的大隋朝精锐士兵消灭殆尽，这些小事根本不必皇帝操心，别耽误享受生活。

虽说张须陀壮烈牺牲后隋朝再无良将，但杨广手下还是有几个可用之人，其中一个叫杨义臣的收服了河北地区几十万的农民起义军。当杨广知道这个消息后大吃一惊，问虞世基："我一直以为举国上下都是忠心耿耿、死心塌地为朕服务的老百姓呢，没想到有这么多违法乱纪分子啊。"

"他们这是糊弄陛下呢，都是为了给自己邀功。"虞世基看杨广对自己这个说法貌似比较认可，继续说道，"杨义臣也就是抓了几个小偷小摸，这个世界上哪有几十万的乱党啊？不过，他现在手下可是兵精粮足，拥兵自重，陛下可得防着点。"

一语惊醒梦中人，杨广做事情那是相当干净利索，直接把杨义臣召回身边，撤去兵权。

这时候杨广身边已经没有什么特别耿直的大臣，但虞世基折腾得这么夸张还是有人忍不住要伸张正义。

治书侍御史韦云起给皇帝打报告，揭露虞世基的罪行。然而，此时大隋的内部已经肮脏得不像样子，百分之九十九都是结党营私、徇私舞弊的人，对于韦云起这样的小角色，虞世基根本都看不上眼，他敢公开和自己唱反调就是活腻歪了。

现在的韦云起所能发挥的作用不过就是给那些想巴结虞世基的人当垫脚石，铺人家的仕途路。

有这样一个典故：这个社会如同一棵爬满猴子的树，抬头向上看，看到的都是猴屁股，低头向下看，看到的都是笑脸。猴子们为了多看到笑脸，少看到屁股，都会拼命向树的高处爬，这个过程中必须要踩着别的猴子的身体才能爬得更高。

自古以来就不缺少这种踩别的猴子的猴子，有人向杨广言辞十分恳切地说道："人心不古啊！韦云起看到虞世基大人为陛下办事尽心尽力、忠心耿耿，为大隋的建设添砖加瓦，使得大隋日益繁荣昌盛，于是他就恶意中伤贤良，这是人性的黑暗，是人类的悲哀啊！"

为了表彰人性光辉的一面，遏制黑暗的一面，杨广重赏这位"心直口快"的大臣，严惩了"贪婪嫉妒"的韦云起。

从此之后杨广身边再也没有怀揣“羡慕、嫉妒、恨”之心的人了，各个展现出来的都是“正直、善良、熠熠生辉”的人性。

展示“光辉人性”可是王世充的强项，他在全国四处搜集奇珍异玩和绝世美女送给杨广。就在杨广和美女畅谈人生的时候，又有人出来捣乱，一群农民攻击地方官府，残杀隋朝大臣，王世充理所当然承担重任为皇帝排忧解难。

王世充这样做显然是有目的的：

第一，此次闹事的不是什么厉害人物，就是前两年被张须陀打残废的卢明月，这小子在河南地区收罗了三四十万没饭吃饿得骨瘦如柴的难民。面对这样的敌人王世充还是有信心收拾的。

第二，天下乱到这个程度上，有点兵权，身边带着几万小弟防身还是很有必要的，兵权在手才能高枕无忧，只有要打仗才能有兵权。

第三，这是一个难得的练兵机会，当然不会让给别人了，通过战争血与火的洗礼，士兵才能更加擅长屠杀百姓。

有人该问了，那王世充不担心会落得和杨义臣一样的下场吗？王世充当然不怕，杨义臣不会做人才被杨广卸磨杀驴，这样的厄运永远不会降临到“人性光辉”的人身上。

果然，王世充的目的都达到了，带领隋军打散叛军，斩杀卢明月，自己依然高枕无忧。

为百姓服务

翟让、李密等人可不管杨广是否还在讨论人性的光辉，他们趁着有人蒙蔽杨广双眼的时候，已经把手伸向大隋的心脏——洛阳。

现在到了造反的关键时刻，每一步都需要精心策划，要么功成名就，要么功败垂成。

到目前为止，李密的每一步行动都十分正确，并恰到好处，后世很多人认为李密是十分接近皇位的人，也是有一定道理的。

眼下有两条路可选：第一条路，直接攻打东都洛阳；第二条路，不着急打洛阳，而是做好事，帮助受苦受难的广大百姓。

这次李密又作出正确的选择，坚定不移地无偿解救百姓。

李密之所以做这个选择是因为他深知民心的重要性，良好的群众基础是成功的重要保障。现在要是直接攻打洛阳，当地老百姓没有受到他的恩惠，不一定帮他，但大隋会跟他拼命。另外，要想指望各路反王能真心实意地支持他当皇帝，那实在是太傻、太天真，不背后捅一刀就已经算不错了。

聪明的李密不会把自己变成众矢之的，踏踏实实做好事，皇位迟早是自己的。

这个时候你要是站在大街上给大家免费发放绫罗绸缎，大家根本不会搭理你，反倒说你是神经病，但你要是免费给大家粮食吃，大家恨不得把自己的心肝掏出来献给你。

于是，李密率领大军直奔洛口仓，翟让殿后。

洛口仓又称兴洛仓，位于今天河南省巩义市东南，地势险要，水陆交通都很发达，沿着洛水可以到达洛阳，沿着黄河可以到达潼关和长安，同时还与大运河相联通，向南能到达江苏、浙江，向北能到达河北等地。从地质条件看，这里土质干燥，土层深厚，最适合建窖储粮。早在公元606年的时候，杨广就在这里建了粮仓，囤积了大量粮食。

李密的七千人不费吹灰之力拿下洛口仓。第一时间开仓放粮，老百姓这下可高兴了，一边吃着香喷喷的米饭，一边想：看来李密不远万里来到这就是为解救劳苦大众的，是玉皇大帝派来的好人啊。

这多么具有讽刺性啊，杨广辛辛苦苦从老百姓那里搜刮粮食，失掉民心，这粮食又被李密发给老百姓，老百姓成为李密的忠实拥护者。杨广帮了李密如此大的忙，却没有任何回报，连一声“谢谢”都听不到。

这可真是应了那首诗：

朝走西来暮走东，人生恰似采花蜂。

采得百花成蜜后，到头辛苦一场空。

广大劳苦群众发现李密、翟让的队伍是百姓自己的队伍，还有什么可犹豫的？如何第一时间加入这支队伍才是刚刚吃饱饭的人们应该考虑的事情。

毫无杀气的部队

人们看问题的角度总是有所不同，一群人认为李密是传说中那个姓李的真命天子，也有一群人认为李密不过是饿疯了，是跑到洛口仓抢粮吃的小混混。

杨广的孙子越王杨侗就认为李密不过是个偷米贼，没什么好大惊小怪的，人家饿蒙了偷点粮食吃也怪不容易的，没必要深究，派军队过去打跑就是了。

杨侗派手下刘长恭带着两万五千人马准备收复洛口仓。

如果仅仅杨侗一个人认为李密是偷米贼可能问题还不大，问题就出在很多人都这样想，后果就是直接导致这两万五千人的平叛队伍十分不纯正，这队伍中仅有少部分是可以用来打仗的士兵，剩下的就是国子监、太学府的学生，还有平时玩鸟遛狗的贵族纨绔子弟，他们都是觉着打这样的仗挺好玩，可以敞开了杀老百姓，这是一件多么过瘾的事情啊。

外行人看到这队伍的话肯定会大加赞扬，士兵们一个个长得面如冠玉、目若朗星，铠甲战袍都是国际一线品牌，有很多还是奢侈品，武器更是极其拉风，鎏金镶玉、雕龙画凤，用这些武器打仗实在是太浪费，作为工艺品展出那是再适合不过。

（《资治通鉴》记载，时东都人皆以密为饥贼盗米，乌合易破，争来应募，国子三馆学士及贵胜亲戚皆来从军，器械修整，衣服鲜华，旌旗钲鼓甚盛。）

内行人要看这部队肯定会说："怎么一点杀气都没有啊？"

刘长恭带着这群纨绔子弟和手无缚鸡之力的学生负责跟翟让、李密正面对抗，裴仁基率领他的部队从后面包抄。

这些人大张旗鼓地来驱赶偷米贼毫无战术可言，他们的一举一动都被李密看得清清楚楚。

在一个阳光明媚的清晨，刘长恭和两万五千纨绔子弟到达预定地点，正准备吃早点呢，翟让率领大军气势汹汹地杀了过来。

对于翟让的举动，纨绔子弟表示鄙视："你们有没有素质啊？没看见人家正准备吃早点呢？打扰别人吃早点是十分不礼貌的！"

翟让可不管礼貌不礼貌，举刀就砍，很多人因此没有吃到人生中

的最后一顿早点，不过，这个举动也激怒了想要吃早点的其他人，他们玩了命地反击，翟让大败而逃。

这下纨绔子弟是过瘾了，放马狂追。

追着追着他们就哭了起来，怎么好像一不留神就钻进了人家的包围圈，李密等人带领各路人马横冲直撞，纨绔子弟哭爹喊娘，这个时候他们特别想和翟让道歉，表示愿意原谅他刚才打扰他们吃早点的事情，只可惜已经没有这个机会了。

刘长恭还算经验丰富，关键时刻换上一身小兵的军服，悄无声息地混了出去，带着命大没死的残兵败将撤回洛阳。

这一仗翟、李收获颇丰，除了大量奢侈品之外还有隋军留下的军事物资。

通过这仗又一次证明李密水平高，像真命天子。翟让也算识时务，让出瓦岗第一把金交椅，推举李密当老大，称为魏公。

李密也不客气，大摇大摆当了这个魏公，封翟让为上柱国、司徒、东郡公，另外又分封百官。

如此一来全国各地投靠李密的人络绎不绝，短时间内，李密部队数量暴增，当然质量肯定差得一塌糊涂。

打仗不行，干活总可以吧，于是，李密重新修建兴洛城，这时候的人们和给杨广干活时完全不同，充分发挥主人翁精神，没有任何的偷工减料，玩命地干。

兴洛城建好后，李密实力和名声暴涨，全国各地的英雄豪杰纷纷主动送上门来，有钱的出钱，有力的出力，当然，也有来粮仓混饭吃的，反正李密粮食多，也不在乎多来几个混饭的。

站到百姓的队伍中

洛口仓之战，刘长恭大败而归并未受到什么惩罚，杨侗反倒对他好言安抚，告诉他胜败乃兵家常事，不用往心里去。

裴仁基可就没有那么幸运了，他没有按照战术计划及时到达指定地点，刘长恭战败的责任就都搁他身上了。

裴仁基还没到地方就听说刘长恭被打回老家，自己势单力孤的过去也是送死，翟让、李密可是把王牌张须陀都放翻的高手，裴的战略思想只得临时进行调整，由进攻翟、李改成静观其变，就地驻扎防守。

有一定古代军事知识的人可能会知道一点，多数情况下，部队中会设置一个叫“监军”的职务，这个职务设置的相当让人难以理解，说白了就是皇帝信不过带兵打仗的将领，再派一个亲信去监督这个将领。很多监军都不是好东西，专门欺负老实人，偏偏裴仁基是个不折不扣的老实人。

以前裴仁基每次打胜仗都把战利品分发给士兵，监军萧怀静不同意这样做，他认为战利品应该给他，打胜仗都是因为他监督有方，和士兵没什么太大关系，因此，裴军内部矛盾十分突出。

对于这些情况，李密了如指掌，于是，研究起能否不费一兵一卒捡个大便宜的方法。

李密的劝降信很快送到裴仁基手中，再加上裴仁基的亲信贾闰甫苦口婆心地劝说，裴仁基就想投降了，但他还有个担忧——萧怀静怎么办？

贾闰甫想都没想就说道：“他若是识时务还可以保住脑袋，要是敢公然翻脸，那还不是您一刀的事。”

裴仁基下定决心站到百姓的队伍中，同意李密的招降。李密心里乐开了花，重重封赏贾闰甫。

按照李密的指令，裴仁基带领本部人马撤回虎牢关，全军上下欢欣鼓舞。然而萧怀静却高兴不起来，准备向杨广打小报告，他这样不识时务换来的只能是冰冷的钢刀。

李密对于裴仁基怒斩萧怀静的做法十分满意，封他为上柱国、河东公，封裴仁基的儿子裴行俨为上柱国、绛郡公。

裴行俨和他父亲相比是有过之而无不及，骁勇善战，勇冠三军，《说唐全传》中第三条好汉、隋唐八大锤中银锤将裴元庆的原型就是裴行俨，由此可见，此人能力水平绝非一般。

裴仁基的投降让李密赚得钵满盆满，钱粮军械这些东西李密都不缺，但是他缺少人才啊。裴仁基给他带来了秦叔宝、罗士信、程咬金（后改名为程知节）等名震古今的人物。

对于程咬金还是有必要简单介绍一下的，这位《说唐全传》中以三板斧而著称的混世魔王在真实的历史中也是响当当的人物，武功高强，骁勇善战，不管单挑还是群殴都是把好手。（《旧唐书》中关于程知节的记载是：少骁勇，善用马槊。）

秦叔宝、程咬金虽然是在不久的将来遇到李世民之后才进入自己人生的黄金时期，但现在在李密手下也没有屈才。

李密如此善于用人，当然不会埋没人才，他精挑细选八千极其骁勇的士兵，由秦叔宝、程咬金等人带领，作为自己的侍卫队，类似于皇帝的御林军，号称“内军”，这八千人的战斗力那是相当恐怖，只要指挥得当就算在百万敌军面前也毫不逊色。（《资治通鉴》记载，此八千人足当百万。）

多年来，后人一直有个疑问，裴仁基手下兵强马壮，更有数名勇冠三军的英雄人物，为何斗不过李密，还要投降。

总结一下，原因可能有如下几点：

第一，就当时的情况来看，李密是正义之师，隋军是残暴之师，自古邪不胜正。（这条看着有点儿虚，但细细体会此中道理绝对不假。）

第二，裴仁基的领袖才能远低于李密，采取的战略、战术都低人一等，手下武将再强悍也发挥不出来作用。

第三，秦叔宝、罗士信、程知节等人都是有思想的，同样看不惯杨广的所作所为，残杀善良百姓的时候，他们也有沉重的心理负担。

一封书信

到目前为止，李密还一直很像真命天子，一步步地接近皇位，但是，他的问题就在距离皇位一步之遥的洛阳城外暴露了出来。

《战国策》说：“行百里者半于九十。”多数情况就是这样的，事情越到后来就越困难，攻打洛阳跟攻打其他城池有着天壤之别，这个时候，李密应该更加兢兢业业，他偏偏没有这样，而是松懈起来，也正应了古人所说的“败于几成”，这样的说法还是很有道理的，很多人失败都是在几乎就要成功的时候，因为这个时候人们的心理会发生变化，会松懈、会骄傲，李密也落入了这个俗套。

李密的心理变化从一封书信中得以体现。

这封信在前文中提到过，就是李渊写来的那封，内容并没有什么特殊的，只是说自己为天下苍生已经竖起替天行道的大旗要把杨广拉下马，选更适合当皇帝的人来领导国家，想请李密入伙，一起成就一番事业。

今非昔比，此时的李密已经不是几年前四处逃亡的李密了，要是那个时候的话，说不定他会高高兴兴地去投奔李渊，现如今的李密可是雄踞一方的霸主，眼瞅着就要入主洛阳，并且还是传说中的天子，因此，李密不买李渊的账也在情理之中。

李密让手下给李渊回了一封信，信的内容可以归结为以下几点：

第一，咱俩虽然都姓李，但并没什么血缘关系。（潜台词：不要和我拉关系，我可是未来的皇帝。）

第二，我虽然能力有限，但大家都很看好我，共同推举我为老大。（潜台词：我不可能给你当小弟，你来给我当小弟还差不多。）

第三，你要是识时务，就应该来辅佐我，帮我实现当年汉高祖刘邦在咸阳抓住秦王子婴，周武王在牧野消灭商纣王的宏伟事业。（潜台词：这个皇帝我是当定了，你要摆正自己的身份和地位。）

把这信送出去的同时，李密还派人要求李渊亲自过来发誓效忠于他。

李渊看到这信之后并未生气，反而十分开心，他当初给李密写信并非真想把他招致麾下，这信更主要的意义在于投石问路，看看李密的真实想法，通过这封回信，李渊已经完全搞清楚了。

根据李密现在的状态，李渊给他十分精确的定位——挡箭牌。

李密现在兵强马壮，得罪他不是明智之举，正确的做法就是猛拍李密马屁，让他自认天下无敌，信心满满地去对抗隋朝大军。

有李密抵挡隋朝主力部队，李渊就可以轻轻松松地挥军西进，到时候占领长安，坐拥宝地，隔岸观火，等李密等人和杨广斗得两败俱伤之后，便可以坐收渔人之利。

李渊让温大雅替自己给李密写了回信，温大雅的文笔极其出色，信中充分表达出李渊资质驽钝，没什么追求，也不是什么做大事的人，再加上现在已经年过半百，也就是过了“知天命”之年，知道自己没有当皇上的命。李密您却不同，全天下都知道您是干大事的人，坐上龙椅是迟早的事，我现在只求将来您当上皇帝别忘记我，封个一官半职，让我安度晚年。至于消灭商纣王，抓住秦子婴这样的大事我就不掺和了，免得给您添乱。

李密收到这封信之后相当高兴，让手下人传阅，并且说道："你们看到没，像李渊这样有势力的大家族都已经向我俯首称臣，承认我是真命天子。"

手下赶紧都不失时机地拍起马屁，迎合着李密的皇帝梦。

（乃使温大雅复书曰："吾虽庸劣，幸承余绪，出为八使，入典六屯，颠而不扶，通贤所责。所以大会义兵，和亲北狄，共匡天下，志在尊隋。天生民，必有司牧，当今为牧，非子而谁！老夫年逾知命，愿不及此。欣戴大弟，攀鳞附翼，唯弟早膺图，以宁兆民！宗盟之长，属籍见容，复封于唐，斯荣足矣。殪商辛于牧野，所不忍言；执子婴于咸阳，未敢闻命。汾晋左右，尚须安辑；盟津之会，未暇卜期。"密得书甚喜，以示将佐曰："唐公见推，天下不足定矣！"自是信使往来不绝。）

李渊和李密二人采用的是不同的方针策略：李密找杨广火拼，直逼东都洛阳；李渊绕开杨广，偷袭旧都城长安。

李密这样做充分体现出他太着急当皇帝，完全不给自己留后路，并且把自己置于最危险的境地，正面对抗大隋王朝。如果自己实力足够强，这样当皇帝是快，如果实力不够，那么败得也快。（当初杨玄感造反的时候，李密认为杨玄感直接打东都是下策，现如今轮到自己说了算，他竟然也选择下策，看来还真是"当局者迷"啊！）

李渊却不同，他也想当皇帝，但不急于一时，稳扎稳打，先取得长安建立起一个十分稳固的后方基地，然后再慢慢和大隋对抗，胜则可得天下，败则可割据一方，裂土为王。并且这样做完全避开隋朝主力部队，看着隋军和各路起义军互相残杀，到时自己需要对付的就是最后胜出的那群强弩之末的疲兵。

【第十章】 李渊入主长安

主角：李渊、李世民

配角：宋老生、屈突通、平阳公主、孙华、姚思廉、李靖等

事件：有李密牵制着杨广的大部分精力，李渊终于可以毫无后顾之忧地大展拳脚，又有像李世民这样打仗冲在最前面、把刀都砍卷了刃的猛将，这么看来，李渊入主长安已经不是问题。那么，他入主长安之后是如何对待长安城旧主人的呢？

两刀皆缺

有了李密这块坚固的挡箭牌抵挡隋军主力部队，李渊、李世民等人毫无顾虑地率领三万精锐部队从晋阳出发了。

李家军还没走多远就遇到了麻烦，隋军主力部队虽然都在和李密周旋，但仍然有小股部队对付李渊。

李渊部队到达雀鼠谷的时候，隋将宋老生率领两万精兵在霍邑（山西省霍州市西南）和他对峙，隋将屈突通也率领大部队在河东地区布防。

偏偏这个时候老天爷也和李渊作对，连降暴雨，一下就是十多天，根本不能打仗，还影响军粮供应。

进？还是退？这是一个十分棘手的问题。

在紧急军事会议上，裴寂等人表达出自己的观点：“眼下的情况对我们非常不利。第一，军粮不足；第二，宋老生、屈突通占据险要之地，以逸待劳；第三，李密说是和我们联合，他的真实意图却难以揣摩，万一这边失利，他说不定就会落井下石；第四，突厥人唯利是图，现在又勾结刘武周（刘武周也是农民起义军领袖，造反之后取得一定成果，后来投靠突厥人，和他们狼狈为奸，下文会做详细介绍），他们可能会偷袭咱们的老家。综上所述，我们不如先撤回晋阳，从长计议。”

李渊一听正合他意，就决定班师回营。

在这关键时刻，关键人物必须得出现啊！这个人就是李世民，他不赞成裴寂的观点，同样也有充分的理由：“第一，粮食不是问题，遍地都是，抓紧时间运过来就行；第二，宋老生、屈突通有勇无谋，轻狂浮躁，都是一战可擒的草包，不足为惧；第三，李密不过是个暴发户，现在绝对不会舍弃粮仓，打这边的主意；第四，突厥人和刘武周是面和心不和，目前这个阶段他们只能是惦记一下咱们的老家，根本没精力派兵攻打。”

分析完这些情况，李世民还补充道：“我们兴仁义之师，放弃荣华富贵为解救受苦受难的百姓，现在刚刚走出家门遇到一小撮敌人就畏首畏尾，甚至要撤兵，这样的话人心就散了，追随我们的人也会离我们而去。”

李渊这人实在是太谨慎，怕失败，李世民说得如此有道理，他仍坚持先撤兵。

当天夜里，李渊的营帐之外传出号啕大哭之声，声音之大把正在睡觉的李渊给吵醒了。谁这么大胆子？敢在李渊门口哭街。李渊睁开朦朦胧胧的睡眼一看，扰了自己美梦的人正是爱子李世民，便满脸不高兴地问道："大晚上的，为啥不睡觉，跑这里来哭爹喊娘？"

李世民擦了擦鼻涕和眼泪，答道："眼看着我们李家就要迎来灭顶之灾，我能不哭吗？"说完，哭得更厉害了。

李世民这么一闹腾把李渊搞得有点丈二和尚摸不着头脑，面对李渊疑惑的表情，李世民强忍哭声，继续说道："我们出师未捷，人心未定，在这紧要关头要是撤兵，隋朝一定会制造我们已经败北、溃不成军的言论，这很容易引起军心动摇，敌人要是乘势追击，那我们不就死无葬身之地了吗？"

听完这话，李渊睡意全无，惊出一身冷汗，一个错误的决定险些葬送李氏家族。李渊连忙收回撤兵的命令，把已经开始撤退的部队也都追赶回来，严阵以待。

过了几天，后勤部队从后方运来粮草，粮食问题解决了，军心大振。

又过了几天，雨停了。

雨过天晴，艳阳高照，李家军上下一扫阴霾的心情，各个斗志昂扬开始备战，把前几天被雨淋湿发霉的衣服、铠甲、器械拿出来晒太阳。

士兵们晾衣服的时候，李渊等人也没闲着，开始策划怎么收拾宋老生。若是两军排开阵势按照标准套路出牌的话，李家军肯定是不怕宋家军的，万一宋老生贪生怕死，坚守霍邑城不出，还真不好收拾他。

对于这种担心，李世民认为是没有必要的，宋老生有勇无谋，假如他真的闭关不出，只要大家站在城外问候他娘，他肯定沉不住气，一定冲出来拼命。万一语言上侮辱他祖宗十八代不管用，还可以给他泼脏水，派人上杨广那里散播谣言，就说宋老生贪生怕死，不肯为大隋效忠。

事情果然被李世民说个正着。李渊率几百个骑兵在霍邑城东几公里的地方列好阵势，李世民、李建成兄弟二人带领几十个嗓门大的士兵来到城下，刚刚扯开嗓子骂了三声，宋老生已经暴跳如雷，目眦尽裂，带着三万小弟咬牙切齿地冲了出来。

李渊这边迅速集结军队，人到齐后，准备吃饱喝足再开战，李世民不赞成这个做法，他认为应该趁着宋老生气得失去理智之时立刻开战，打胜之后直接吃庆功宴。

李渊觉得儿子说得有道理，便和李建成、殷开山等人在城东列阵，李世民在城南列阵。怒火中烧的宋老生第一波攻势相当犀利，李渊等人避其锋芒，边战边退。就在宋老生准备庆祝一击打垮李渊的时候，一个人的出现令其美梦破碎。

李世民大喝一声："宋老生，休要猖狂！"这一声好似牙缝里迸出春雷，舌尖上响起霹雳。伴随着这声大喝，李世民和猛将段志玄从宋老生背后杀出。

那情形就如同一支烧红的刀子切入奶油，瞬间就在宋老生整齐的队形中融开一条口子，而且这条口子越来越大。

这"刀子"的"锋"就是李世民，他舞动双刀，一马当先，所向披靡，钢刀所到之处人头滚落，敌人的鲜血洒遍全身。李世民手中的两把钢刀生生被砍出数十道缺口，他也顾不上换兵器，拎着两把卷了刃的破刀凶神恶煞一般直接冲向宋老生。（《资治通鉴》记载，世民手杀数十人，两刀皆缺，流血满袖，洒之复战。）两强相遇勇者胜，李世民的气场镇住了战场，李家军士气大振，各个奋勇杀敌，那场面好似神雕追紫燕，恰如猛虎啖羔羊。这个时候宋老生也不顾不上生气了，不就是被骂娘了吗，骂两句就骂两句吧，还是保命要紧。丢盔弃甲的宋老生连滚带爬地带着残部往霍邑城里跑，辛辛苦苦跑到城门口的时候傻眼了，原来城里的守军看李渊的大部队在后面紧追不舍，吓得不敢开城门。

宋老生在城门外破口大骂，骂了半天也没人给他开门，无奈之下只好跳进战壕躲了起来。刘弘基眼尖手快，被他捡个便宜，把宋老生从战壕里揪出来砍下脑袋，邀得头功。这时候天已经黑了，李渊觉得在城外营寨睡觉没有在城内房子里睡觉舒服，又一鼓作气攻下霍邑城，在城中舒舒服服地睡了个好觉。

同工同酬

李渊睡醒之后开始进行善后处理工作，首要任务是封赏有功之人，这个是战后最重要的事情之一，人家拼死拼活地为你卖命，替你杀敌，如果不能得到应有的好处，下次还有谁替你卖命？

有功者赏、有过者罚，说起来容易做起来难。李渊的手下有两类人，一类是普通人，另外一类是“奴隶”（隋朝末年虽不是奴隶社会，但仍然有“奴隶”这个群体存在，他们没有人权，是属于主人的附属品）。当时的奴隶不能算是独立的人，更谈不上人权。

根据以往经验，生活在社会底层的“奴隶们”很难享受“同工同酬”这种不受户籍、身份、地位等限制的权利，此次，李渊让他们享受到这种权利。

当大家问到李渊为何能如此英明的时候，他是这样回答的：“在箭石纷飞的战场上，敌人的武器不会因为你是奴隶就躲着你，也不会因为你是王侯将相就专门找你，人人都是平等的，都是一个脑袋，一腔热血，没有高低贵贱之分。奴隶们用自己的性命换回来的战功同样可贵，他们杀死一个敌人和普通人杀死一个敌人的功劳是一样的，在发奖金的时候当然不应该有歧视。”

自古以来民不患寡而患不均，奖金多少并不关键，关键是能否做到公开、公平、公正的分配，在这方面李渊做得太好了，这也使得在以后的战争中李家军个个勇不可当，大家知道将领不会因为你不善于表达只知道埋头苦干就埋没了你，也不会因为你善于溜须拍马虽寸功未立就提拔你，多劳多获，少劳少得，要想升官发财就得靠奋勇杀敌。

公平、公开、公正的赏罚工作完成之后，李渊开始处理霍邑城中的官民，手段一如既往的怀柔，原来的官吏全部官复原职；隋朝降兵和精壮劳动力想参加李家军的热烈欢迎，不想参加李家军的绝不强留，发放路费送回家乡。

从当时天下形势来看，回家种地肯定不是明智之举，随时都要冒着饿死或者被强盗、土匪、不入流的农民起义军、隋军杀死的危险，加入李家军，有口饱饭吃，运气好混个一官半职，说不定还有机会飞黄腾达。

因此，很多人选择加入李家军，李渊的队伍再次壮大。

在霍邑休整几天之后，李渊率领大部队进入临汾地区。

绛郡（今山西省新绛县，当时管辖龙门、太平、曲沃、翼城、稷山、绛、垣曲等八个县）通守（仅次于太守，配合太守管理郡内事务）陈叔达象征性地抵抗一下，就高高兴兴地选择了缴械投降。

对于这样识时务又没有劣迹的人（劣迹主要指为官期间贪赃枉法、中饱私囊、屠杀百姓、欺下瞒上等），李渊十分赏识，完全不歧视隋朝旧臣，公平对待，根据才能授予官职。

收拾完宋老生，还得琢磨着怎么对付屈突通。

李渊手下新来个大臣叫薛大鼎，他的父亲薛粹因当初参与杨谅造反被杨广给杀了，那时大鼎还是小鼎，免得一死，等到李渊进攻绛郡到达龙门的时候，大鼎投到李渊门下。

大鼎刚入伙就给李渊献计献策，他的观点是：现在不着急收拾屈突通，西渡龙门占领永丰仓，以此为基础昭告天下，继续招兵买马扩充军队，剑锋直指长安城，这个时候关中地区的总体情况就都在控制之中了，区区一个屈突通不可能再掀起什么大风浪。

这个战术思想基本和李密占领洛口仓有异曲同工之妙，李渊对此也是大加赞扬。

永丰仓真的这么重要吗?

答案是肯定的！永丰仓位于今天陕西省大荔县境内，是隋朝老皇帝杨坚在公元583年安排建设的粮仓，主要保障当初的京城——大兴——的粮食供应，有非常重要的战略意义。

人心散了

李渊赞成占领永丰仓的方案，大家便继续对该方案进行深化完善。

河东县户曹（负责掌管户籍、赋税征收、会计预算等的官员）任瑰积极主动地献计献策：“关中地区的百姓一直盼望着出现一位带头大哥带领他们推翻大隋的残暴统治，我在这边生活这么多年，对风土民情十分了解，由我去做他们思想工作，定会马到成功，咱们的仁义之师渡过黄河，不管是隋朝的官员还是占山为王的农民起义军一定会第一时间赶来入伙儿。占领永丰仓后，关中地区大局基本已定。”

李渊听完之后，十分开心，攻下长安就相当于控制半壁江山，因此，重重封赏任瑰，提拔他做银青光禄大夫（正三品的官职）。

当时，关中地区最强大的反隋武装势力头子是孙华，李渊给他写了一封招降信，信中充分表达出仰慕之情，希望他能入伙，和自己共同开创一番事业。

孙华接到招降信后马不停蹄地渡过黄河拜见李渊，对于孙华的到来李渊表示热烈欢迎，封他做左光禄大夫、武乡县公、冯翊太守，另外，根据孙华手下以往在造反斗争中的表现授予官职，赏赐金银珠宝。

孙华的归附对于关中地区各方势力和老百姓都起到一个很好的表率作用，李渊对于孙华的待遇问题处理得也十分恰当，这让大家毫无顾忌、争先恐后地加入李家军当中，李家军每天都会增加数千人，这样的队伍何愁大事不成？随着队伍的不断壮大，李渊不管是要对付屈突通还是要攻取长安，信心都更加坚定。

眼下李家军和屈突通相距也就五十里左右，屈突通那边一直按兵不动，一点儿动静都没有，有些人心里开始发慌，怕屈突通这小子酝酿什么阴谋，李渊对此却毫不担心，并且分析出敌军现在的境况。

屈突通可谓是兵精粮足，为何迟迟不动？原因就是——人心散了，士兵们不肯为他效力，若是双方打起来，说不定临阵倒戈者会占一大半。（这事还真被李渊给分析对了，屈突通正是这个情况。）

李渊派刘弘基、王长谐、史大奈等人率领六千精兵渡过黄河，在黄河西岸安营扎寨等待大部队到来。假如屈突通真敢孤注一掷不顾后果地进攻刘弘基，李渊就会率领主力部队进攻屈突通老家，两军前后夹击，屈突通必败无疑。屈突通并未冲动，依然好像不知道李渊一直在自己旁边折腾一样，除了坚守城池之外，任何动作都没有。

为了研究下一步计划，李渊再次召开军事会议。

会上，裴寂发表了自己的观点："屈突通的实力不能小视，他现在就像一颗钉子一样钉在我们眼前，我们若是不搭理他，直取长安，万一进攻长安受阻，落井下石者肯定不在少数，到时屈突通背后捅我们一刀，那我们不死也是重伤，我认为应该先拔下这颗钉子，踏踏实实地攻打长安。这个方案还有一个好处，长安一直以屈突通为后援，如果屈突通被除掉，长安定会军心大乱，到时我们攻打长安岂不是易如反掌？"

这种稳扎稳打的做法可以说中规中矩，基本不会给敌人留下任何机会，很多人对此表示赞同。

就像当初攻打宋老生的时候一样，李世民仍然反对裴寂的做法，他说道："'兵贵神速'，以免夜长梦多，我们现在就应该携屡战屡胜之威，大张旗鼓挥师西进，这样关中地区的英雄豪杰也会更加坚定地追随我们，让敌人在这种压迫感面前彻底崩溃，就在长安城内人心惶惶之际，我们发起雷霆一击，一战定天下。屈突通现在自顾不暇，哪有精力捅我们刀子啊！"

李渊觉得两人说得都十分有道理，结合了两个人的意见，留下部分人马牵制屈突通，自己率领主力部队西进。

巾帼不让须眉

几天后，李渊的主力部队陆续渡过黄河到达朝邑（今陕西省大荔县附近），把长春宫作为自己临时的大本营。

正如李世民预料的一样，部队所到之处，老百姓欢欣鼓舞，杀猪宰羊迎接李家军的到来，年轻力壮的小伙子们更是争先恐后地参军，征兵现场异常火爆。

渡河之后，李渊重新进行战略部署：李建成、刘文静、王长谐率领数万人马驻扎在永丰仓，防备东都洛阳的隋军；李世民、刘弘基率领数万人马进攻渭水（黄河的一条支流）以北地区。

在长春宫，李渊接见了一个重要人物，此人后来辅佐李世民平天下、治国家，立下汗马功劳，他就是李世民的大舅哥——长孙无忌。李渊十分赏识长孙无忌的才能，任命他为渭北行军典签，辅佐李世民。

李渊这边搞出这么大的动静，屈突通想装聋作哑也不行啊，再不采取点儿行动杨广肯定要收拾他的，于是，他任命手下尧君素代理河东事务，坚守蒲坂，自己亲自率兵支援长安。

让尧君素代理河东事务屈突通可以放一百个心，这人绝对地忠于朝廷，就算全天下的人都背叛大隋朝，他也不会倒戈。有人说尧君素是愚忠，脑袋不开窍，但大多数人对于这种愚忠十分欣赏，正是因为有这样的人，中华民族才得以生存和发展，几千年来，面临无数艰难险阻和多次外敌入侵，虽然主动和被动地融合了多个民族，但中华民族仍然可以作为一个独立的民族而存在，那些被说成愚忠的人功不可没。

屈突通的军事行动并不顺利，他本想到潼关和手下刘纲汇合，结果刘纲被王长谐给斩了，屈突通只好选择退守。不过他并不在乎输赢，他知道结果肯定是这样的，明知输还要打就是演戏给朝廷看，戏演完了，自己的身家性命也就能够得以保全。

屈突通的行径更加促进李渊势力的扩张，这个时候，又有几股势力融入进来。当初李渊起兵的时候，他的女婿柴绍从长安跑到太原辅佐老丈人造反，由于条件限制只能只身前往，这样就把李渊的女儿，也就是平阳公主一个人扔在家中。柴绍从家走的时候十分不放心，平阳公主安慰丈夫，让他安心去做大事，她能照顾好自己。

柴绍走后，平阳公主暗下决心，不能拖父亲和丈夫的后腿，还得助他们一臂之力，同时也能让大家知道自己是巾帼不让须眉的女侠，于是，卖掉房子、车子、首饰等等换回大量金银用以招兵买马，很快这支队伍就形成一定规模，并号称娘子军（今山西省的娘子关就是因为当初平阳公主带领娘子军在此驻守而得名）。

在平阳公主的召集下，李渊的堂弟李神通、长安大侠史万宝、令狐德、李仲文、向善志、丘师利等人走到了一起，队伍不断壮大，他们攻城拔寨，侵蚀着大隋的领土。等到李渊渡过黄河，这些人带着自己的队伍来投奔的时候，竟然有七万之多。李渊看到眼前的景象十分欣慰，重重封赏各位有功之臣，鼓励他们再接再厉，将造反进行到底。

书生有正气

李世民的渭北之行在军事行动上并没有什么亮点，根本没有硬仗可打，望风而降的比比皆是。

军事行动虽没亮点，在人才招揽方面却有很多惊喜，收了一员降将丘行恭（此人打仗是把好手，只不过待人苛刻，他的儿子丘神勣跟他十分相似，后来丘神勣和周兴、来俊臣等同为武则天手下的酷吏）。

跟丘行恭相比，房玄龄的出现更是令李世民欣喜若狂。

在这里，李世民遇到自己生命中的又一个重要配角——房玄龄，二人一见如故，彻夜长谈，大有相见恨晚之意。

李世民任命房玄龄为自己的高级参谋，房玄龄也自认遇到知己，为李世民上刀山、下火海在所不辞。

外围的小鱼小虾都被收拾完了，长安城彻底变成瓮中之鳖，李家父子也开始最后一步的捉鳖行动。

这个时候李世民手中具备作战能力的士兵有十三万之多，按照约定，他屯兵长安城外，李建成率精锐部队从永丰赶来。

李渊的主力部队晃晃悠悠地向长安逼近，沿途还不忘做好事，颇

具讽刺意味的是，李渊能做好事都是杨广给的机会，这一路上隔三岔五的就是杨广的离宫别院，里面养着大量的壮丁、宫女、太监等，李渊无差别地将他们放出，毫无疑问这种做法会成就他的美名。

李渊就这样一边行军，一边做着好事，在公元 617 年 10 月到达长安城外，各路人马会合之后，清点人数多达二十几万。这仗打得有意思，从家出来的时候带了三万人，大大小小也经历不少战斗，不但不减员，反倒翻了好几倍。

一般情况下，人多手杂，容易闹事，但李家军不是一般的队伍，他们表现出来的优良作风继续为他们赢取着民心，士兵们对百姓秋毫无犯，不动百姓一针一线，老百姓们也把这支军队当成自己的军队一样爱戴，这样的部队打起仗来定是无往而不利。

李渊并不想打，不战而屈人之兵才是上策。

劝降！这是李渊发起的第一波攻势，但效果并不理想，现在长安城内的一把手代王杨侑（杨广的孙子）和他的手下们都不吭声。软的不行就得来硬的，劝降之后再攻城也算是先礼后兵。此时，城中的各级官员和一线士兵基本都是毫无斗志，攻城战打得既不精彩，也不激烈，同年 11 月长安城便被李渊收入囊中。

唯一让李渊感觉有点儿不爽的就是刚刚入伙的孙华被冷箭射死了。这哥们儿真是没有享福的命，眼看着就是开国功臣，却见了阎王。

当李渊的士兵冲进代王杨侑家中的时候，杨侑和光杆司令相比就多了一个姚思廉。

李渊从晋阳起兵直至攻下长安只用了五个月左右的时间，李家军兵锋之盛、锐气之足已经使得那些神经脆弱的人们彻底崩溃，树倒猢狲散，还有谁肯不顾自己的性命保护杨侑啊？

这个姚思廉却不同。史书记载，此人除了读书之外再无其他爱好。他作为杨侑的侍读忠心无二，当这个读书人面对一群手持刀枪剑戟如凶神恶煞般的士兵之时，并未慌张，而是大声呵斥道："李渊兴义兵是为了匡扶王室，尔等休得无礼！"

姚思廉为何如此大胆，难道他有武侠小说中描写的那般盖世神功，能以一己之力单挑百万神兵吗？

当然不是！

那是为何？

书生有正气，浩然天地间！

面对迎面袭来的浩然正气，士兵们钦佩不已，全都老老实实地退到门外，等候李渊亲自处理这个问题。

私怨斩壮士乎

对于姚思廉这样的忠义之士李渊是打心眼儿里佩服，中华民族的传统美德就是被这些人彰显并传承下来的。

李渊将姚思廉、杨侑毕恭毕敬地安排在顺阳阁中，姚思廉痛哭流涕地拜别杨侑。姚思廉的一举一动看在李氏父子眼中，并记在心里。

李渊称帝之后重用姚思廉，李世民即位后更加重用他，后来李世民招揽文韬武略、兼通文史的博学之士成立了一个小团体，号称“十八学士”，姚思廉便在其中。这个时候李渊并不着急当皇帝，该做的工作必须做好，比如，封杨侑为皇帝，即隋恭帝。“封”别人当皇帝，看起来措辞有误，但这种说法确实符合当时的情形。

李渊真沉得住气啊！面对令无数人疯狂的皇位，他依然能够保持冷静，这更体现出他的高明之处，现在自己称帝并没有实际意义，四方未定，就算匆匆忙忙地当上皇帝照样得骑着战马，拎着大刀天天杀来打去，“皇帝”只不过是虚名。拥立杨侑当这个虚名的皇帝反倒可以成就自己的美名，大幅提升人气，有利于更快地在实质上取得天下（后来的事实证明，李渊这样的做法是正确的）。

安顿好杨侑，李渊还有更重要的事情要做，就是稳定民心。老百姓并不在乎李家和杨家谁当皇帝，他们在乎的是谁能给他们带来幸福生活，李渊用实际行动给出答案——隋朝的所有苛政酷令全部废止。

办完公事，李渊还有点私事要处理。

当初李渊起兵的时候，杨广暴怒，命令阴世师和骨仪二人刨了李家的祖坟，古人最忌讳的就是这事，现在长安城破，阴、骨二人变成阶下囚，李渊不会给他们任何机会，手起刀落送这二位见了阎王。

不过对于这段历史还是存在争议的，根据《隋书》记载刨李家祖坟的不是阴、骨二人，《资治通鉴》记载的是留守官刨的李家祖坟，并未明确说出是谁。

根据史料记载阴、骨二人都是忠君爱国之士，而且武艺高强，再加上李渊爱才，又处在造反初级阶段，还需要收买人心，如果他二人没做什么令李渊犯忌讳的事情应该是可以免得一死。由此推断，李家祖坟应该是他们刨的。

砍完头，李渊再次举起鬼头刀，这次屠刀挥向的是李靖。

当初李靖察觉到李渊要造反，就准备到杨广面前告发他，车马全部准备妥当，可是天下实在太乱了，在长安和洛阳之间已经没有一条畅通的道路，李靖只好老老实实待在长安听天由命。

告密未遂，但李渊把这仇给记下了。

眼看着李靖就要人头落地，关键时刻是知识救了他的命。

根据《史记》记载，当初韩信犯错误要被砍头的时候，他高呼："上不欲就天下乎？何为斩壮士？"意思就是说刘邦不是想得到天下吗？那为什么还要杀壮士呢？应该留着壮士为你打天下才对啊。

李靖这饱读兵书战策的文武全才能没读过《史记》吗？能不知道这段典故吗？于是，他也大喊："公起义兵，本为天下除暴乱，不欲就大事，而以私怨斩壮士乎！"这句话完全能够充分体现出李靖的水平。

首先说"公起义兵"，这个说法李渊实在是太爱听了，李渊起兵不是"反贼"而是"义兵"，这个定位正合李渊心意。

然后再说"本为天下除暴乱"，意思就是说李渊起兵并不是为自己当皇帝，而是为清除隋朝内部的奸佞之人，拯救天下苍生。

有这两句铺垫，李靖紧跟着就说出"不欲就大事，而以私怨斩壮士乎！"你李渊不是想成就大事吗？那你就需要人才，我就是人才啊，你要是为了点儿私人恩怨杀我这个人才，可实在是不应该。

李渊听李靖说完这句话，刀就落不下去了。

这个时候，李世民不失时机地替李靖求情，于是，李渊做个顺水人情，放李靖一条生路，让他以后为李世民效命。

鬼门关前走一遭的李靖把这个人情完全记到李世民身上，从此之后死心塌地效忠李世民，为大唐江山立下汗马功劳。

稳坐长安，又收了数位高人，李渊心里乐开了花，终于可以整顿人马酝酿一场更大的政治风暴了。

【第十一章】窦建德称霸一方

主角：窦建德

配角：高士达、强盗甲乙丙丁、郭绚、薛世雄等

事件：乱世造就英雄，窦建德便是其中之一，血雨腥风的童年铸就他钢铁般的意志，这样一个铁骨铮铮的汉子原本是在军中报效朝廷的，高士达的出现改变了他的命运，使得他在反隋的道路上成就了自己辉煌的一生。

坎坷的命运

这个时候，风生水起的可不仅仅是李渊，远在洛阳城外盘旋的李密也因为占据洛口仓而天下归心，全国各地的农民起义军首领纷纷发来贺信，恭喜李密快要当皇帝了，甚至有些人干脆直接带着全家老小前来投奔，由原来自己当老大改为拜李密当老大。

发贺信恭喜李密的人中有一个叫窦建德的，他并未像大多数人一样放弃自己的理想肯于屈居李密之下，仅仅发了贺信表示承认李密是农民起义军的盟主，自己仍然躲在角落里，悄悄地壮大着队伍。

如此看来这个窦建德绝对不是一般人物，在隋末这场大戏中一定也会是个重要角色。

乱世出英雄！这句话在隋末得到很好印证，那样的年代塑造出一个又一个拥有钢铁意志的汉子，窦建德便是其中之一。

窦建德生于公元573年，那个时候杨坚还没统一中国，中国正处在一个玉皇大帝看着都闹心的时代，窦建德就是在这样的社会环境下茁壮成长的。

这样的社会环境能培养出什么样的人?

有一次，几个盗贼晚上去窦建德家里打劫，窦建德拎着两把菜刀躲在门后，盗贼进屋之后，窦建德关上门，上演了一出关门打狗的好戏，进屋的三个盗贼变成三具尸体。

门外的几个盗贼还有几分义气，想把同伙的尸体要回去，窦建德答应对方的请求，让他们将绳子扔到屋里把尸体捆好拽出去。

几个盗贼还挺听话，把绳子扔进屋，他们没想到窦建德会耍诈，窦建德并未用绳子绑尸体，而是系在自己身上。盗贼在外拉绳子，他乘势冲出，手起刀落，院子里又多了几具尸体。

从此之后，窦建德更是名声大振。

这就是当时社会环境培养出来的人才。

农民出身的窦建德终于依靠自己的能力当上官家任命的村长，当时不叫村长，叫里长。隋唐时期大概一百户为一里，规模也就和现在的一般村子差不多。

当上里长按理说日子应该越过越好，然而，令我们感叹的是——

造化弄人，在窦里长任职期间偏偏赶上隋文帝杨坚老糊涂那几年。

也就是本书开始提到杨坚兴建仁寿宫，还有颁布十分严苛的法律那几年，以窦建德的性格，又是二十来岁血气方刚的年纪，在那种严苛的法律下，难免犯错误，犯了错误又不想进监狱，只好四处流亡。

等到隋炀帝杨广即位后，大赦天下，窦建德的那点小罪过也都一笔勾销，重新回到家里种地。

窦建德这样的人怎么可能安心种地？

公元611年，杨广准备一征高句丽的时候，窦建德光荣地应征入伍，由农民变成军人。他凭借打起仗来不要命的英勇表现，很快混成一个小头目，手下管着二百个士兵。

假如不出现意外，窦建德可能会一直踏踏实实为大隋朝服务，根据他的能力和水平来看，要是不战死沙场，肯定会在军中步步高升，将来做个将军也不在话下。

然而，高士达的出现改变了窦建德的命运，使得窦建德原本就十分坎坷的命运变得更加坎坷。

背信弃义

高士达是渤海蓨县（今河北省景县）人，看隋朝这池子水太浑了，于是也蹚进浑水开始摸鱼。

此人虽被列入农民起义军的行列，但说其是强盗应该更合适一些，他带着几千人四处烧杀抢掠，被践踏的村子不计其数，唯独窦建德老家的村子没被骚扰，有几次经过那里的时候都特意绕道而过。

高士达不骚扰窦建德的村子，并不是因为那里穷，没什么好抢的，而是因为他怕窦建德。

俗话说：好汉护三村，好狗护三邻。窦建德曾经是里长，对村里人十分照顾，群众也十分拥护和爱戴他。当初窦建德的老父亲驾鹤西游之时，十里八村的乡亲们自发地来送葬，足足有一千多人。

窦建德依靠自己的威名震慑了高士达，保住自己的村子免遭强盗洗劫，却给自己的家人带来灭顶之灾。

在一个月黑风高的夜晚，隋军逮捕了窦建德的家人，以私通高士达的罪名残忍地杀害了手无寸铁的妇孺。

窦建德的性格当然无法容忍这样的事情，于是，带领自己手下那两百士兵投奔到高士达门下，由一个大隋朝的拥护者变成以推翻大隋朝为己任的农民起义军。

窦建德仗义疏财，与士兵们同甘共苦，他的队伍也不断壮大，已经可以严重威胁到周边地区隋朝官员的生命和财产安全，涿郡通守郭绚带领一万多士兵来清剿高士达和窦建德。

高士达这人并不是有理想、有抱负的大人物，当初起义就是为混口饭吃，他很有自知之明，知道自己的智商和情商都比窦建德低那么一点点，于是，交出大权，让窦建德做大头领，指挥这次关系到生死存亡的战役。

人人都想当老大，平时打家劫舍的时候不需要什么水平，高士达稳坐第一把金交椅，窦建德也不会有出人头地的机会。

窦建德和高士达不同，是个标准的有理想、有抱负、有文化、有谋略的“四有青年”。这样摆在自己面前的好机会当然不会错过，他可不想将来有一天像至尊宝一样痛哭流涕地说：“曾经有一份真诚的爱情放在我面前，我没有珍惜，等我失去的时候，我才后悔莫及，人世间最痛苦的事莫过于此……”

窦建德掌管军队之后有如猛虎归山，蛟龙入海，充分地发挥出潜能。

有些人就是为在乱世称霸一方而出生的，窦建德刚好就是这样的人。

面对郭绚的一万多官军，窦建德表现出令人叹服的勇气，他让高士达留守，保护好这些年抢回来的金银珠宝和各种军事物资，自己带领七千农民起义军直奔郭绚冲去。

社会上的有志之士对窦建德交口称赞：“初生牛犊不怕虎……真的勇士敢于用农民正面对抗隋军……他永远是里长中的楷模……反隋义士非他莫属……”

然而，这些人夸到一半的时候都把嘴闭上了，想了想又张开嘴，重新组织语言开始谩骂：“四有青年也背信弃义……他就是一个卖主求荣的畜生……贪生怕死的胆小鬼……他全家的在天之灵怎么安息啊……

人不可以无耻到这个地步……”

原来，窦建德带着这七千农民起义军的精锐部队准备去投靠郭绚。

“会不会是诈降？”郭绚不是傻子，有此疑虑也在情理之中。

高士达用实际行动消除郭绚的疑虑，大骂窦里长背信弃义的同时，咔嚓一刀砍了窦夫人。

窦建德这人虽然忘恩负义，但在儿女私情上是个不折不扣的大情种。得知老婆被杀，立刻把降书送到郭绚手中，表示定要亲手杀掉高士达为爱妻报仇。

郭绚出师大捷，未动一兵一卒就收了窦建德和七千杂牌军，心中十分高兴，表彰完窦建德的明智之举，然后派他做先锋，直捣高士达老巢，高士达的那些金银珠宝和军事物资很快将成为自己的囊中之物。

郭绚舒舒服服地坐在中军帐里，等着窦、高二人火拼，两败俱伤之后，自己坐收渔人之利，这会儿，他已经把用来装金银珠宝的口袋都准备好了。

然而窦建德这个背信弃义的家伙竟然再次背信弃义，掉过头来给了郭绚致命一击，有预谋算无心，结局是在大家预料之中的。

郭绚逃跑未遂，阵前被斩，隋军大败，数千人丢了脑袋，窦建德还顺便收获一千多匹战马。

原来，这是窦建德用的诈降和苦肉计，高士达杀掉的并不是真的窦夫人，只是临时抓来的一个妇女。

窦建德一战成名！

人怕出名猪怕壮，这话还是非常有道理的，猪长得壮就快被杀了，人出了名就容易遭人恨。

郭绚用自己的死成就了窦建德的威名，同时，也让杨广恨上了窦建德。

前文中说到杨广手下有个大臣叫杨义臣，他曾经剿灭河北地区的几十万的农民起义军，此时，正是他的事业上升期，杨广再次委以重任——剿灭窦建德。

杨义臣的丰功伟绩是靠残杀农民起义军获得的，他知道杨广喜欢杀戮，杀得越多越高兴，做臣子的当然是要哄着皇帝高兴。

杨义臣在对窦建德下手之前顺道剿灭了另外一伙由张金称率领的

农民起义军，手段一如既往的残忍，不留任何活口，就算投降也全部杀掉，张金称的残部不能投降，只好选择继续做农民起义军，没了老大，只能重新换个老大，都去投靠了窦建德。

事情经常是有两面性的，能够认清事情两面性的人就是高人。

杨义臣杀人不眨眼的两面性：一面是把敌人逼上绝路；另一面是令自己手下嗜血成狂，勇不可当。

窦建德部队收了很多张金称残部的两面性：一面是壮大了自己的队伍；另外一面是残兵败将太多影响整体士气。

窦建德是高人，他充分地意识到这些，仅仅意识到这些还是不够的，更重要的是怎么能把敌人的优势变成劣势？又怎么能把自己的劣势变成优势？

这个问题难不倒窦建德。

最正确的选择就是：避其锋芒，待其疲敝。

从心理学角度分析，刚刚取得胜利、士气正盛的将士们更加急于建功立业，他们觉得自己就如同神一样的厉害，对方都是菜鸟，迅速灭了菜鸟就能凯旋，获得皇帝的封赏，头顶着胜利者的光环，享受着万人敬仰的无限荣耀。

这样的将士如果不能像预期一样消灭菜鸟，他们就会心生烦躁，怀疑自己的能力，士气低迷，最终毫无斗志，任人宰割。

窦建德明白这些，并且向高士达表明自己的观点。

然而，在刚刚结束的与郭绚的战役中，高士达赢得太轻松，他认为隋军不过是草包、饭桶、待宰的羔羊，根本不听窦建德劝阻，毅然带领大部队冲出营寨。

结果，高士达把自己的人头送给杨义臣作为了见面礼，整个过程不过才用了五天时间。

窦建德虽然早有准备，率领精锐部队在险要的地方布防，但仍然无法抵抗杨义臣的连胜之师，窦建德边战边退，最终仅带领几百人逃到饶阳。

窦建德能够看出事情的两面性，也能够找到正确方法，但由于其他因素，结局依然很悲惨。

杨义臣此战赚得钵满盆满，漏一个窦建德也算不上什么，军功章已经不需要这几百个敌军的鲜血来渲染，于是班师回朝，向杨广汇报佳绩。

杨义臣撤兵，给了窦建德喘息之机。

窦建德占领饶阳，暂作休整之后，出来收拾被打散的部队，很快就搜罗了几千人，稍微调理一下便可以继续和大隋朝进行斗争。

长乐王崛起

和其他的农民起义军领袖相比，窦建德还有一个优点，就是他不对隋朝官员赶尽杀绝。

很多农民起义军在起义之前饱受当官的迫害，心理有些扭曲，打心眼里痛恨官员，基本上，起义军所到之处所有官员都要人头落地。

窦建德是想成大事的人，他才不会那么狭隘呢，与其一刀砍了，还不如收买人心，让他们归顺自己，壮大实力。

在这种方针政策的指引下，再加上杨广已经被李渊、李密等其他义军弄得焦头烂额，没精力考虑窦建德的问题，很快，窦建德便把自己的队伍壮大到十多万人。

公元617年1月，窦建德在河间郡乐寿（今河北省献县）修建了一个台子，登台自封为长乐王。

由里长到长乐王，窦建德实现了人生的一个重大飞跃，也是一个新的起点，他要从这里出发，统一天下当皇帝，那才是他人生的终极目标。

同年7月，翟让、李密的瓦岗军在洛口仓大量屯兵，直接威胁到东都洛阳，杨广为对付翟、李二人，派左御卫大将军薛世雄率领三万精兵从涿郡出发协助王世充剿匪。

薛世雄的部队路过乐寿的时候，刚好赶上窦建德称王，他想搂草打兔子，顺便把窦建德给收拾了，要是在消灭翟、李这两个土匪头子之前，先收拾一个长乐王肯定能讨皇帝开心，薛世雄这样的想法是没错的，于是，把矛头指向窦建德。

窦建德得知这个军情的时候相当不爽，因为他正在收着麦子，唱着歌，突然就被官军给搅和了，这事搁谁身上都会很生气。窦建德虽然生气，但并不莽撞，面对敌人的三万精锐部队，他选择战略性撤退。

薛世雄一看窦建德连麦子都不敢收，被自己吓跑了，心情顿时愉悦起来，同时也放松了警惕，开始庆祝胜利，那场面就如同已经把长乐王打回里长一样。

这个时候，窦建德的大营和薛世雄的大营距离也就七十公里，窦建德率领一个由二百八十人组成的敢死队作为先头部队，后续大部队井然有序地跟进。

第二天早晨，窦建德突然出现在薛世雄的面前，对于这从天而降的敌人，薛世雄毫无防备，只得手忙脚乱地开始迎敌。

也不知是天助窦建德还是天要亡薛世雄，这天竟然下起大雾，空气能见度极低，薛世雄的军队就这样在慌乱中被消灭掉。

薛世雄仅仅带着几十个随身护卫逃回涿郡，回去之后就憋屈病了，没过几天便一命呜呼。

窦建德打跑薛世雄之后，继续扩张自己的地盘，这次的目标是河间。河间守将王琮是个硬骨头，足足守一年多，就是不肯投降。

就在窦建德因为拿不下河间而极度郁闷的时候，竟然峰回路转，王琮投降了。

坚守一年多的王琮为什么会投降呢？

原因就是他的主子——隋炀帝杨广——死了，他自己在这里硬扛下去也没什么意义，于是选择出城投降。

【第十二章】杨广之死

主角：李密、杨广

配角：翟让、王世充、宇文智及、宇文化及、令狐行达等

事件：杨广所面临的问题主要是身边那些无所不为的奸佞小人和全国各地无尽的起义军，这些内忧外患终于为他敲响丧钟，这位不可一世的残暴昏君走到了安逸、奢侈的尽头，留给他的只有冰冷的屠刀和三尺白绫。这些几乎都是在大家预料之中的，令人想不到的是，举起屠刀的竟然会是……

李密该何去何从

隋炀帝杨广死了！这事是谁干的？

李渊说："我在长安呢，还没练成御剑术，不会千里之外取人首级，所以，这事肯定不是我干的。"

李密说："我还没拿下洛阳，也没攻破江都，所以，这事肯定也不是我干的。"

窦建德说："我在打河间。"

杨广说："好死不如赖活着，虽然隋朝已经破破烂烂，但我还没活够，所以，我肯定不是自杀。"

…………

这时，一个怯懦的声音响起："这事儿是我干的……"

"你是谁？我们怎么从来没听过？"各路头领几乎都不认识这个弑君之人。

不过，这也不能怪大家不认识他，他确实是个无名小辈，如果不是因为他杀了皇帝，史书中可能都不会记载这个名字——令狐行达。

令狐行达补充道："虽然是我动的手，但是，是宇文化及他们指使我干的。"

宇文化及可是杨广身边的大红人，他为何要杀杨广？

这事还得从李密和东都之围说起。

前文中说到，李密占领洛口仓，收了裴仁基、罗士信、秦叔宝、程知节等猛将之后，观望着东都洛阳的动静，此时的洛阳还有二十万大军把守，强攻难度很大，李密只能等机会。他等机会的时候也没闲着，而是展开舆论攻势，让手下列举杨广的罪状，还说："即使把南山的竹子都做成竹简，也写不完杨广的罪行；即使把东海的水全都弄过来，也洗刷不尽杨广的罪恶。"

李密控制着粮仓，让洛阳吃尽苦头，城中的人们已经揭不开锅了，但作为隋朝的第二个首都，这里依然能够体现出盛世之时的奢华，城中的绫罗绸缎堆积如山，大家辛辛苦苦运回来点粮食，就用绫罗绸缎来烧火做饭（《资治通鉴》记载，东都城内乏粮，而布帛山积，至以绢为汲绠，然布以爨。"爨"读 cuàn，烧火做饭的意思）。

洛阳都到这个地步了，就没人向正在江都吃喝玩乐的杨广汇报一下吗？

其实还是有的。当初杨广去江都之前，安排自己的孙子越王杨侗留守洛阳。在这危急时刻，杨侗也顾不上担心是否影响到爷爷娱乐的心情，派人向杨广汇报洛阳的情况。

使者告诉杨广现在李密拥有百万大军，坐拥洛口仓，已经在一步步包围洛阳，洛阳眼看着就要断粮了，现在杨侗需要陛下立刻返回洛阳主持工作，尽早消灭李密，免生后患。

杨广听完还真着急了，准备立刻起驾回宫，但是，那个人性异常光辉的虞世基将其拦住，说道："越王杨侗是个孩子，大家骗他的，如果洛阳真的被包围了，那使者是怎么来到我们这里的呢？"

杨广听后勃然大怒，痛斥使者，从此之后，再也没人敢向他汇报实情。

毕竟纸里包不住火，农民起义军的烽火终于还是刺激到杨广的神经，他开始四处调兵遣将增援东都。

这个时候李密该何去何从？战略思想应该是什么样的？盯着东都打，还是另寻突破口？这些问题深深地困扰着他。

作为李密的手下，理所应当在这个时候为主子分忧解难，在这些人中，柴孝和的想法看起来更靠谱。

李密起兵以来虽然大事都是自己做主，但柴孝和一直都在为他出谋划策，算得上是一个智勇双全的人物。

柴孝和认为盯着东都不是明智选择，应该让翟让守洛口仓、裴仁基守回洛仓，坚守这两个粮仓足以遏制东都的力量，然后，由李密亲自率领精锐部队西袭长安。

柴孝和的观点和李渊是一致的，长安是宝地，当年秦、汉都是在长安成就的帝王基业。如果能够占领长安，建立稳固的政权，再挥师东进，天下则尽在掌握之中。现在群雄逐鹿，你要是不早动手，别人抢先一步的话，那就追悔莫及了。（这话还真被他说对了，李渊就在他之前不声不响地入主了长安。）

李密对这个方案给予充分肯定，但并没有采纳，因为他认为还有其他情况柴孝和没有考虑到，那就是现在自己的手下大部分都是潼关以东的人，要是不先拿下洛阳，在中国中东部地区建立稳固的势力，士兵们很难愿意和他西征，就算是去西征，也怕军心不稳。

李密说得也有道理，无奈的是人生就是这样残酷，不会像我们玩电脑游戏一样可以在面临选择的时候给一个存档的机会，选择一条路走一下试试，此路不通的话再重新读取进度选择另外一条道路。

和所有人一样，李密在自己人生的岔路口上只有一个选择的机会，没有人知道，假如他选择另外一条路，中国历史将会是什么样子。

战争的泥潭

李密没有选择去西征长安，而是继续在这里和洛阳死磕。

洛阳城外打得热火朝天，三天一小仗，五天一大仗，互有胜负，都没有伤及筋骨，在这期间李密还被冷箭射伤过，还好伤得不重，养好箭伤之后继续指挥作战。

这仗从年初打到夏天，从夏天又打到初秋，双方都陷入战争的泥潭，对谁都不利，不过，他们还是各有优势。

杨广方面可以不断地从全国各地增兵回援东都。眼下，王世充率领江淮精兵，王隆率领邛都（今四川西昌）精兵，河北的韦霁和河南的王辩等人都率领各自辖区的士兵支援东都。

李密方面呢，一直稳稳地占领着洛口仓，另外一个回洛仓虽然被隋军抢回去过，但又被李密给反抢回来。

除了占领两座粮仓之外，李密方面也不断有生力军加入。

武阳郡的元宝藏带领全郡投降李密，对于这样的降将，李密向来是十分大方，高官厚禄保证让他满意，元宝藏被封为上柱国、武阳公。

元宝藏的加入还为李密带来一个人才——魏徵。

魏徵胸怀大志，博览群书，天生聪明绝顶，性格放荡不羁，爱好广泛，无固定职业，曾经还当过一段时间的道士。

元宝藏的辖区内除了魏徵之外，还有一个人才，他就是魏德深。

魏德深可以说是所有做官之人的典范，主要体现在三方面：第一方面，清正廉洁，这一点就不用说了，是所有当官者应该具备的；第二方面，用法不严苛，这点很多人也能做到；第三方面，能把自己的辖区管理得非常好。魏德深把这三方面都发挥到了极致。

当年杨广东征高句丽的时候苛捐杂税数以百计，很多地方的老百姓就是那个时候无法生活下去开始造反的，魏德深的辖区不但保质保量地交齐各项苛捐杂税，而且百姓生活依然保持较高的水平。

后来，杨广又征调军事器材，很多地方再一次乱了手脚，不分昼夜地加班加点，魏德深又是依靠自己的才能将工作组织得井井有条，轻轻松松完成任务。

元宝藏对于自己手下这么优秀的人才不但不提拔，反倒心怀嫉妒，把他往火坑里推，非要置他于死地。现在正赶上李密围东都，杨广四处征兵，元宝藏就让魏德深率领一千士兵支援东都，然后自己掉过头来投降了李密。

好心人劝魏德深投降李密，从当时的情况来看，这种投降并不丢人，反叛杨广这样的昏君也不算是背信弃义，然而，魏德深在这个问题上有些一根筋，他誓死要做大隋朝的忠臣，最终，他也如愿以偿地为国尽了忠。

以正合，以奇胜

此时，杨广已经被逼到悬崖边上，他也开始动起脑筋，眼下正赶上河南、山东地区发大水，老百姓没粮食吃，为收买人心，他下令打开黎阳仓放粮。

黎阳仓是当时天下数一数二的大型粮仓，和洛口仓相比毫不逊色。这个粮仓的位置现在已经不可考证，到底位于哪里没人能说得清楚。

对于杨广开仓放粮收买民心的做法，李密实在是看不下去，这样的事情怎么能让一个昏君去做呢？必须得像自己一样为国为民的农民起义军领袖来完成啊。

于是，李密派手下率领精兵攻占黎阳仓，然后开仓放粮。

以往开仓放粮，一般都是老百姓排着队拎着口袋，每人每天定量发放，在这非常时期，李密采取放粮的方式也和以往不同，不排队，不限量，打开粮仓，老百姓一拥而入，敞开了吃。

老百姓从粮仓出来后，一个个肚皮圆鼓鼓的，吃撑了之后，心情也格外舒畅，觉得李密是个大好人，不分男女老少全都成为李密的拥护者。

李密小弟暴增带来的效益就是十天之内多出来二十万军队。史料记载这是二十万精兵，我实在不敢苟同，十天前都是快饿死的饥民，刚刚吃了几顿饱饭，披上不算整齐的铠甲，拿起破铜烂铁就算是精兵了？

不过，就当时的情况来看，是不是精兵并不重要，人多力量大，气势足，威慑力强，这样又导致那些处于观望状态的墙头草们倒向李密。

势力进一步壮大的李密准备集中优势兵力发起致命一击，和杨广搞一场大决战，不然等到自己粮食吃没了，后果可是不堪设想。

现在，杨广一方的军事总指挥是王世充，他也在积极地备战，纠集十余万大军，要和李密一决高下。

就这样，两军以洛水为界，隔水对峙。

一向稳重的王世充此次竟然没沉住气，在一个月黑风高的夜晚，率军渡过洛水，在黑石安营扎寨。

第二天一早，王世充吃过早饭，留下部分士兵守营，自己带领精锐部队在洛水北岸列阵迎敌。

李密得到军情之后，毫不畏惧，率兵迎敌。

两军交战之后，正规军和杂牌军的阵地战水平就体现出差别来，李密大败，柴孝和掉进洛水淹死了。

强攻不行，只好智取，论计谋，李密还是高人一等。

李密率精锐部队袭击黑石，如果黑石失守，王世充就没了根基，无奈之下，王世充只好放弃优势退守黑石。

就在王世充仓促退守黑石的时候，李密半路截杀，隋军大败，王世充狼狈逃窜，回到老家之后坚守不出。

向来稳重的王世充这回为什么在没有寻找到合适战机的情况下出兵呢？他也是有苦衷的，现在隋朝的局面实在是惨不忍睹，战火都快烧到皇亲国戚的屁股了，他若迟迟不能完成剿匪任务，说不定哪天一道圣旨下来他就会人头落地。

此次刚刚兵败，越王杨侗就派来慰问团，这个慰问团表面上看是慰问，实际上就是督战。

王世充无奈只好再次邀战。

王世充是被迫作战，战前准备远远不足，李密却不同，他吸取上次的经验教训，知道硬拼不行，还得是应用《孙子兵法》中所说的：“以正合，以奇胜。”

按照惯例，仍然由翟让正面对敌，结果和以往一样很快败下阵来，然后王伯当、裴仁基等人从侧面杀出，王世充阵脚大乱，李密再统领中军猛冲。

这套战术可以说是屡试不爽，虽然老套，但效果极其理想，王世充再次大败而归。

有福难同享

人们常说：有福同享，有难同当。这话说起来容易做起来难。

翟让和李密这哥俩从创业之初到现在拥有几十万大军，并且距离皇位只有一步之遥，可以说经历无数的艰难坎坷，在战争血与火的洗礼中应该培养出无比深厚的友谊，然而，这友谊在利益面前还是不堪一击。

翟让的亲信王儒信劝翟让应该深谋远虑，手中把握实权，提防着点李密。翟让的哥哥翟弘更是直言不讳地劝说翟让应该自己当皇帝，不应该让给李密。

翟让对于这些善意的劝说并未放在心上，他不放在心上，并不代表别人也不放在心上。

这个世界上没有不透风的墙，这些说法渐渐地被李密知道了，李密怀恨在心，惦记着把问题彻底解决掉。

李密的心中一旦萌生出这念头就难以自制，并且越来越强烈，终于，在几个手下的撺掇下决定采取行动。

选了个良辰吉日，李密摆好酒席请翟让过来喝酒聊天。

翟让带着哥哥翟弘、侄子翟摩侯和王儒信等人一起前来赴宴，李密这边参加宴会的有裴仁基、郝孝德、单雄信等人。

酒过三巡、菜过五味，大家都吃喝高兴了，李密找个借口把自己的手下和翟让的手下支开，酒桌上只有翟让、李密二人和李密的贴身保镖蔡建德。

李密拿出一张宝雕弓，对翟让说："这是我刚刚收获的神弓，你看看如何？"

翟让拿起神弓，拉开弓弦，就在这时，蔡建德从他背后狠狠一刀砍了下去，翟让应声倒地，蔡建德毫不留情，上前一步手起刀落结束了一代枭雄的性命。

李密怕翟让黄泉路上太寂寞，随后又杀了翟弘、翟摩侯、王儒信等人。

杀掉翟让是除却李密一块心病，令他想不到的是，手下们开始不敢相信他了，就连翟让这样一起创业的人都下得了手，大家谁都难逃卸磨杀驴的厄运。

翟让这人文化水平不高，但生性豁达，讲义气，他也有不少缺点，比如贪财、鲁莽，但这都不是令其丧命的最根本原因，最根本原因还是"权力"。

当年翟让一手创办瓦岗军，坐第一把金交椅，那地位是雷打不动。后来，李密来了，翟让让出首领的位置，但李密这个老大当的还是不踏实，毕竟有些东西是不属于自己的，属于人家的东西随时有可能被人家拿回去，怎样才能把别人的永远变成自己的？在李密看来最好的办法就是把别人弄死。

这么看来，翟、李二人最终只能有一个活着，以翟让的水平怎么可能斗得过李密，因此，他的结局要么是战死于沙场之上，要么是枉死于萧墙之内。虽然后者更加窝囊，但翟让有选择的余地吗？

翟让的死令王世充很伤心。

你没有看错，很伤心的的确是王世充！（《资治通鉴》记载，及闻让死，大失望。）

王世充伤心当然不是因为和翟让有私情，而是另有原因。

原来，王世充早就看出来翟、李二人不会和平共处太久，迟早要爆发内战，他这边还等着翟、李打到你死我活、两败俱伤的时候，自己能出来捡个大便宜。可是没想到，翟让这么中看不中用，看起来挺猛的呀，竟然会在毫无反抗的情况下就被李密给收拾了，这样不但没有削弱瓦岗军的实力，反倒让李密一人做大，这下更不好对付了。

守株待兔

李密处理完内务，再放眼天下，他的心乐开了花，河南的各郡基本都投降了，就剩下荥阳太守郇王杨庆和梁郡太守杨汪还不识时务。

李密一贯的政策就是能不动武就不动武，动不动就杀来打去的那是没脑子人干的事儿，不战而屈人之兵才是上策，写封信就能招降一大批，那才是显示人类智慧的最好方法。

这时，李密又玩起心理战，给杨庆送去一封劝降信。

在各种战争中，劝降的书信数不胜数，真正奏效的并不多。其他那些劝降信没效果并不表示这方法不行，而是写信人的水平不行，李密在心理学方面的造诣远超心理学博导，信的内容归结为以下几点：

第一，杨广确确实实不是个好皇帝。

第二，如今已经天下大乱，形成“秦失其鹿，天下共逐之”的局面。

第三，你虽然和杨广有点亲戚，但古往今来舍大义而灭近亲的有志之士数不胜数，例如，微子背叛纣王逃到周，项伯背叛项羽降汉。

第四，杨广的朝廷内部腐败、肮脏，王世充等小人把持朝纲，为隋朝出生入死立下汗马功劳的人已经被他们残害得差不多了。

第五，事已至此，隋朝灭亡只是早晚的事情。

第六，你是否需要为自己考虑一下后路呢？

杨庆仔仔细细、认认真真地把信从头到尾、再从尾到头读了三遍，心理防线彻底被击溃，直接缴械投降。

此消彼长，隋朝的形势越来越不乐观，东都眼瞅着就要断粮，米的价钱翻了无数倍，一斗米已经卖到三千钱。

三千钱有多重？

隋朝时期用的是五铢钱，重量在三克左右，三千钱就是九公斤左右。

一斗米有多重？

隋朝时期的一斗米六公斤左右。

也就是你拿着一堆钱去买米，买回来的米还没有带去的钱重。

隋唐时期，太平盛世的一斗米也就十几钱到几十钱。

通过简单的数据不难看出，当时东都已经完全陷入水深火热之中。

对于这种情况，王世充一清二楚，他必须采取行动，不能这样坐以待毙。

在一个伸手不见五指的夜晚，王世充率领精锐中的精锐，人衔枚、马裹蹄，悄无声息地摸到李密营外。

就在王世充准备偷鸡摸狗的时候，突然，杀声四起，到处都是灯球火把、亮子油松，把战场照得如同白昼一般。

看到这场面，王世充气得想骂娘，骂娘也没用啊，赶紧打吧，还好今天带出来的都是精锐中的精锐，可是再精锐也没用啊，人家对方准备太充分，王世充再次大败而归。

王世充这看起来毫无破绽的偷袭不但不成功，反倒被李密给算计了，这是为什么呢？

原来，在这段时间里，隋军逃兵不断，有的逃到瓦岗军中，李密从降兵口中得知，王世充最近挑选精兵，在物质资源极度匮乏的情况下还大鱼大肉地犒劳士兵。

他这么做为的是什么？为的就是鼓舞士气，准备采取军事行动。他白天屡战屡败已经被打怕了，只能是晚上干点儿偷鸡摸狗的勾当。

于是，李密设好埋伏，守株待兔。

终于，在这个晚上等到了兔子。

谁当斫之

白天打不赢，晚上也打不赢，王世充已经没脸见人了。但是越王杨侗并不太考虑他的感受，王世充刚刚打完败仗，杨侗的慰问团又出现了。

王世充这个时候也顾不上脸面问题，向杨侗诉苦，说自己兵少，难以剿灭草寇。杨侗还真挺给王世充面子，立刻就派来七万士兵为他补充军力。

这时候的王世充已经彻底被打蒙了，根本制订不出来一个像样的战术，像一头被激怒的公牛一样横冲直撞，结果必然是被斗牛士刺得遍体鳞伤。

几天之后，王世充再次败得一塌糊涂，这次比前几次都惨，新补充的七万士兵几乎全军覆没，自己带领着几千残兵败将狼狈地逃到河阳（位于河南省西北部）。

为什么逃到河阳？因为，他把仗打成这样已经不敢回东都了，怕回去之后被军法处置。这种情况下平时拍马屁的优势再次体现出来，杨侗不但不怪罪他，反倒送来金银珠宝和一群美女安抚他受伤的心灵。

不管杨侗如何安抚，王世充都已下定决心，以后坚决当缩头乌龟，无论如何也不出战。

这次的胜利让李密的军事行动又向前迈进一大步，直接占据了金墉城，这座城虽然小，但位置好，坐落在洛阳城西北，距离洛阳城很近，近到在金墉城内敲鼓，洛阳城里能听见响声。

瓦岗军真是够坏的，没事就在金墉城里敲鼓，他们这鼓槌看似敲在鼓上，实则是砸在洛阳人的心房啊！

就这样，隋朝高官们脆弱的小心肝开始一个接着一个地崩溃，跑的跑，降的降，根本组织不起来有效进攻，只能凑合着防守。

洛阳已经这种情况，杨广就真的不管了吗？

杨广也想管，但他知道管不了了，这会儿，他正照着镜子对萧皇后说："好头颈，谁当斫之！"皇后只好安慰他，不要太悲观，实在不行咱就不回洛阳，在江南找个好地方继续当皇帝。

这话正中杨广下怀，杨广也是这样想的，地方都选好了，新的都城就准备定在丹阳（位于江苏省南部），以丹阳为首都，据守江东，长安、洛阳还有大片的中原领土都不要了，就在丹阳度过余生。

杨广这主意并不靠谱，眼光放长远点看的话，丹阳这个地方根本做不了都城，地势低洼，物产也不丰富，完全满足不了作为都城的开支，也无法支撑他供养大批军队。

杨广已经顾不上那么远的问题，眼前的事情足以让他焦头烂额。

杨广的御林军是杨坚组建并传承下来的，因为他们个个骁勇善战，因此又称作骁果。因为当初都城是在长安，这些骁果大多数也都是关中人，人在困境的时候格外思念家乡，再加上现在江都的粮食也不够吃，与其在这活活饿死，还不如逃跑，运气好还能活命。

这些骁果现在归司马德戡统领，骁果们天天跑，是否向杨广汇报呢？这个问题困扰着司马德戡，于是，他把自己的好朋友元礼和裴虔通找来商量对策。

三个人喝着闷酒，商量着这么棘手的问题。向杨广汇报吧，万一杨广心情不好可能当场就砍了你的脑袋；不向杨广汇报吧，万一被发现了也是在劫难逃。而且，还有一个问题令这几位十分担忧，那就是他们的亲属大多在关内和中原地区，那些地区基本都已被农民起义军占领，他们的亲属也很有可能已经加入反隋阵营中，万一哪天传来个消息：某某人的七大姑、八大姨混到叛军队伍中，那这人肯定难逃一死。

蝼蚁尚且贪生，何况是人呢？尤其是这些享受过荣华富贵的人，更加觉得能够活着享受生活实在是美好。

不想死就得离开杨广。于是，大家商量好准备一起逃跑，加入逃兵行列的人越来越多，这事竟然被萧皇后知道了，她立刻派个宫女去向杨广汇报情况，杨广不但不奖励宫女汇报军情有功，反倒怪罪她，说这不是她应该管的事情，一刀结果了宫女的性命，从此之后，再也没人敢向杨广汇报外面的情况。

杨广为何跟一个宫女过不去呢？

因为他也没彻底傻了，外面的局面大概也清楚，但他不敢、也不想面对这个事实，每天用酒精来麻痹自己，逃避现实，他可是曾经不可一世的皇帝，如今落魄到这般地步，这个事实让他难以接受。

有的时候死亡并不可怕，可怕的是等待死亡一步一步缓慢地逼近，自己又回天乏力，只能眼睁睁看着这一切发生。

炀帝之死

和司马德戡串通好准备一起逃跑的人越来越多，其中有这么两个人，一个是赵行枢，另外一个是杨士览，他们两个人人际关系中有个交集，这人就是宇文智及。赵行枢和宇文智及是铁哥们儿，杨士览是宇文智及的外甥，这两个人把逃跑的计划告诉了宇文智及。

宇文智及是个有思想的人，他对逃跑这事有点儿看法，他认为杨广此刻虽然已经落魄到一定程度，毕竟还是名正言顺的皇帝，这么多高级官员集体逃跑很可能激怒他，到时他一声令下派骁果追杀，那大家很可能死无葬身之地。

宇文智及的看法得到大家的认可，逃跑是存在这个风险，于是都想听听他的高见。

宇文智及琢磨半天，终于下定决心，咬咬牙，说道："大隋气数已尽，要不我们也落井下石，坑杨广一把。"

对于这个大胆的提议，大家不禁吓出一身冷汗，这些都是受过正规教育的人，他们的血液中流淌的都是"忠君爱国、君要臣死臣不得不死、君权神授、皇帝乃是真命天子……"的思想，并且这些思想已经刻到骨子里，他们和那些没受过正统教育的农民起义军可不是一类人，弑君篡位这样的事情想都不敢想。

大家左右权衡，最终还是决定为了活命放手一搏，管他什么皇帝呢，能活在这个世界上才是最重要的。

谁作领头人？大家商量好半天，决定让宇文智及的哥哥宇文化及当领头人，并制订出周密的计划。

按照计划，司马德戡等人开始制造谣言，和骁果们说：杨广听说骁果想造反，已经酿好毒酒，想要搞个大型宴会把他们都毒死。

骁果听后都吓坏了，纷纷加入反叛的队伍中。

反叛的风暴越酿越强大，终于，时机成熟了。

司马德戡集合城内叛军点火为号，和城外的叛军遥相呼应。杨广正喝酒呢，看见外面火光四起，便问原因，身边的裴虔通告诉他外面着火了，大家救火呢。

这个时候杨广根本没有想到手下人竟敢造反，因此依然饮酒作乐，直至此时此刻他仍不知道今天就是他享受生活的最后一天。

宇文智及等人在皇宫外面集合一千多精锐士兵，直接杀入皇宫，中途遇到几个抵抗的将军，都迅速消灭掉了。

就这样，叛军几乎不费吹灰之力就将杨广生擒活捉。此时的杨广没了往日的威风，丢掉了帝王的霸气，如同一只斗败的公鸡。

面对曾经的旧部，杨广百感交集，这些人都是跟随自己才享受到人间极致的荣华富贵，现如今全都选择背叛，要死也得做个明白鬼，不然到了阴曹地府阎王问起来都不知道怎么回答，于是，杨广问道："谁是主谋？"

“全天下都恨你，主谋怎么能是一个人呢？”这是杨广得到的答案。

被杨广压迫已久的大臣们今天总算出了一口恶气，组织华丽的语言开始数落杨广的罪行，唾沫星子横飞，差点把杨广淹死。

最终，大家说得口干舌燥，实在说不动了，也过够了瘾，派出一个小角色——令狐行达——勒死了昏聩无度的隋炀帝。

公元618年，杨广死了，对于这个皇帝终于可以盖棺定论。

杨广在位十四年，也是老百姓生活在水深火热之中的十四年。从他的主观意识来讲，是不可能想着干点什么好事的，但他主观为自己享乐的同时，客观上还是对中国的发展起到一定推动作用。例如，开凿大运河，开发东都洛阳，修建无数精美的宫殿和建筑，另外，他还开疆扩土，征讨突厥、吐谷浑、契丹等，增强了国际影响力，重开丝绸之路，威慑西域。他能取得这样的成就有两个重要原因：一个原因是得益于杨坚给他留下的坚实家底；另外一个原因是，这些成就都是建立在他对老百姓无尽的剥削和压榨的基础上，是老百姓用鲜血和生命成就了他的威名和骄奢淫逸的生活。

论智商，杨广并不低，通过他夺取皇位时采用的方法、手段足以看出他是个聪明人，然而是皇权蒙蔽了他的心智，普天之下他最大，根本不必动脑子，他说什么大家就得听什么，毫无民主可言，他这样缺少人道主义精神，犯下了反人类的罪行，与百姓为敌，终将不得善终，为后人所唾骂，遗臭万年。

后世有部分观点认为杨广并没有那么不堪，是大唐君臣联起手来抹黑他，其实，这样的说法很难站住脚，我们抛开直接的史料，从另外一个角度看问题，隋朝曾经四夷臣服、国泰民安，强大程度令人咋舌，杨广仅仅用十几年时间就能把这样的国家毁掉，正是因为他把“昏庸、残暴”发挥到了极致，超高密度的各项活动害死一批又一批的百姓，无比繁重的苛捐杂税把百姓逼得没有活路，不被逼到没活路的人会有几个想造反啊！

【第十三章】江山易主

主角：李渊

配角：杨侑、宇文化及、司马德戡等

事件：杨广死后，大隋江山几乎只剩下一座东都洛阳城，仅仅在那弹丸之地有杨侗可以代表隋朝发号施令，剩下的地方除了被起义军占领，就是属于宇文化及和李渊的。

李渊踏踏实实在长安壮大着自己的队伍，他的辛勤努力也总算有了回报，多年的媳妇熬成婆，光明正大地坐上皇位。

杨坚的后人

家不可一日无主，国不能一日无君，杨广死后需要找个人出来当皇帝，谁当皇帝最合适?

这个人就在眼前，他就是蜀王杨秀，也就是前文中提到的杨坚的四儿子，因为犯了错误被削去官职关进监狱，杨广当上皇帝之后并没杀掉这个亲弟弟，而是走到哪里就带到哪里，不过不是带他游山玩水，而是关押在骁果营中。不把亲弟弟带在身边实在不放心，怕哪个好事之人放了杨秀，推他当皇帝跟自己搞对立。这次来江都也同样带着杨秀。

为什么说杨秀当皇帝最合适呢，因为大家杀了杨广，总不能让杨广的儿子当皇帝吧，到时新皇帝万一要替父报仇，那这些人岂不是死得很惨。杨秀这些年来在杨广那里吃过不少苦头，肯定也相当恨杨广，最简单的思维方式就是——仇人的仇人是朋友，所以杨秀和大家是没有冲突的。另外，杨秀是杨坚的儿子，自身条件也还不错，可以说是根红苗正，当皇帝名正言顺。

但是，选杨秀当皇帝这个提案还是被否了。为了避免将来再有人搞这个提案，大家干脆把杨秀从监狱里面拉出来，咔嚓一刀砍掉脑袋，以绝后患。为了斩草除根，隋朝的血脉、近亲不分男女老幼基本上全部被送进了鬼门关。

杨秀死得很委屈，实在想不明白为何自己竟是如此下场。

想不明白是因为他笨。宇文化及、司马德戡这些人杀杨广就是想让大隋朝从这个世界上消失，怎么可能留下杨坚的血脉?因此，和杨坚关系最近的人就得最先死。

有血缘关系的清理干净了，剩下还有一些隋朝的忠实拥护者，例如来护儿、虞世基等人，他们也被送到阴曹地府继续伺候老皇帝和小皇帝了。宇文化及等人为了给这次叛乱披上一件华丽的外衣，还是得找个杨坚的血脉继承皇位。

这样的人相当不好找，咱们刚说完不能给隋朝翻身的机会，不然这些人都得死，现在还得堂而皇之的找杨坚血脉继承大统，那么宇文化及等人要保证这个血脉永远不会翻身，挑来选去，杨浩进入大家的视线之中，他也因此可以幸运地暂免一死。

杨浩是杨坚的孙子、杨俊的儿子，目前仅仅是个孩子，而且没有拥护者，想要翻身比登天还难。

杨浩这个皇帝当得相当窝囊，没有权力，也没有自由，说是皇帝，实际上就是个囚犯。

宇文化及做大丞相，所有国家大事都归他管，皇帝只是一个摆设。

同样是杨坚的后人，差距咋就那么大呢？长安那位隋恭帝杨侑虽然也是傀儡皇帝，可比这个杨浩强多了，最起码杨侑还有一定的自由，并且在某些方面还有一定的权力。例如，他刚刚下发诏书，送十个郡给李渊，朝中大小官员都归李渊管理，李渊可以随意提拔或者开除丞相以下的各级官员，并且，又给李渊加了九锡。

什么叫九锡？九锡是九种东西，分别是车马、衣服、乐器、朱户、纳陛、虎贲之士百人、斧钺、弓矢、秬鬯（jù chàng）。

这九种东西是古代的九种礼器，天子通常将这些东西赐给有特殊功劳的诸侯和大臣，也是最高礼遇的象征。这九种东西都有着特殊的意义，表彰不同的美德。

车马包括金车和兵车外加八匹黄马，赐给有德的人。

衣服包括祭祀用的礼服和祭祀穿的鞋，赐给能安民的人。

乐器就是演奏用的乐器，赐给能够与民同乐的人。

朱户是红色的大门，赐给管理老百姓多的人。

纳陛是一种台阶或者梯子，赐给那些能给皇帝出好主意的人。

虎贲指骁勇的战士，赐给那些除恶扬善的人。

斧钺是两种武器，赐给那些能够诛杀坏人的人。

弓矢专门指一种红黑色的弓箭，赐给那些能够征讨不义之人的人。

秬鬯是一种特殊的专门用来祭祀的酒，这酒用非常稀有的黑黍和郁金草酿成，赐给那些孝顺的人。

给谁加九锡，就代表这人兼上述美德于一身，那可是极大的荣耀。但是，杨侑给李渊加九锡的时候，李渊却拒绝了。这又是为什么呢？原来，这九锡之礼在尧舜禹汤那个年代是代表上述美德，等到后来的时候就已经变成篡逆者的代名词。王莽被加九锡，后来颠覆西汉；曹操被加九锡，他儿子曹丕建魏；司马懿、司马昭父子都被加九锡，后来灭魏建晋；桓玄被加九锡，后来灭晋建楚；南北朝时期，南朝的四位开国皇帝都被加九锡，后来都是自立门户当了皇帝。

有了这些前车之鉴，李渊当然要拒绝加九锡。第一，表示自己谦虚并不具备这九种美德；第二，表示自己对皇位不感兴趣，不想像王莽、曹操、司马父子一样谋权篡位。

小人组成的队伍

杨广虽然没什么人缘，死后也没什么人惦记他，但没人忠于杨广并不代表没人忠于大隋朝。

前文中提到一征高句丽的时候有个猛将叫麦铁杖，他战死沙场后被追封为“武烈”，享受国家给予的殊荣。虎父无犬子，他的儿子麦孟才如今也是能征善战的将军。

二征高句丽的时候还有一员猛将叫沈光，当时因为作战勇敢而被加官晋爵。另外还有一些和他们情况类似的人，这些人组成一个小团体，经常在一起聚会，讨论的话题就是大家都是受过大隋朝恩惠的人，现如今却要卑躬屈膝地为大隋朝的仇人服务，这不是大丈夫的所作所为，大丈夫讲究快意恩仇，应该恩怨分明。最终大家一致认为应该铲除奸贼恶党，诛杀宇文化及、司马德戡等人，重振大隋国威，并制订出行动计划。

然而，这群人勇武有余，智谋不足，都不是谋划大事的人，锄奸计划走漏了风声，宇文化及和司马德戡等人得到消息后迅速作出回应。

在武力冲突中，沈光带领手下数百亲信奋勇拼杀，没有一个肯于投降，最终全部战死，麦孟才也用自己的一腔热血证明自己是大隋朝最忠诚的臣子。

肃清大隋余党之后，宇文化及的地位更加稳固。有人说富贵不还乡如锦衣夜行，如今，大家比跟杨广混饭吃的时候更风光，于是也都惦记着回家乡显摆一下，这些人大多是长安人，因此，他们率领十几万人的队伍，浩浩荡荡地从江都出发直奔长安而去。

当初合伙杀杨广的这个队伍可以说是由纯小人组成的，一群小人混到一起可能会为共同的目的达成共识，但是，这种共识只能是暂时的，并且是不牢固的，一旦达成目的，他们就会开始各怀鬼胎，自己打着自己的小算盘，最终分崩离析，甚至反目成仇。

孔老夫子曾经说过："君子矜而不争，群而不党。"就是说君子庄重而不与别人争执，合群而不结党营私。孔老夫子还说过小人和君子刚好相反，并且，小人还有一些共同的特点，比如他们都是宽于律己、严以待人，他们求全责备，他们为了自己的一点蝇头小利不惜损害他人利益……杨广死后大家都过上了好日子，再也不用受那个暴君的折磨，然而这样的好日子还没过上几天，司马德戡等人就遇到了新问题。

有一天，司马德戡找赵行枢一起喝酒聊天，三杯闷酒下肚，司马德戡说话了："我真是被你坑惨了，当初要收拾杨广的时候非要找宇文化及这样的小人当老大，现在他表面上是大丞相，实际比那个皇帝还威风，看这发展势头，将来肯定是比杨广有过之而无不及。"

赵行枢也很委屈，当初他们这群人都是一个德行，就算不推宇文化及当首领，让他司马德戡坐第一把金交椅，现如今肯定也是这个局面。他心里这样想，嘴里不能这样说啊，嘴上说的是："当初我们能干掉杨广，今天他一个大丞相也不在话下。"于是，他们开始策划着再搞一场暴动。

宇文化及是好惹的吗？答案是否定的。

杨广刚死的时候，宇文化及的表面工作做得还算不错，封司马德戡为温国公、光禄大夫，统领骁果军。

这可是实实在在的权力，手握重兵在这个乱世确实非常重要。

没过几天，小人们各怀鬼胎、窝里斗的本质就充分表现出来，宇文化及为司马德戡升了官，升官的理由是司马德戡在诛杀杨广的过程中厥功至伟，上次封的官职无法彰显他的功劳，自己可是有功必赏、有过必罚的明主，不能对下属的成绩视而不见。

升官之后的司马德戡那是相当郁闷，由原来手握重兵的光禄大夫升为无一兵一卒的礼部尚书，职位是升了，实权却彻底被剥夺了。

这事儿给司马德戡带来的打击主要体现在两方面：第一，没了兵权；第二，宇文化及对他并不信任，或者说已经在开始防范他。

由一个人人惧怕的骁果军统领到一个光着屁股的礼部尚书，这个转变让司马德戡着实难以接受。

为了给自己找件衣服防身，司马德戡厚着脸皮找到宇文化及的弟弟宇文智及，把自己多年来积累的稀世珍宝毫无保留地拿出来，宇文智及禁不住诱惑，拿人钱财，替人消灾。

在宇文智及的帮助下，司马德戡总算可以统领一万多的散兵游勇，虽然远没有骁果统领那么威风，但至少不用光着屁股了。

这口气司马德戡是无论如何咽不下去的，于是，他和赵行枢等人率领各自手下准备偷袭宇文化及，事成之后由司马德戡当老大。

经历杨广被暗算这个事件之后，大家都格外小心谨慎，并且注重情报网的建立，免得不明不白成为刀下之鬼。

司马德戡等人还想像对付杨广那样对付宇文化及，结果宇文化及得到消息并早有准备，就在司马德戡等人尚未行动的时候，宇文化及先下手为强，假借打猎之名，以迅雷不及掩耳之势杀到司马德戡面前。

司马德戡衡量一下眼前的处境，知道是不可能见到明天的太阳了，与其把求饶的好话说尽再窝窝囊囊地被处死，还不如逞一把英雄痛痛快快地走上黄泉路。

司马德戡大骂宇文化及的祖宗十八代，标榜自己杀杨广的初衷是为解救天下黎民百姓，没想到杨广死后宇文化及比杨广还不是东西，因此才会准备再次为黎民百姓把宇文化及拉下马。语言上的羞辱对于宇文化及来说实在是没有任何实质意义，他脸都不带红一下的，也懒得说些废话，直接派人对司马德戡实施绞刑。吊死司马德戡对宇文化及威信的提高起到很大作用，杀鸡儆猴的效果非常理想，其他对宇文化及不满的人开始夹起尾巴低调做人。

宇文化及在内部基本实现万众归心，他的残暴手段完全不在杨广之下，大家都怕落得和司马德戡一样的下场，只能选择苟且偷生。

但是，外面的人可不怕宇文化及，就在他返回长安的路上，李密横刀立马拦住去路。一般情况下，对内爱耍狠的人对外都比较能装孙子，宇文化及面对李密的阻拦，连个屁都不敢放，乖乖地绕道而行，拨转马头直奔东都洛阳而去。

“旅游考察”

就在宇文化及改道洛阳的时候，另外一队人马已经悄无声息地先一步到达了，这队人马是由李世民和李建成率领的，他们此行目的并不是攻打洛阳，也不是来投靠李密，而是来考察的，看看各方面现在是什么情况，还有他们对长安李家是个什么态度。

李家兄弟带的人马也不多，大概十来万，虽然听起来不少，但和各个势力集团的兵力对比一下，简直就是一小撮儿。

现在的李家军名义上是不折不扣的官军，是隋恭帝杨侑的手下，此次他们打着杨侑的旗号命令洛阳开城迎接天子派来的访问团，然而，紧闭的城门就是李家军得到的答复。

通过洛阳的举动，李世民等人得到这样的信息，现在以越王杨侗为首的势力集团不买隋恭帝的账，也不认李渊是大隋子民，要想入主东都还得遵循“刀枪棍棒硬实力”这个基本原则。另外，进行深层次分析，还可以得知东都现在还是有能力自保的，如果他们难以自保的话就会有病乱投医，根本不会管隋恭帝是大隋天子还是傀儡皇帝，李渊是义兵还是叛党，能来帮助自己对付李密的就是朋友。

李世民此行还接触到李密的军队，两军既没有开怀畅饮，也没有打个你死我活，稍微试探性地对了一阵就各自撤兵回营。

通过李密的举动可以看出，他现在还没有实力两线作战，东都就已经让他手忙脚乱，没有精力和李渊为敌，但他也不想和李渊蹲在一个战壕里，一山容不下二虎，皇帝只能他一个人当。

此次考察还有一个重要收获，那就是当李家军驻扎在东都城外的时候，城中很多识时务者主动和李家兄弟联系，愿意做内应，配合李家军消灭这腐朽的隋朝，创造一个新时代。

考察的任务完成后，李世民和李建成一商量，在这耗下去也不会有什么收获，战争形势瞬息万变，现在洛阳就如同惊涛骇浪的大海里面的漩涡中心，一不小心就可能被卷进海底，万劫不复。

君子不立危墙之下！聪明的李家兄弟选择先撤回长安从长计议。

洛阳可是大隋朝的东都，现在城中仍有数十万守军，岂是你家后花园，想来就来想走就走？这个时候，李世民的军事素养又得到充分体现，他预见到城里的隋军不会让他们舒舒服服地考察结束后拍拍屁股走人，肯定会派屠夫们来组织个欢送会，顺手牵走几只羔羊。

于是，李世民选择三处最理想的地点设下埋伏，然后大摇大摆地拔营起寨，向长安方向懒懒散散地开始撤军。正如李世民所预料的那样，李家军前脚儿刚走，洛阳城门就开了，城中涌出一万多凶神恶煞般的屠夫，准备收割肥美的羔羊。

屠夫和羔羊的角色不是一成不变的，在某些情况下羔羊可能是披着羊皮的狼，屠夫也可能是色厉内荏、外强中干的羔羊。隋军遇伏，大败而归，李家军一鼓作气追杀到东都城下，收割了四千多名隋兵的生命，为此次考察画上完美的句号。

李渊对此次旅游考察十分满意，尤其对杨侗更是感激不尽，临走还送份大礼，用四千隋军的性命壮了李家军的声威。这份大礼可以在三个方面发挥作用：

第一，让全天下的英雄知道他李渊是有实力的，随便一个考察团就能在洛阳城外肆意虐待隋军将士。第二，你李密围困东都那么久，跟隋军打得不可开交，我李渊随便派个小队过来就能把东都打得四门紧闭，我可不是好惹的，咱俩最好是井水不犯河水，不然，你可得付出惨重代价。第三，让东都城内的墙头草们看清方向，此次李家军来是踩场子的，下次再来的时候可就不这么简单了，何去何从尽快作出明确的选择吧。

通过李世民这么一折腾，大家看得更清楚，隋朝是真的要亡了，李家派来一小撮部队随随便便就把大隋打得屁滚尿流，赶快为自己谋出路吧，早换阵营不但能保住性命，说不定还能混个开国功臣享受新王朝给予的荣华富贵。

洛阳城内还真有反应快的，有想法立刻就行动起来。有个隋朝大臣叫段世弘，他联络一些志向相同的人准备配合李世民采取军事行动，结果李世民没给他们这个机会便撤回长安。

李世民为什么不吃下这到了嘴边的肥肉呢？这就是他的高明之处，“馅饼”和“陷阱”这两个词真的很容易让人混淆，古往今来，无数掉进陷阱的人都是受到馅饼的诱惑。

分析当下的情形，洛阳城是肥肉，但这肥肉里的骨头可是又多又硬。

第一根刺，隋朝的残余势力。杨侗、王世充仍然手握重兵，宇文化及也有数十万人马，其中还有又臭又硬的骁果军。

第二根刺，李密、窦建德等各路农民起义军。各路农民起义军的目的都是东都，谁先入主谁就是靶子，到时东都外面的人肯定会联合起来先把城里的人赶出去，然后再研究如何分赃的事情。

第三根刺，现在时机尚不成熟。各方势力都不弱，并没有拼到鱼死网破。另外，虽然李渊看起来已经是天下归心，但毕竟还是隋恭帝杨侑的臣子，做事情还是不能放开手脚，要等到杨侑交出皇位，李渊名正言顺了才好放开手脚大干一场。因此说，现在时间还不成熟。

李世民能对眼前的肥肉视若无睹，但并不是每个人都有一双火眼金睛能看到肥肉里面的骨头，例如李密，他就已经迫不及待地要咬这肥肉了。段世弘看李世民走了，只好临时改主意，派人和李密联系，双方一拍即合，决定里应外合让东都易主。可怜的段世弘等人的开国元勋梦还没做完就被王世充砍了脑袋。原来，事情在最关键的时刻走漏风声，王世充可不会放过任何蛛丝马迹，干净利索地把可能和这事有关系的人全部正法。

洛阳城内的墙头草再次打了蔫儿，大隋的国都总算又可以消停几天。

大唐开国

公元 618 年 5 月，隋炀帝杨广驾崩的消息传到长安。

最关心这问题的两个人表现得都十分令人满意。

李渊听到这个消息后，内心的喜悦肯定难以言表，支撑大隋的最后一根朽木终于化为齑粉，他一直苦苦等待的这一天终于到来了。

李渊对大隋的崩塌高兴到极点，表现出来的可不是这样的，他所表现出来的是号啕大哭，比死了亲爹还伤心。

李渊一边哭，嘴里还一边叨咕着：“我虽然不能在陛下身边尽忠，但心永远都是属于陛下的，最近我已经收拾好关中地区，正准备着去洛阳把那边的烂摊子也整理一下，然后继续辅佐陛下享受新生活，没想到陛下竟然先走了一步……”

大家对于李渊的表现十分满意，细心人看到眼泪是真的，哭声也够响亮。

戏，演得很到位！

李渊的表现博得大家热烈掌声，剩下就要看另外一个人的表现，这个人就是隋恭帝杨侑。

隋朝已经完蛋了，这是个事实，就如同秃子头上的虱子一样明显，这个时候杨侑可以硬撑着当皇帝，这就需要考验李渊的耐心，看看要撑到什么时候大家才会撕破脸皮，把关系搞僵，然后发动政变篡夺皇位。

当然，杨侑还可以选择另外一个做法，大家心平气和，就如同亲朋好友之间互相赠送点小礼物一样，把祖上传下来的大好河山轻描淡写地送给李渊，收礼者对收到礼物表示感谢，送礼者则表示：您太客气了。

杨侑做出了明智的选择，搬出皇宫，住进郊外的别墅，然后说当皇帝这份工作太辛苦，不想干了，决定提前退休，让李渊接班当皇帝。

李渊象征性地客气了一下，便大摇大摆地接了杨侑的班。

唐朝正式"注册成立"，李渊登基称帝，庙号高祖（庙号是古代帝王死后在太庙里追尊的名号，也就是说这个皇帝活着的时候并不知道自己是什么"宗"或者什么"祖"，由于庙号大多是人们最熟悉的这个皇帝的称谓，因此，本书会在该皇帝活着的时候称呼他的庙号），立大儿子李建成为太子，李世民为秦王，李元吉为齐王，其他皇亲国戚、有功之臣也都得到相应封赏，改换年号为"武德"。

也不知道另外几个农民起义军领袖知道这件事后作何感谢，多少人为了这个皇位拼死拼活，李渊这边已经在表面上不违背仁义道德的情况下轻轻松松地坐上龙椅。

杨广的死讯不仅传到长安，也传到了洛阳，越王杨侗即皇帝位，大赦天下，改年号为"皇泰"。

不过杨侗这皇帝当得比较憋屈，从权力范围来看，说是皇帝不过也就是一城之主，除洛阳之外，基本没有第二个城池听从他的号令。

从名声来看，正史承认的是李渊为唐朝开国皇帝，那杨侗就不可能再被正史记录为皇帝，因此，后世习惯称他为皇泰主，而不是杨侗皇帝。

让杨侗感到憋屈的不仅是上面两个原因，还有眼下的形势。

前文说到宇文化及不敢惹李密，把目标转向洛阳。当大家得知这个消息的时候，一片惊恐，先有李密围城，后有宇文化及捣乱，这让洛阳如何是好？就在这关键时刻，有个叫盖琮的大臣提出一个非常有创意的想法：赦免李密，不追究他以往对大隋朝犯下的滔天罪行，封他做大官，这可是名正言顺的官，不是农民自封的，条件就是和东都握手言和，共同抵抗弑君篡位的大恶人宇文化及。

【第十四章】李密的衰败

主角：李密

配角：王世充、杨侗、宇文化及等

事件：李密这辈子大大小小的事干了不少，这其中最主要的就是要将隋朝置于死地，以前给杨玄感出谋划策，也曾亲临一线和隋朝死磕，并曾长期围困东都洛阳。令人万万想不到的是，他现在竟然和皇泰主杨侗穿了一条裤子，变成隋朝的强力打手，这个一百八十度大转弯也改变了他的命运，让他走上一条衰败之路。

猫给老鼠当伴娘

最近李密的日子过得如何？

闹心！十分闹心！

首先，洛阳久攻不下，也不知道什么时候是个头。

其次，人家李渊已经坐拥宝地开始养精蓄锐，此刻正在闭关修炼，说不定哪天就会破关而出，那个局面他可不想见到。

再次，最近又杀出个宇文化及，手中握着数万骁果军，要是在名将率领下，这骁果军可是战必取、攻必克的队伍。

就在这个时候，手下给李密带来个好消息——盖琮求见。

对于盖琮的到来，李密十分意外，因为盖琮和以往从洛阳来的人不一样，以往那些不管当兵的还是当官的都是偷偷摸摸过来的，今天这个盖琮是光明正大代表杨侗来的，来的目的竟然是先赦免李密无罪，然后封他当大隋朝的官，条件就是收编他的队伍，这个收编也仅仅是名义上收编，实质上丝毫不会影响李密的实力。

李密是这样思考问题的：杨广这个家伙迟早我是要收拾的，现在宇文化及已经替我把这事儿办妥，我便无须动手；现在我和洛阳联手再把宇文化及收拾掉，趁机还能削弱一点儿洛阳的实力；然后我再把洛阳收拾掉，这样就可以踏踏实实当皇帝，当上皇帝之后再找机会收编或者消灭其他各路义军，那就天下太平了。

李密的如意算盘打得很响，洛阳方面配合得也很默契，就这样，大隋朝的头号通缉犯摇身一变成为东南道行军大元帅兼魏国公，两军阵前不共戴天的仇人转眼之间变成战友。

这个世界太疯狂，猫给老鼠当伴娘！

为表达诚意，李密送了一份礼物给杨侗，这份礼物就是一个叫于洪建的男人。

对于这份礼物，不光杨侗满意，大家也都十分开心，口水流了一地，竖起大拇哥称赞李密是个好人。

为何流口水？

因为，洛阳城长期被围，即便是当官的也快揭不开锅了，顶多吃点粗茶淡饭果腹，好久没吃到肉了。

在大家炽热的目光中，一锅香喷喷的红烧人肉做好了。

大家还记得杨广三征高句丽之后煮了一个叫斛斯政的倒霉蛋吗？今天，于洪建享受到了同样的待遇，原因是他是宇文化及的同党。（《资治通鉴》记载，皇泰主命戮洪建于左掖门外，如斛斯政之法。）

这样一来，东都很多人都开始喜欢李密，是李密让他们光明正大、理直气壮，甚至无须受伦理道德谴责地吃人肉，自然也就认为他是真心实意地归顺朝廷，是隋朝的大救星。

李密被封为魏国公，另外还封了一大堆的官衔，他的重要手下也都享受到隋朝给予的殊荣，例如，徐世勣被封为右武侯大将军。

这个世界上总会存在一些不和谐的声音，就在大家开怀畅饮，庆祝大隋很快就能摆脱困境重铸辉煌的时候，王世充气得拍桌子、砸椅子，大骂包括杨侗在内的这些人脑子进了水，跟强盗土匪勾搭成奸。想想也是，猫真的能踏踏实实给老鼠当伴娘吗？它还不是伺机要把老鼠当点心吃了。

王世充的深谋远虑没有得到大家的认可，反倒被误认为他和宇文化及可能有些不清不楚的关系，于是，朝廷内部的钩心斗角开始上演。

不过这场好戏李密是无暇欣赏的，因为宇文化及已经打到了家门口。

很傻，很天真

李密的头号敌人由洛阳变成宇文化及，先收拾掉他才能和洛阳决战。

正面对抗宇文化及的骁果军肯定不是一个明智选择，还好硬碰硬向来不是李密的作风，人家是靠斗智闯天下的。

近年来隋朝百姓基本上就顾着打仗，先是打高句丽，然后就是无休止的战争，根本没工夫种地，再加上天灾人祸全国上下粮食都紧张，除了像李渊、李密这样坐拥大粮仓的之外，其他人都得勒紧裤腰带，宇文化及也不例外，眼瞅着就是有上顿没下顿。

对于这个情况李密一清二楚，于是，他战术思想的核心就是一个字——拖，一直不和他大动干戈，就是要把他拖到没粮，让他活活饿死。

具体的操作方案就是“示好”，这个方案实施起来非常容易，李密的理由十分充分，他向宇文化及表示：咱俩之间一无怨、二无仇，而且还有共同点，我想杀杨广，你直接下手把他给干掉了，现在咱俩火拼实在没意义，打个你死我活让洛阳看笑话，那咱俩不都是大傻瓜吗！

宇文化及就是个大傻瓜，还真就信了李密，把勒紧的裤腰带松了松，长期营养不良的士兵们甩开腮帮子猛吃，反正这仗也不用打了，还有什么节省的必要吗？

宇文化及不但很傻，而且还很天真，认为自己的粮食吃没了可以从李密那里拿点过来吃，大家都是一家人嘛，李密的粮食多得吃不完，帮他吃点当然没问题。

就在宇文化及甩开腮帮子大吃大喝的时候，一个士兵的出现使他暴跳如雷，这个士兵是从李密那里逃过来的，因为犯了军法怕掉脑袋就跳槽到宇文化及这边，并且带来李密的军事情报。

宇文化及这才如梦方醒，原来李密一直在逗他玩。宇文化及是个非常耿直的人，被人耍了立刻就得展开报复行动，于是，带着全部人马找李密决斗。

两军开战，从早上七点，打到晚上七点，打得难解难分。双方各有优势，李密人多，宇文化及兵精，就这样足足打了一整天也没个结果。

就在两军打得难舍难分之时，一支冷箭给战斗带来转机。这支箭是谁射的并不重要，重要的是射在李密的身上，瓦岗军领袖当场滚落马下，昏死过去。

“射人先射马，擒贼先擒王。”李密从马上掉下来之后一动不动，大家都以为他见了阎王，轰地一下四散而去。

这就是农民起义军的特点，打顺风仗的时候一拥而上个个勇不可当，一旦被打败，逃跑时候素质低的特点便暴露无遗，无组织、无纪律，漫无目的地瞎跑，下场就是大多数都跑进鬼门关。

眼瞅着辛辛苦苦熬到现在的瓦岗军就要一战而亡，在这关键时刻，一个超级英雄站了出来，他就是那位“门神”之一的秦琼秦叔宝。

秦叔宝观察了一下李密的情况，还有心跳和脉搏，箭伤也不是致命的，立刻振作起来，一边保护受伤的李密，一边组织队伍反击。

战场上的瓦岗军逃兵得知李密没死，又掉头杀回来，宇文化及一看也没啥太大便宜可占，只得鸣金收兵。

这场仗双方都没占到什么便宜，不过，那支冷箭算是出了宇文化及胸中一口恶气，气是出了，肚子还是饿呀，粮食已经吃光光，想从李密那里要饭吃肯定不现实，要想强抢难度更大，李密坚守不出，他也毫无办法。

宇文化及被迫带领部队转移到汲郡（今河南省浚县附近），在那里搜刮军粮，手段之残忍令手下都看不下去，叛逃者越来越多。这逃兵逃得极其夸张，不是一个两个，也不是三五成群，而是以万为单位由将领带着逃，大多数都是逃到李密那里。

转眼之间，等到宇文化及清点人数的时候，傻眼了，就剩两万来人了，这点儿人已经成不了什么气候，对于这一点李密也是心中有数，于是，让徐世勣带领一队人马驻扎在此，牵制宇文化及，自己带领大部队又回到洛阳城外。

之后的一段时间里，宇文化及和徐世勣之间的小规模武力冲突也是时有发生，双方各有损伤，徐世勣也不贸然出击，基本都是坚守不出，宇文化及不敢太放肆，毕竟不远处的李密一直和徐世勣之间用烽火联系，他这边刚有行动，李密那边就会敲响战鼓。

宇文化及这边的日子越来越难过，整天借酒消愁，偶尔还会和他的弟弟宇文智及抱怨当初不应该对杨广下手，现如今背着弑君的罪名天下之大竟没有容身之处，手下的兵将也是陆陆续续地叛逃，眼看着自己就没什么好日子过了。

饱受精神折磨的宇文化及终于选择破罐子破摔，反正怎么都是死，不如当几天皇帝再死，于是，杀死当初他扶持的傀儡皇帝杨浩，自己坐上龙椅，设置百官，大张旗鼓地当了皇帝，改年号为“天寿”。

人们往往是缺什么吆喝什么，就像小气的人总说自己大方一样，这个时候的宇文化及就怕死，因此，才定了“天寿”为年号，他不想死，想寿与天齐。

宇文化及这个正统的大隋臣子做了不臣之人，李密这个冒牌的大隋臣子做得倒是有板有眼，每次打完胜仗都向大人——也就是皇泰主杨侗——汇报情况。朝廷内部上上下下欢欣鼓舞，都觉得李密是上天赐给大隋朝的一员福将，他一定能够挽狂澜于既倒，扶大厦之将倾。

大家对于李密的态度如此之好，以至于让王世充打翻了醋坛子，一直以来他可是隋朝的宠臣，如今，自己的地位让个强盗头子给抢走了，这口气无论如何他都咽不下去。当然，王世充对李密的恨不完全是私怨，另一方面的原因是王世充还算是个明白人，他知道李密不可能忠于大隋朝，迟早有一天会露出致命的獠牙。

可以说，王世充在这个问题上看得非常准，这倒并不能说明他有多聪明，只能说是其他官员们都在逃避现实，能过一天好日子就过一天，才不会管明天会怎么样呢。

此时，朝廷内部基本分成两派，一派是“亲李派”，另外一派是“反李派”，“亲李派”有好多好多人，例如盖琮、元文都、卢楚，“反李派”则是零零星星那么几个，这样一来，王世充显得极其不合群，就如同猪八戒进入女儿国一样扎眼。

为净化队伍，扎眼的总要被清除出去，再加上王世充的一些言论令很多官员听起来不舒服，于是，元文都等人商量着怎么拔掉这根钉子。

可惜的是这群乌合之众实在是做不了什么大事，刚刚制订出一个奇袭王世充的计划就走漏了风声。

王世充得到这个消息之后也不惊慌，召集手下最忠心的精锐部队发动兵变，仅仅一个晚上，洛阳城内就发生了翻天覆地的变化。

“亲李派”的代表人物除了个别投降快的之外，其他的基本被诛杀殆尽。王世充又趁此良机清除异己，他完全成为洛阳城的实权派人物，至于那个皇泰主仅仅就是一个摆设。

东都发生政变的消息很快传到李密耳朵里，他得知元文都等人被杀，王世充独揽大权控制着傀儡皇帝，立刻返回金墉城开始紧锣密鼓地备战，他知道自己和王世充之间有着不可调和的矛盾，必须通过战场上真刀真枪拼到只剩下一个为止。

梦见周公

洛阳的日子越来越不好过，一斗米已经涨到八九千钱。与此形成鲜明对比的是李密长期无条件、无限制地开仓放粮，粮仓没人把守，老百姓家里没粮就直接过来扛一袋子走。

这种不劳而获对老百姓的心理产生不小的影响，他们根本不知道珍惜这原本来之不易的粮食，经常有人扛着两袋子米走到半路累了就扔一袋子，米袋子漏了也不在乎，前面扛着米袋子走，后面撒一地，路上撒的米足足有几寸厚，洛水两岸的地上像上了一层白霜一样，仔细一看都是白花花的大米啊！（《资治通鉴》记载，自仓城至郭门，米厚数寸，为车马所践……洛水两岸十里之间，望之皆如白沙。）

通过对粮食的管理也能看出李密的心态，现在那是相当放松。在和王世充的对抗中，李密一直处于上风，再加上大败宇文化及之后，他的轻敌之心更盛，完全忽略刚刚和宇文化及的战争中自己也损失大量精锐这个事实。

瘦死的骆驼比马大，由老皇帝杨坚一手建立起来的那些骁果军很厉害，虽然人心散了，但放到战场上那都是不折不扣的杀戮机器，为消灭这群杀戮机器，李密付出惨重代价，现如今他的军事实力已经远不如从前。

与李密安逸的生活相比，王世充则是度日如年，虽然独揽大权当比皇帝还威风的臣子，但是，眼看着一群饿得两眼放绿光的手下，他真的已经到了悬崖边上，毫无退路，只能尽快和李密决战。

在心理学方面，王世充的造诣并不比李密差多少，从当初他取悦杨广的做法就能看出来。另外，人的潜能都是逼出来的，现在绝境中的王世充已经完全不输给李密。

王世充此次的战前总动员工作和以往有所不同，以往都是自己说，这次改成让别人说。他有个心腹叫张永通，这人看起来憨厚老实，怎么看都不像是会说谎话的人，他说的话大家从来都不怀疑。

张永通在公开场合当着很多人的面对王世充说："我已经连续好几次梦见周公了，周公让我转告您，他对您的敬仰之情有如滔滔江水连绵不绝，您是大隋第一贤臣，现在您应该尽快消灭城外的李密，辅佐大隋走向复兴、走向繁荣富强。如果您不立刻就找李密决斗，您和您的士兵都将受到上天的惩罚，不得好死。"（《资治通鉴》记载，乃诈称左军卫士张永通三梦周公……）

王世充也假模假样地宣誓，一定不辜负周公厚爱，尽快和李密决一死战。

很快，这个梦就在士兵中传得沸沸扬扬，大家为了免遭周公惩罚，也都希望尽快出战。

为把这个戏演足，王世充又特意修建一座周公庙，祭祀过周公之后，率领两万精兵义无反顾地走出洛阳城，在偃师列阵，等待李密的回应。

王世充已然出招，李密为了接好此招专门召开军事会议，商讨对策。

裴仁基首先表达自己的观点，现在王世充率精锐出来跟咱们决战，东都城内自然空虚，咱们避其锋芒，去攻打东都，如果王世充回军救援，咱们就撤兵，等他再出兵，我们再去骚扰，如此这般折腾几次，就把他们累垮了。

魏徵虽然一直都从事文职工作，但在军事上也有自己的见解，他认为最稳妥的方法还是坚守不出，任他王世充使出千条妙计，我们都当他在演猴戏，不等他把戏演完，也就饿死了，根本没必要和他刀兵相见，有本事他就自己来攻城，以他现在的实力守城都费劲，何谈攻城。

要是以往的李密应该会采纳上述两个办法中的一个，但是，现在的李密今非昔比，长期以来的顺风顺水让他极度膨胀，并且也有点儿着急当皇帝，不想等敌人饿死再去捡一座空城，那样还需要一段时间。

单雄信等人和李密观点一致，如今的王世充已经不堪一击，迅速给他致命一击就可以入主洛阳。

于是，李密派王伯当留守金墉城，自己带领精兵前往偃师和王世充对阵。

王世充的撒手锏

一生之中可以使人成功的机会并不多，而且转瞬即逝，但是，能够让人失败的机会却是层出不穷，只要被其中一个抓到就足够抱憾终身。

李密以往取得极其辉煌的成就，最近又被朝廷封为魏国公，距离皇位只有一步之遥。

然而，此次李密的决定将令其一败涂地，以往取得的成就也都付之一炬。

这个时候李密并不知道自己惨败的结局马上就要到来，他甚至梦想着通过这次大战彻底摧毁王世充的势力，然后再给杨侗施压，自己就能够顺应天意登上皇位。

王世充吸取以往的经验和教训，也明白了用兵打仗讲究以正合、以奇胜的道理，在大战的前一天夜晚他派了二百多名超级兵埋伏在战场旁边的山谷里，约定好什么时间发起致命一击。

第二天清晨，决战时刻终于到来，王世充率兵倾巢出动，大军黑压压一片席卷而来。

这个时候李密刚刚洗漱完毕，吃过早点，优哉游哉地晒着太阳，得知王世充杀过来的时候才开始排兵布阵，队形尚未展开，敌人便已杀到眼前。

虽然在时机上处于下风，但李密还是有优势，以往和王世充的战斗中胜多负少，瓦岗军在心理上不畏惧敌人，这在战斗中是非常重要的。

令人万万想不到的是王世充的阴险狡诈远在大家的预料之外，这次更是把这个诈发挥到极致。他事先找了一个和李密相貌吻合度非常高的人，经过精心化妆打扮之后，呈现在大家眼前的就是一个活脱脱的李密，这要是参加模仿秀肯定得第一。

两军激战正酣，王世充使出撒手锏，叫人把假李密绑得结结实实带到阵前，然后大呼："李密被擒啦！李密被擒啦……"

一时间，这个声音响彻两军阵前，隋军士气大盛，瓦岗军慌了手脚。

与此同时，山谷中的二百多超级兵携雷霆之威杀了出来，冲击李密的军营，就这样，原本胶着的战斗变成了一边倒的屠杀。

李密一看大势已去，顿足捶胸也难以挽回败势，只得带领一万多人逃向洛口。

如果李密能够安全退守洛口，重整旗鼓，要想挽回败局并非难事，然而，此刻洛口守将却彻底地改变了李密的命运。

洛口守将并非什么大人物，完全是个名不见经传的小角色，他的名字叫邴元真。

这个邴元真原来只是隋朝的一个县官，因为贪赃枉法犯了事，只得跑路，逃上瓦岗山。

江山易改本性难移，像邴元真这样的贪官污吏是不可能改邪归正的，当初翟让很喜欢他，李密碍于翟让的面子也没亏待他，手下们一直提醒李密不要养虎为患，还是找个机会一刀砍了踏实。

这话传到邴元真耳朵里，他就开始伪装，夹起尾巴做人，但一直怀恨在心，寻找机会反咬一口。

李密刚刚在偃师被打得狼狈逃窜，邴元真就和王世充勾结起来，约定好在洛水伏击李密。

李密被伏击，再次大败，仅仅带领一些亲信逃往虎牢关，单雄信和其他很多手下都投降了王世充，王伯当也丢了金墉城，退守河阳。

仓皇逃窜的李密心神大乱，想逃到黎阳重新整顿人马再从长计议，但是，也不知道哪个小心眼儿的手下说当初杀翟让的时候徐世勣差点当了翟让的陪葬品，现如今他守黎阳咱们能去吗？（后来的事情证明，这人果然是小心眼儿，人家徐世勣对李密那是绝对的忠心耿耿。）

就这样，李密错过了可能翻盘的最后一个机会，没有去黎阳，而是跑到河阳与王伯当汇合。两支部队会合到一起之后，互相看看对方都是毫无斗志，这样的队伍不可能继续作战，赶快找个安全的地方保住性命才是他们心中所想。

落魄的瓦岗军能去哪里？

现在天下三股最强的势力分别是王世充、李渊和窦建德。

投靠窦建德。这个想法不靠谱，窦建德能和李密在一个锅里吃饭吗？他肯定不会留一个那么像皇帝的人在自己身边。

那么，李密就只能去长安投靠李渊。

【第十五章】大唐开国战之浅水原战役

主角：李世民

配角：宗罗睺、薛举、薛仁杲、刘文静等

事件：李渊当上名正言顺的皇帝，李家军也彻底摘掉“杂牌军”“叛军”的帽子，变成标准的大唐正规军，队伍士气异常高涨，但是，另外一拨起义军首领薛举并未被这场面吓唬住，率领大军浩浩荡荡来到浅水原，大唐迎来开国第一场大仗，然而，常胜不败的唐军竟然输给一场疟疾。

几个月后，浅水原再战，薛家军还会那么幸运吗？

一腔热血

对于李密的到来，李渊万分高兴，原因主要有两方面：第一，李密手下有一些精兵强将，他们的到来可以壮大唐军队伍；第二，李密的投降在舆论上具有极佳效果，像李密这样造反势力的佼佼者都在李渊面前低下高贵的头颅，其他人是否也应该识时务一些呢？

前段时间，不识时务的人还真不少。

当初李渊西征长安时绕开屈突通，这家伙却像狗皮膏药一样紧贴着李家军不放，虽然他已经掀不起大风浪，但不收拾了总是不踏实，给人一种癞蛤蟆上脚面——不咬人恶心人的感觉。

刘文静一直负责牵制屈突通，刘文静军事才能是一般般，对付毫无斗志的屈突通还是绰绰有余的，屈突通的日子越来越难过，有些头脑灵活的手下就劝他投降，如今隋朝大势已去，早点为自己谋出路吧。

屈突通悲愤交加，哭着说道："我身为大隋两位皇帝的臣子，深受皇恩，如今得到的一切都是两位皇帝给予的，大难当头之时，怎能不思图报，反倒落井下石呢？"

屈突通也知道现在自己想要报效大隋也已无力回天，他经常摸着脖子说："我就应该和李渊拼个鱼死网破，把这颗大好头颅献给大隋。"

不过，令人遗憾的是他一直没有这样做。

当屈突通听说李渊已经入主长安，被杨侑封为丞相的时候，他就傻眼了，自己的家眷都在长安啊！

好在李家父子仁慈，再加上也知道想要得到天下不能靠杀戮，怀柔才是硬道理，屈突通的家眷连一根汗毛都没伤到，他的儿子屈突寿还被封了大官。

为了搬来救兵夺回长安城，屈突通派手下镇守潼关，自己返回东都向朝廷汇报情况。他前脚刚走，后脚潼关就向刘文静递交了降书。

去往东都的道路并不平坦，屈突通走着走着就被一队人马拦住去路，抬头一看，竟然是熟人，而且熟得不能再熟，熟到那人得管他叫爹。

当屈突寿跪在面前苦苦哀求他投降的时候，屈突通真是百感交集，投降的话一辈子英明就完了，还会陷入背叛旧主的深深自责之中；不降的话能怎么办？难道亲手杀了自己的儿子，再自杀以报朝廷？

屈突通回头看看跟随自己多年的部下，他们大多都是关内人，亲戚朋友什么的都已经成为李渊的子民，他们没别的选择，已经扔下手中兵器，放弃抵抗。

屈突通仰天长叹，跪倒在地，朝着洛阳方向行三拜九叩大礼，声泪俱下地说道："臣已经尽力了，今天放弃抵抗实属无奈，并非想辜负国家。"

屈突通跟随唐军回到长安之后，被封为兵部尚书、蒋国公。他刚刚走马上任，李渊就给他分派了一个艰巨的任务。

当初屈突通自己率领部队支援长安的时候，派尧君素代理河东事务，现在河东城在尧君素的领导下依然是隋朝地盘，李渊想把这块地盘变成自己的，于是，派屈突通前去招降尧君素。

按理说这个任务不是很困难，当初屈、尧二人是同事，又是上下级关系，两人都是有志之士，关系处得很不错。

河东城下，屈突通见到了自己的老部下，望着尧君素身边大隋的旗号，屈突通心如刀割，泪如泉涌。

来这里是有正事办的，不能哭起来没完啊，稳定一下情绪，屈突通对尧君素说："隋朝大势已去，唐王高举义旗，剑锋所指应者云集，事情到了这个地步，我们坚持抵抗只是在做无谓的牺牲，到这边来吧，这是历史的潮流。"

尧君素怒目而视，指着屈突通的鼻子破口大骂："食君之禄，忠君之事，皇帝给你军队让你保卫国家，你却背信弃义，投降叛军，现在竟然还有脸做说客，赶快从我眼前消失，我再也不想见到你。"

屈突通还不死心，继续说道："我已经尽力了，投降也是没办法的选择。"

尧君素针锋相对地答道："我尚有余力，哪怕拼到只剩一兵一卒，也要为大隋流尽满腔热血。"

屈突通无言以对，灰溜溜地逃回长安。

最终尧君素被手下人出卖，为大隋献出宝贵生命。

尧君素杀身成仁，如同一颗流星划过夜空，在人们心中留下一声叹息：中华民族悠久的历史上有很多很多他这样的仁人志士，是他们将历史的长河用一腔热血渲染得如此丰富多彩。

多了一个皇帝

在这段时间里，除屈突通和尧君素之外，还有一些人也给李渊添了不少乱，其中有个典型代表就是薛举。

隋末的起义军基本划分成两大类：第一类是农民出身，第二类是隋朝的官员或者贵族。薛举属于第二类，他虽然不算什么贵族，但家大业大，而且是隋朝的大官。

薛举是河东汾阴人（今山西省万荣县附近），后来全家搬到金城（今甘肃省兰州市）。此人长得高大威猛，善于骑马射箭，武功相当了得。家族产业非常丰厚，具体是做什么买卖的现在已经无法考究，总之就是非常有钱。除了家庭条件优越之外，薛举个人也很有上进心，担任金城府校尉，校尉相当于中级军官，地位仅次于将军。

要是在和平盛世，像薛举这样的人物估计也就是碌碌无为、花天酒地地度过一生，隋朝末年这样一个乱糟糟的时代给薛举提供了施展自己本事的平台，让他的一生过得轰轰烈烈。

公元 617 年，薛举和他的儿子薛仁杲（这个老薛家和后来的薛仁贵没有任何联系，名字相似仅仅是巧合而已）遇到一个极佳的机会，让他们的人生从此与众不同。

这一年，金城附近很多饿得眼放绿光的灾民在给官府添乱，金城守令郝瑗最痛恨的就是这种刁民，没粮食吃饿死算了，干吗出来影响别人享受生活？于是，一声令下召集数千人，让薛举率领他们去帮助刁民摆脱痛苦，早登极乐。

薛举对于这些可怜的老百姓还真下不去手，思前想后，走上了一条不归路，把郝瑗及一干贪官污吏关进大牢，然后开仓放粮，这就算是公开和大隋翻脸，自立门户了。

造反得给自己加个比较威风的名号，既能扩大影响力，又能吓唬敌人。薛举给自己加的名号是西秦霸王，通过这个名号就能看出来薛举必将有个悲惨的结局，想当年项羽叫西楚霸王，最终自刎于乌江，现如今薛举竟然效仿项羽叫西秦霸王，他的结局能比项羽好多少呢？当然，这只是戏言，不过从另一个角度分析，也可以得出同样的结论，“霸王”这个词过于刚猛，俗话说“物过刚则易折，善柔方能不败”，薛举用这样的称号是性格使然，这样的性格很难取得最后的成功。

薛举不是神仙，不会知道自己的结局如何，不过眼下的形势让他心里十分舒坦，起义没多久就已经有好多好多农民誓死效忠于他，清点人数，足足有十三万之多。

一夜暴富的薛举开始变得不淡定，“西秦霸王”这个称号已经满足不了他的需求，于是，隋末少了一个霸王，多了一个皇帝。

薛举定都秦州（今甘肃省天水市），封薛仁杲为太子，设置百官。

当上皇帝之后，薛举开始更加不安分，准备吞并其他农民起义军队伍壮大自己势力，他首先把魔爪伸向扶风（今陕西省凤翔）。

当时这个山头是被李弘芝和唐弼两个人占领的，李弘芝和薛举一样也是皇帝，部队归唐弼管，能打仗的和不能打仗的军队加起来大概有十万。

薛仁杲领父皇命令率兵攻打扶风，结果颗粒无收。

薛举一看强攻不行，眼珠一转便改成智取。他派手下做唐弼思想工作，挑拨唐弼和李弘芝的关系。这个唐弼还真是个二百五，相信了薛举的甜言蜜语，杀掉李弘芝准备到薛举这边享受荣华富贵，结果，薛举翻脸不认人，偷袭毫无准备的唐弼，一战定胜负，打跑唐弼，占领扶风。

原本一夜暴富的薛举现在可以说是富得流油，再次清点士兵的时候发现差不多有三十万，这让他更加的不淡定，以至于想当个实至名归的真皇帝，于是将矛头直指长安。

不过，他还是晚了一步，这个时候的长安已经是李渊当家作主，他可不像隋朝那样好欺负，薛举也能认识到这点，开始纠结是否出兵。

就在薛举纠结的时候，李渊果断选择出兵，派李世民带兵四处扩张势力，不是向东都，而是向西方，薛举的势力范围正好就在长安以西，这就难免要发生摩擦，当假皇帝遇到真命天子的时候差距立刻暴露无遗。

两军阵前，李世民威风凛凛、杀气腾腾，催动战马直冲敌军，薛家军象征性地抵抗一下就开始玩命地跑，数千个脑袋成为李世民的战利品。

此战过后，薛举开始思考一个问题：硬撑着继续当这个窝囊皇帝，还是投降李渊当个风风光光的大臣？想来想去也没个结论，只好征求手下意见：“从古到今有皇帝向别人投降的吗？”

薛举有个手下叫褚亮（后来的唐朝“十八学士”之一，他的儿子褚遂良更是官居宰相的辅政大臣），博古通今，非常有才华，具有敏锐的战略眼光，他分析当下形势，李渊可以说是占据天时地利人和，十分有可能是最后的赢家，以薛举的能力很难和他对抗，投降是个明智的选择。

褚亮答道：“有，古时候越王赵佗投降汉高祖刘邦，蜀王刘禅投降晋朝，这样的例子比比皆是。”

薛举手下不都是明白人，大多数人认为投降那是懦夫的行为，屡败屡战才是大丈夫所为。

郝瑗（薛举起义后郝瑗非常识时务地选择投降）作为主战派的代表提出自己的观点：“想当初汉高祖刘邦和项羽斗争很多年，基本上就没有赢过，屡败屡战，最后在垓下一战大胜，就赢得江山。咱们怎么能因为才输一次就放弃帝王梦呢？”

薛举也想当皇帝，他听郝瑗这么一说立刻就从失败的阴影中走了出来，继续雄心勃勃地做着帝王梦。

郝瑗又继续献计献策，让薛举联合突厥人一起对付李渊，结果突厥那边人犹犹豫豫，薛举也就没敢轻举妄动。

公元618年6月，薛举发起反击进攻泾州（今甘肃省泾川县北泾河北岸），当时，泾州是李渊的地盘，李渊当即派出秦王李世民迎敌。

两军在浅水原对垒，这回薛举运气不错，还没等开战，李世民就得了疟疾，卧床不起，他卧床不起就无法作战，只好把军事指挥权交给刘文静、殷开山二人，并且再三嘱咐他们挖好深沟，修好壁垒，坚守不出。

殷开山和刘文静跟随李世民打过很多仗，基本是每战必胜，渐渐地就认为打仗其实很简单，轻轻松松就能打赢。

殷开山对刘文静说：“秦王不相信我们的军事才能，怕我们战败，才让我们防守。现在敌人得知秦王病重肯定疏于防范，我们出奇兵定能取胜。”

刘文静觉得殷开山说得有道理，再加上立功心切，于是背着李世民与薛举开战。刘文静的军事才能实在太差，在血雨腥风的战场上手忙脚乱，唐军大败，李世民拖着重病的身体撤回长安。

薛家军乘势进攻宁州（今甘肃省宁县），郝瑗劝他应该一鼓作气直捣长安，薛举也正有此意，但是，命运跟他开了个大玩笑，就在准备大干一场的时候，病魔夺走了他的帝王梦。

针尖儿对麦芒

薛举死后，薛仁杲即位，带领薛家军继续和李渊争天下。

与薛举相比，薛仁杲的综合素质要低得多，他在当太子的时候就和很多将领有矛盾，等他当皇帝之后大家心里都不踏实，怕遭报复。这样一个不团结的队伍肯定发展不好，实力越来越弱。

这个时候，身体康复的李世民再次卷土重来，薛仁杲派手下大将宗罗睺抵挡唐军。

李世民到达高墌（zhǐ）（今陕西省长武县北）后，敌人已经排好阵势，等着开战。但是，李世民丝毫没有要打仗的意思，把防御工事做得滴水不漏，待在大营里混日子，他能沉住气，手下将士可受不了敌人天天在外叫骂的窝囊气，纷纷请求出战。

李世民语重心长地开导大家：“哪，打仗呢，最要紧的就是打赢，打的过程过不过瘾呢是不能强求的；哪，现在受点窝囊气，那也是必须的，发生这种事呢，大家也不想的；哪，我给大家伙准备了二十年陈酿的好酒，要不要一起喝一杯？”

这套“TVB 体”安慰人的效果还是很明显的，大家高高兴兴喝完酒之后就各回各的大营了。

李世民坚守不出是有原因的，前不久就是在这里，面对的也是薛家军，他被打得狼狈逃窜，虽然是因为生病的缘故，但败了就是败了，再多的理由都是借口。那一战是大唐开国第一场大战，以前是打过很多仗，但那个时候李渊是大隋朝的唐国公，现在他已经接受杨侑的禅让，是唐朝的开国皇帝，大唐也已经正式成立，开国第一战惨败，不是好兆头，在哪里跌倒就得在哪里爬起来，此战必须要胜！而且是大胜！

李世民虽然年纪轻轻，但战争天赋是与生俱来的，再加上后天的努力学习，简直可以跟历代名将相比肩。眼下的形势实在不合适作战，敌人士气正盛，自己的部队还没有从失败的阴影中走出来。《孙子兵法》

中强调“势”在战斗中的作用，两军混战，基本都是胜利方的“势”压倒失败方的“势”，所以获胜的一方叫“势不可挡”，失败的一方叫“大势已去”。眼下薛家军“势”正强，己方“势”正弱，这个时候需要做的是消耗掉对方的“势”，培养起己方的“势”。

就这样，双方足足僵持两个多月，薛家军的粮食快吃完了，人心惶惶，有些将领就带领本部人马跳槽到李世民这边来。唐军这边人人都是憋了一肚子气，摩拳擦掌、斗志高昂，全会铆足劲儿准备拼命。

李世民一看时机已经成熟，可以开始收割，于是，让行军总管梁实在高墌城南的浅水原安营扎寨，摆出一副要和薛家军打野战的架势来。

宗罗睺等了两个多月等来这么个结果，真是让他欣喜若狂，这几天眼瞅着就要断粮，他还琢磨着撤兵呢，没想到天上掉下个大馅饼。根据当下的军力分析，打野战薛家军有绝对优势，他们的骑兵部队是首屈一指的。

宗罗睺也顾不上多想，对着馅饼就开始咬，率领军队围着梁实的大营猛攻。怎奈梁实大营的选址以及防御工事做得太完美，几天下来，任凭宗罗睺狂风暴雨，梁实依然是岿然不动。

就在宗罗睺吃不到馅饼，还把牙硌得够呛的时候，李世民又扔出一块红烧肉——派右武侯大将军庞玉率领部队支援梁实，但庞玉并未直接参战，而是在浅水原的南边摆开阵势。

宗罗睺一看搞不定梁实，就掉过头来准备吃庞玉。这次没有让宗罗睺失望，这块红烧肉还真是肥得流油。

庞玉节节败退，眼看着宗罗睺就要把胜势扩大为胜果。

就在这时，远处大地狂啸，尘烟四起，眨眼之间就到了薛家军身边，这股尘烟化作一把锋利的尖刀插进薛家军的后腰。当宗罗睺缓过神来才发现，这是由李世民亲自率领的两千精锐骑兵。

宗罗睺也不含糊，调转队伍朝李世民杀来，这可是针尖儿对麦芒，都是强者。

两强相遇勇者胜，李世民是当之无愧的勇者，梁实、庞玉也都迅速杀出，唐军将士个个勇不可当，刀枪起处，山前猛虎心惊；斧钺落时，海内蛟龙丧胆。

在三路大军合击之下宗罗睺丢盔弃甲，逃向高墌西北的折墌城。

宗罗睺战败的原因是多方面的，不过最主要的还是在于李世民那两千骑兵，宗罗睺一直以为自己的骑兵所向披靡，没想到李世民的骑兵更胜一筹，对于这支骑兵为何会如此骁勇，下文自会给各位一个满意的交代。

少了一个皇帝

李世民在自己跌倒的地方爬了起来，浅水原再战，大破敌军。

望着宗罗睺远去的背影，血透重甲的李世民擦了擦身上的血水（都是敌人的），换掉手中已经砍得破烂不堪的钢刀，重新跨上战马准备一鼓作气杀往折墌城。

李世民的舅舅窦轨一看这孩子难道疯了，刚打完这场硬仗应该整顿一下人马，养精蓄锐休息两天再战啊。于是，窦轨拦住李世民，让他别太冲动，先回城冷静一下。

李世民却说："如今天赐良机要是把握不住，岂不是要被人笑掉大牙？"说话间他已经带着骑兵扬尘而去。

当天下午，宗罗睺刚刚进城向薛仁杲报告惨败的情况，李世民的骑兵已经兵临城下。

薛仁杲觉得唐军刚到，立足未稳，而且长途奔袭定是一群疲敝之兵，可以趁此良机给他当头一棒，以报高墌惨败之仇。

两军相隔泾河对峙，薛仁杲手下一员大将被李世民的人格魅力深深感染，两军阵前倒戈投降，薛仁杲无奈收兵回城。

当天夜里，唐军大部队赶到折墌城下，薛仁杲终于在巨大压力下崩溃，第二天一早出城投降。

以长途奔袭的疲兵进攻以逸待劳的坚城，这种不按套路出牌的做法完全有悖于军事常识，为什么李世民会这样做，并且还能收到如此好的效果呢？

事后，李世民的分析令众人无不折服，他说："宗罗睺虽败，但薛仁杲精锐还在，若是给他们休整的机会，让他们重新整顿好人马，恢复信心，到时再打还是一场硬仗，他们现在刚刚被打蒙，趁着还没缓过

神来的时候继续施压，不给他们思考的机会，使其在心理上崩溃。”

公元 618 年 11 月，李世民班师回朝，押解着薛仁杲等一干俘虏拜见父皇。

李渊见到五花大绑的薛仁杲等人仰天大笑，终于出了一口恶气，薛举、薛仁杲父子二人最近可是让他吃了不少苦头，而且还杀死很多他的将领和士兵，现在可以用他们的鲜血来祭奠亡灵。

这时，刚刚投降过来的李密发表了自己的观点，他认为薛举和薛仁杲过于残暴所以才会有此下场，咱们要是和他们一样残暴岂不是也不会有好果子吃。

李渊是个明白人，知道该怎么做，他只是杀掉薛仁杲和几个重要战犯，其余人员全部赦免。

就这样，隋末又少了一个皇帝，薛举在乱世起兵，短时间内取得了辉煌的成绩，但他为人过于凶狠残暴，喜欢虐杀士兵，他的儿子薛仁杲论智慧，论武功都不是大才，在隋末这样一个大舞台上很难有立足之地，再加上他的对手又是李世民这样的奇才，因此，失败也在情理之中。

【第十六章】大唐统一路漫漫

主角：李世民

配角：刘武周、李轨、宋金刚、秦叔宝、尉迟敬德、泾河龙王等

事件：唐朝终于走上统一的道路，这条道路比任何人想象的都要难，沿途有太多的荆棘，而且都是致命的，稍有不慎，“唐”这个名字就会消失。这一路的荆棘有以前的盟友，例如李轨；也有已经把大刀指向长安的其他起义军，例如刘武周；还有据守东都的隋朝势力，例如杨侗、王世充；另外还有其他各路农民起义军，例如窦建德等人。面对如此多的强敌，我们只能感慨——大唐统一路漫漫啊！

原则问题

薛家父子牺牲自己壮大了李家父子的队伍，使得刚刚建立起来的唐朝声威大震，盛唐之路再次向前迈进一步，然而，前途还是布满荆棘，且不说据守东都挟天子以令诸侯的王世充，就是窦建德、李轨、刘武周、朱粲、萧铣等集团也没有一个好惹的，不摆平他们，李渊是不可能坐稳皇帝宝座的。

李渊在政治斗争方面极有天赋，再加上他从小成长的环境有助于在这方面能力的培养，就在前不久和薛举的斗争中他就充分利用了李轨的力量。

李轨于公元617年正式走上了造反的道路，裂土为王，原本属于杨广的凉州（今甘肃省武威市）成了李轨的地盘。

当时参与凉州造反的人很多，为什么偏偏李轨当了老大呢？

这个要感谢他爹，因为他爹姓李，他也就跟着姓了李。前文中提到民间谣传姓李的将取代姓杨的得到天下，谁也不知道是哪个姓李的会当皇帝，因此，大家对姓李的格外尊敬，李轨捡个大便宜，不费吹灰之力就当上一把手儿。（《旧唐书》记载，曹珍曰：“常闻图谶云‘李氏当王’。今轨在谋中，岂非天命也？”）

占领凉州的李轨自封为河西大凉王，区区一个大凉王并不能满足他的野心，为争地盘就和薛举打得不可开交，很快，张掖、敦煌、西平（今青海省西宁市）等地就成为李轨的囊中之物。

面对众多需要消灭的对手，李渊选择先对付和自己冲突最严重的薛举，这就需要先稳住别人，几经商讨，李轨就成了李渊的堂弟。

二人没有半点血缘关系，李轨为什么肯做李渊的堂弟呢？

李轨也有自己的打算，他和薛举结怨甚深，找棵大树做靠山可以踏踏实实扩张地盘。因此，二李就成了哥儿俩。

李轨肯当李渊的堂弟，但原则问题绝不让步，什么是原则问题？

当皇帝！这就是原则问题。

“你李渊当皇帝我管不了，但我也要当皇帝。”这就是李轨的真实想法。

李渊在长安登基，李轨在凉州称帝。

李渊对于李轨这个做法相当不满意。这个世界上只能有一个皇帝，那就是非我李渊莫属，这是原则问题。

在原则问题上出现的矛盾是绝对不可调和的，只能有一方选择屈服，或者被打到屈服。

李渊收拾完薛举之后，开始算计着和李轨解决一下原则问题。

李渊手下有个大臣叫安兴贵，他的弟弟安修仁在李轨手下做官，李轨的一举一动都在安兴贵掌握之中，因此，他主动向李渊请缨愿意出面解决这个原则问题。

李渊最大的特点就是知人善任，绝不浪费一个人才，把人才利用好一定会事半功倍，就拿解决李轨这事来说，要是用武力，至少也得组织个几万人的队伍，经过长途奔袭到了人家地盘后果还不一定怎么样，这事交给安兴贵来办，说不定一人一马就能搞定。

此时，正赶上凉州闹灾，李轨开仓放粮，大家吃得很开心，后来也不知道哪个缺心眼儿的给李轨出主意，让他不能这样惯着这群贱民，粮食自己留着吃多好，干吗给那些贱民啊！

这个李轨的脑袋跟口袋似的，随便下属往里装点什么都拿着走，不懂得百姓不但不贱，而且还是他事业的根本，竟然关上粮仓，赶走贱民，因此，每天都会饿死好多人，搞得天怒人怨。

安兴贵到凉州之后，摆事实、讲道理，和李轨分析天下大势，让他乖乖摘掉皇冠只承认李渊才是这个世界上唯一的皇帝。

安兴贵有两行伶俐齿、三寸不烂舌，无奈的是李轨在原则问题上毫不动摇，这个皇帝他当定了。

安兴贵的弟弟安修仁看问题还是很准确的，他看出来李渊才是真命天子，李轨不过是个赝品皇帝，于是，兄弟二人决定用武力解决问题。

安氏兄弟在凉州很有名望，再加上李轨不得人心，哥儿俩一忽悠，凉州城就出现了这样一群人，这群人从来没见过李渊，却发誓效忠大唐皇帝，愿为大唐事业尽自己绵薄之力，凡是不支持李渊当皇帝的人都是他们的死敌，李轨也不例外。

李轨出兵镇压叛乱，结果大败而归。安兴贵不失时机地发动舆论攻势：“大唐天子派我捉拿李轨，和他一伙的都要受牵连，诛杀三族。”

李轨本来就没什么忠实拥护者，再加上安氏兄弟这么一闹腾，大家就开始重新站队伍，基本都到大唐这边来了。

李轨大势已去，急火攻心，一时想不开就想自杀，安修仁眼疾手快没给他痛痛快快见阎王的机会，将其生擒活捉押送至长安。

公元619年5月，李轨在长安城被斩，又一个皇帝退出历史舞台。

李轨从造反到当皇帝，再到变成一个死皇帝一共加起来不到三年时间，在隋末算是昙花一现。他的失败根本原因在于不具备当皇帝的能力，属于被赶上架的鸭子，掉下来摔死只是迟早的事。

李轨能力不足表现出来的外部特征就是不能审时度势，明辨是非，分辨不出手下的忠奸。在对待百姓上，不能做到爱民如子，轻视百姓的作用，最终众叛亲离，轻易就被安氏兄弟逼上绝路。

英雄难过美人关

按下葫芦浮起瓢。

李渊刚刚解决完李轨的问题，刘武周就跳出来找他麻烦，真是一点儿喘息的时间都不给啊！

刘武周也是一个造反武装势力的头子，他闹事让李渊十分头疼，此人可不好对付，是个不折不扣的英雄人物。

为什么说他是个英雄？

因为，人们都说——英雄难过美人关。

刘武周造反就是因为一个美人。

刘武周出生在河间景城（今河北省交河县东北），后把家搬到马邑（今山西省朔州市），性格豪爽，骁勇善战。传说刘武周他妈怀孕的时候梦见一只大公鸡飞进自己怀里，后来就有了刘武周，在《说唐全传》中刘武周被称为二十八宿的昴日鸡下凡。

刘武周于公元612年加入杨广的官军，开始讨伐高句丽的军旅生涯。

三征高句丽，刘武周也算福大命大，没为大隋捐躯，还因为作战勇敢而被封为马邑的鹰扬府校尉。

马邑太守王仁恭对刘武周十分赏识，就让他做自己亲兵卫队的队长。亲兵队长为保护王仁恭安全，难免要经常出入后堂。高大威猛的刘武周拥有一身性感的古铜色皮肤，这对于王仁恭的女眷们实在太有吸引力了，其中一个小妾就开始眉来眼去地勾搭刘武周。

男的血气方刚，女的把持不住，就这样，刘武周就给王仁恭戴了一顶绿帽子。

事后，刘武周开始害怕，这事儿要是败露肯定得掉脑袋。

怎么办？

刘武周一咬牙：一不做，二不休，干脆把王仁恭干掉，这样就踏实了，反正眼下隋朝已经乱得不像样子，也不多他这么一个反贼。

杀上司要有个合理的理由，总不能跟别人说自己和大人的小妾好上了，所以才要杀他以绝后患吧？

其实，那个时候（公元 617 年）理由太好找了，老百姓们基本都在饿肚子，说王太守当官不为民做主，没让老百姓过上好日子，这样就可以名正言顺、理直气壮、光明正大地把他杀掉，同时，还能给自己披上一道拯救万民于水火的美丽光环。

找了一个合适机会，刘武周带领几十个亲信冲进王仁恭家中，手起刀落砍下太守脑袋，然后开仓放粮。

对于政治斗争这种事情，老百姓不懂，也不管，而且也懒得管，王仁恭这个太守的死活和他们一丁点儿关系都没有，不过，刘武周打开粮仓给他们粮食吃，这事就大了，那是百姓的大救星啊！于是，刘武周成为百姓心中的大英雄，他也顺理成章地成为马邑太守。

刘武周为自保杀死王仁恭当上马邑太守，这个时候如果没有外界因素刺激，说不定他就老老实实当这个不归皇帝管的太守了。可是，偏偏隋朝派人来剿匪，刘武周为了不被剿，就和突厥人勾结到一起，引外族贼兵对抗隋朝军队。

在突厥人帮助下，刘武周大胜，实力进一步壮大，随着实力的壮大，野心也在不断滋长，小小一个马邑已经容不下他，刘武周四处出击，攻城拔寨，抢来美女都送给突厥人，换来突厥的战马和军事上的支持。

转眼之间，除了马邑之外，楼烦和雁门两个郡也都成为刘武周的囊中之物。他的队伍越做越大，当他认为足够的大的时候，干脆黄袍加身，自封为皇帝。

严重失职

刘武周搞成这个样子，李渊有着不可推卸的责任，因为，刘武周搞破坏活动的地盘是归李渊管的，同时，抵御突厥人也是李渊的职责所在。他这个前太原留守本应管辖太原、雁门、马邑、楼烦和西河五个郡，现如今他只把自己的儿子李元吉留在晋阳看家，自己却跑到长安城当皇帝，这属于严重失职。

李渊也有自己的理由：不老老实实在太原当留守是因为现在天下大乱，不仅太原百姓需要我，全天下百姓都需要我，放弃太原留守不干，当皇帝是为了全天下；至于刘武周叛乱嘛，我也不是不想阻止，但实在是忙得抽不开身，这会儿薛举和李轨已经闹得不可开交，哪有时间想着刘武周啊。

李渊没时间想着刘武周，刘武周却时时刻刻惦记着他，队伍刚刚壮大就把矛头指向晋阳。

公元 619 年 3 月，刘武周和手下宋金刚谋划进攻晋阳，并对全天下打起主意。

4 月，刘武周联合突厥进军黄蛇岭（今山西省榆次北），齐王李元吉派车骑将军张达剿匪，唐军全军覆灭。

5 月，刘武周占领平遥。

6 月，刘武周占领介州（今山西省介休市）。

还好，这个时候李渊已经平定了薛举和李轨，没人分散他的精力，队伍也比以前更强大，终于可以管一管这个无法无天的刘武周。

李渊派出大将裴寂率兵抵抗刘武周。

9 月，裴寂在介州与宋金刚相遇。

在此之前宋金刚仅仅是个无名之辈，在魏刀儿手下混饭吃，后来被窦建德打得鼻青脸肿逃到刘武周那里，刘武周对于宋金刚的加入欣喜若狂，大有相见恨晚之意。

宋金刚的确是个将才，以前是没机会发挥，现在如鱼得水，大显身手，没有辜负刘武周的厚爱。

裴寂并非庸才，但在军事方面的确有所欠缺。他到达介州后扎营于城外，一直找不到破城良策，宋金刚也不着急出战，躲在城里装怂，装怂的同时还偷偷摸摸干了点儿坏事儿——破坏唐军水源。

唐军没水喝渴得嗓子冒烟，只好去寻找水源。就在唐军手忙脚乱找水源的时候，宋金刚打开城门大兵铺天盖地杀了出来。

裴寂在亲兵护卫下成功逃到晋州，其他人可没那么幸运，唐军几乎全军覆灭。

裴寂为了阻止宋金刚侵略的步伐，采取了应对手段——坚壁清野，这个方法就是加固城墙，同时把大野地里面的粮食、动物等能吃的都清理掉，让敌人攻城攻不下，又没有粮食吃。

这个方法用得好的话效果还是不错的，可惜眼下的形势实在不适合用这方法，本来老刘家和老李家打仗跟老百姓没太大关系，顶多是老百姓觉得原来老李家管理这片儿的时候对大家还不错，在战争过程中可以适当地帮帮老李家，可是现在裴寂无缘无故的烧了人家粮食，杀了人家鸡鸭鹅狗，人家才不管你打仗什么战术呢，总之，这仇是记下了。这么一来搞得民怨沸腾，有人甚至公开起来造反。夏县人吕崇茂振臂一呼，一群刚刚被裴寂烧了粮食杀了家禽的老百姓就跟着起义了，他们向刘武周示好，坚决拥护老刘家的统治。

宋金刚大败唐兵，刘武周趁势逼近并州，李元吉连夜逃向长安。

李元吉的不战而逃把李渊的鼻子差点儿没气歪了，李元吉手下可用之兵尚有数万，他不做丝毫抵抗就这样夹着尾巴跑回来，直接导致黄河以东大部分地区沦陷。

刘武周给李渊带来的负面效果很快显现出来，窦建德、王世充、萧铣等人开始小规模试探性地攻击唐朝地盘，如果再不扭转这个局面，大唐可能仅仅就在中国历史上存活两个年头了。

裴寂的失败让唐朝上下一片骚乱，有人说，晋阳也不是什么好地方，咱们现在有了长安，那个破地方不要也罢，把黄河以东的兵力全部调回，守好现在的一亩三分地就行。

这样的念头甚至会在李渊脑海中浮现，但是，秦王李世民绝对无法容忍，别说是黄河以东那么一大片宝贵的土地，就是一个郡、一座城都不会送给别人，他要的是每一寸土地。

在这生死存亡的危急时刻，李世民再次挑起大梁，肩负起拯救王朝的重任。

没有膻味儿的羊汤

公元619年11月，秦王李世民率领三万精兵渡过黄河，在柏壁（今山西省新绛县西南）与宋金刚对峙。

寒冬腊月本来就粮草紧张，再加上前段时间裴寂的坚壁清野战术，直接导致李世民和宋金刚都得勒紧裤腰带过日子。但是，李世民在河东地区的名声实在太响亮，大家听说他来了，并且还缺粮食吃，纷纷把自己家的余粮找出来送给秦王。

有了群众的支持，李世民就可以安心和宋金刚打起消耗战，寻找战机，等待宋金刚人困马乏饿得眼冒金星不得不退的时候，一击便可定河东。

与此同时，李渊派李孝基、于筠、独孤怀恩和唐俭等人进攻吕崇茂，吕崇茂向宋金刚求救，宋金刚看眼下的情况李世民也不会来和自己决战，便派大将尉迟恭前去支援。

尉迟恭那是名将中的名将，并非一般人所能应付得了的，唐军大败，多名高级将领成了俘虏。

尉迟恭刚刚取得胜利，李世民就给出回击，他派殷开山、秦叔宝在美良川（今山西省夏县北）伏击尉迟恭。

这个尉迟恭是谁呢?

在春节的时候，中国人都有贴门神的习惯，门神中的两个人物一个是之前介绍过的秦琼（字叔宝），另外一个就是这位尉迟恭（字敬德）。

两位门神第一次在战场上相遇，以秦叔宝大获全胜而告终，尉迟敬德落荒而逃。

李世民的主力部队牵制宋金刚的同时，他派小股部队四处出击，切断宋金刚的粮道，刘武周数次想要打通粮道都未成功，因此军心动摇。

李、宋两军就这样相持了五个月，公元620年4月，宋金刚粮草耗尽，被迫撤兵。一直养精蓄锐的李世民率军追击，一个昼夜狂追二百多里地，两军数次交锋，宋金刚边战边退渐渐露出败势。

李世民追到高壁岭（今山西省灵石南）的时候，刘弘基建议先不要追了，应该整顿一下人马，等后勤补给队伍送来粮食，大家吃饱喝足再继续追。

李世民并未采纳这个建议，唐军虽然都在饿着肚子赶路，宋金刚也没时间吃饭啊，眼下的形势是追人的越追越猛，被追得越跑越乱，如此大好机会怎能错过？要是给宋金刚喘息之机，让他重整旗鼓，这半年的工夫就白费了。

李世民继续快马加鞭，终于在雀鼠谷追上宋金刚的主力部队，一天八战，唐军八战八捷，宋金刚仅带领两万残兵逃到介州。

当天夜里，李世民驻军雀鼠谷，终于可以稍作休息。大家已经两天没怎么吃东西了，后勤补给队伍一时半会儿还到不了。也不知道是谁竟然找到一只迷途的羔羊，这只羔羊就十分荣幸地成为李世民几万大军的晚餐，几万人吃一只羊的结果就是，李世民也仅仅分到一碗根本没有膻味儿的羊汤。通过这碗毫无膻味儿的羊汤，我们隐隐约约可以找到李世民成功的一个重要原因：他能够和下属同甘共苦，不搞特权，以身作则，吃苦在前、享乐在后……（《资治通鉴》记载，世民不食二日，不解甲三日矣，军中止有一羊，世民与将士分而食之。）

第二天，李世民继续进兵介州。

宋金刚背城布阵，要与李世民血战到底。

李世民令秦叔宝、程知节、徐世勣（李密败后，这些人相继投靠唐朝，成为李世民的手下）从北面冲击宋金刚军阵，令翟长孙、秦武通从南面冲击宋金刚军阵。

宋金刚背水一战，士兵格外英勇，唐军在数次冲击军阵未果的情况下，渐渐显得士气不足。宋金刚看到这是一个战机，立刻展开疯狂反扑。

就在宋金刚以为自己可以翻盘的时候，李世民的出现让他的心沉到谷底。

以宋金刚此刻的实力只能凑合着防守，现在转守为攻立刻显得后劲不足。《孙子兵法》说："守则不足，攻则有余。"意思是防守是因为自己的实力不够强，进攻是需要在自己能力富余的情况下才可以展开的。宋金刚犯了兵家大忌，实力不足却强行进攻。

李世民等待的正是这个时机，刚才秦叔宝和翟长孙他们的军队并非主力，此刻同李世民一起杀出的才是唐军王牌。

李世民一马当先，率领骑兵从宋金刚的背后冲杀过来，宋军顿时大乱，战场上哭爹喊娘之声不绝于耳，宋金刚一败涂地。

宋金刚把刘武周交给他的精锐部队几乎祸害光了，他们也失去了在这个舞台上表演的资本，最终只得去投靠突厥。

李世民趁势收复河东地区。

刘武周的失败主要有这两方面原因：

第一，根基不稳，扩张过于迅速，虽一度占领唐朝大片土地，但并未把这些土地变成自己的，这样只会消耗自己的力量，不会带来任何实质帮助。

第二，手下人才不足，仅仅宋金刚、尉迟敬德是将帅之才，偏偏他们的对手又是李世民，纵观古今，军事、战略才能在李世民之上的屈指可数，宋金刚、尉迟敬德怎能是李世民的对手？

门神的来历

李世民此战胜利有两个收获：

第一，收复河东扭转大唐劣势，对稳固关中和下一步夺取中原有着重要意义。

第二，千军易得一将难求，打跑宋金刚的同时收服尉迟敬德，尉迟敬德投降后，终于找到自己的真命天子，死心塌地效忠李世民，为大唐南征北战立下汗马功劳。

尉迟敬德见到昔日战场上的敌人——秦叔宝，二人握手言和，同殿称臣，成为搭档。这对儿搭档一组合就是一千多年，直至今天仍然被面对面地贴在很多家的大门上。

中国贴门神的习惯由来已久，根据《山海经》记载，在苍茫的大海之上有一座仙山，山上长着一个仙桃树，桃枝有三千里长，桃枝的东北有一个万鬼出没的鬼门，门上有两个捉鬼的神人，一个叫神荼，另一个叫郁垒，这哥俩看门尽职尽责，凡是有妖魔鬼怪出现他们就出手降妖除魔。

到后来民间开始贴起门神，不过贴谁并不统一，有贴神荼、郁垒的，有贴青龙、白虎的，有贴岳飞、赵云、马超、马岱等等的。流传至今，大家贴得最多的就是秦叔宝和尉迟敬德。

关于他们两个为何会成为门神，还有一段相当有意思的传说。

话说唐朝初年，风调雨顺、国泰民安，老百姓安居乐业。

这一日，泾河岸边，一个樵夫和一个渔夫喝酒聊天。

樵夫问道："近来运气可好？每天收成如何？"

渔夫答道："好得不得了，我最近每天都送城中算卦的半仙一条金鲤鱼，他便告诉我去哪里下网，捞上来的鱼又大又肥。"

两人闲谈，不料隔墙有耳，被路过的泾河夜叉听得一清二楚。夜叉一听这事和自己有关系，便立刻去报告泾河龙王。

龙王听后火冒三丈，这还得了，有人在他的地盘算计他的子子孙孙，要是这样下去，迟早有一天泾河的鱼虾被人捞光。

龙王想到这里怒从心头起，恶向胆边生，抄起宝剑就要找算卦先生拼命。这时，手下人说了："老大，你要是这样过去搞得长安城鸡犬不宁，玉皇大帝怪罪下来还不是吃不了兜着走，不如乔装改扮先去探个虚实再做定夺。"

龙王觉得这话有理，于是，跳出泾河，化作一位白衣书生进入长安城。这个算卦先生并非别人，正是唐朝天文学家、预测家袁天罡的叔叔袁守诚。这会儿他正给大家相面卜卦，突然，一个白衣书生来到跟前。

这个白衣书生就是龙王变的那位，龙王想：算卦你可能有一套，但是，算天气你肯定算不准，行云布雨那都是我说了算。因此，龙王就给袁守诚出了一道难题——预测天气。

预测天气这事的确很难，直至今天我们的天气预报还有误差，说不准明天的阴晴雨雪。

人家袁守诚是有真材实料的，只见他略作沉吟便张嘴说道："明日

辰时布云,巳时发雷,午时下雨,未时雨足,共得水一尺三寸零四十八点。”

龙王听后，哈哈大笑，心想竟然有人如此不知天高地厚，在龙王面前算天气，这不是在关公面前耍大刀嘛。龙王心中这样想，嘴里却说道：“你若算准了我送你黄金五十两，算不准我砸了你的卦摊。”

龙王高高兴兴地回到龙宫，正琢磨着明天砸人卦摊呢。突然，天空之中有人说道：“泾河龙王接旨。”龙王抬头一看原来是玉皇大帝派来的金甲武士。

龙王沐浴更衣，焚香接旨。

打开圣旨一看，龙王傻眼了，圣旨上明明白白写着：“明朝施雨泽，普济长安城，辰时布云，巳时发雷，午时下雨，未时雨足，共得水一尺三寸零四十八点。”

圣旨虽然写得明明白白，但下还是不下仍然是龙王说了算。

第二天，龙王为了不输给算卦先生，仅仅下了一尺零四十点，少下了三寸零八点，他存在个侥幸心理，觉得少下这点儿也不会影响农民收成，玉皇大帝也不会怪罪他。

下完雨后，龙王又化作白衣书生趾高气扬地来找袁守诚，开开心心地砸人家卦摊。

龙王这边举起桌子准备摔，袁守诚那边却冷眼旁观，不疾不徐地说道：“你脑袋都快搬家了，还有心情砸我卦摊？”

龙王一听，激灵打了个冷战，这才认识到事情的严重性，原来，他忽略了一个重要问题，少下点儿雨可能不会影响农民收成，却实实在在地挑战了玉皇大帝的权威，小小个泾河龙王竟敢抗旨不遵！

如梦初醒的泾河龙王跪倒在地，请高人指点迷津，如何能保住这颗老龙头。

袁守诚说道：“能否保住龙头我不知道，但我可以给你提供一些信息，是生是死就要看你的造化。”

袁守诚告诉龙王，明天剐龙台上的监斩官是大唐天子手下重臣——魏徵，若是请大唐天子帮忙，明天别让魏徵抽出身离开皇宫，这样就无法行刑，按照天庭的规矩，他这死罪就可以免了。

龙王紧紧抓住这根救命稻草，找到李世民，见到皇帝之后，也顾不上自己是高贵的龙王，跪在地上咣咣磕头，嘴里说道：“我乃泾河龙王，大唐天子救命啊。”

李世民问清来龙去脉，就决定帮这个忙。心想救了龙王之后，这龙王就和自己的宠物没什么太大区别，大唐有龙王保佑肯定风调雨顺啊。

第二天早朝期间，李世民端坐于金銮殿之上，文臣武将位列两边，李世民在大臣中找来找去，唯独没有看见魏徵。

李世民就纳闷了：这魏徵可是最优秀的员工啊，从不迟到，工作比自己还认真负责，今天怎么没按时上班呢？

原来，魏徵昨天接到玉皇大帝圣旨，让他在明日午时三刻监斩泾河龙王。玉皇大帝的旨意比李世民的重要啊，这会儿，他正在家磨宝剑呢，要是待会儿一剑下去龙头砍不下来那岂不是太丢人了。

李世民昨天已经答应龙王拖住魏徵，不让他有机会上剐龙台，大丈夫一言既出驷马难追啊，于是，立刻派人把魏徵叫到宫中陪自己下棋。

君臣二人这棋下得没完没了，转眼间到了中午，魏徵下着下着就开始犯困，趴在桌上打起呼噜。

李世民心想，魏徵为国为民呕心沥血也真是累坏了，就让他睡会儿吧，反正别出皇宫上剐龙台就行。不过那个剐龙台在哪儿他也不知道。

过了一会儿，魏徵睡醒了，二人继续下棋。突然，宫外秦叔宝求见，说有急事。李世民赶忙让秦叔宝进宫见驾。秦叔宝急匆匆跑了进来，手里拎着一个血淋淋的龙头，说是天上掉下来的。

魏徵上前一看，大惊道：“我刚刚打盹儿的时候做了个梦，梦中斩了一位龙王，这龙头正是梦中那颗啊！”

李世民一看，完了，自己的宠物让魏徵砍了，但也没办法责怪，这是玉皇大帝的旨意，而且魏徵也没犯错误，陪自己下棋，打个盹的工夫元神出窍，斩了龙王，这只能说是天意。

魏徵梦斩龙王给皇帝带来不小的麻烦。当天夜里，李世民批完奏章正准备睡觉，忽然门外鬼哭神号，泾河龙王的鬼魂手提血淋淋的龙头走到跟前，说道：“还我命来，还我命来，你说好不让魏徵杀我，却出尔反尔，现在我死了也要拉你陪葬。”

李世民大声呼喊，从梦中醒来。

晚上休息不好，白天就没精神，第二天，大臣都看出皇帝龙体欠安，追问原因才知道是龙王阴魂作祟。

秦叔宝和尉迟敬德二人征战沙场多年，杀人无数，什么妖魔鬼怪也休敢近身，听到这大胆恶龙竟然敢影响李世民休息，当即决定晚上来为李世民站岗。夜半三更，龙王的鬼魂又来捣乱，到了门外一看，门口站着两个人，头戴金盔身披金甲，威风凛凛、杀气腾腾，二目精光逼人，不怒自威，此等威严不是天神胜似天神，吓得龙王鬼魂掉头就跑。

李世民睡了一晚上的安稳觉，看来秦叔宝和尉迟敬德两人在门口站岗管用，但也不能天天站啊，白天处理公务，晚上还得给自己站岗，李世民于心不忍，怕累坏了二人，于是，找人画了二人画像贴在门上，效果竟然跟真人一样。

这做法很快就从宫中流传到民间，大家纷纷把秦叔宝和尉迟敬德的画像贴在门口保佑家宅平安。

毫无亮点可言

魏徵梦斩龙王也好，秦叔宝、尉迟敬德当门神也罢，这些超自然的现象目前对李世民并没有什么帮助，他眼下也还顾不上考虑这些，东都的王世充在没有李密的牵制下已经开始主动出击骚扰大唐地盘，窦建德这会儿也没闲着，正和宇文化及打得不可开交，这些都是对大唐实实在在的威胁，必须要早做打算。

除了要对付这些人之外，李渊还需要找一件东西，这件东西很有意思，说他有用吧，渴了不能喝，饿了不能吃，冷了不能当衣服穿，说他没用吧，全天下的人都在抢他，得到它便可以证明自己是“受命于天既寿永昌”，这东西就是传国玉玺（传国玉玺用鱼鸟篆刻着“受命于天既寿永昌”八个字）。

宇文化及弑君篡位后成了传国玉玺的临时保管员，从眼下的情况来看，这东西对他一点儿用处都没有，写完圣旨用传国玉玺盖好章照样没人听，自从被李密打残废之后，势力日渐削弱，想要重整旗鼓他又没那个号召力，大家根本不给他面子。

前几天，宇文化及刚刚派人给罗艺下了一道圣旨，让他速速归降。

罗艺回答很干脆："你算什么东西？不过是个弑君篡位的市井无赖罢了，还想拉我入伙，真不要脸！"

罗艺是一个很有眼光的人，他看出宇文化及的末日快到了，得跟他划清界限。但是，在如此乱世总要加入一个大势力集团，这样才好自保。窦建德等人不过是出身草莽的匹夫，顶多也就风光一时，不可能风光一世，李渊和他们就不同了，天子相十足，跟他混将来就是开国功臣。

罗艺做出正确选择，投靠李渊之后，李渊十分重视他，封他为幽州总管，薛万钧和薛万彻兄弟二人辅助他工作。

罗艺的做法让宇文化及不爽，也让窦建德觉得很没面子，在这之前窦建德也是低三下四地向罗艺献媚，希望他能助自己一臂之力，这个不识好歹的罗艺不但不领情，反倒去投靠李渊。

窦建德也不绕弯子，用最直接的方式表达自己的不满，亲自率领十万大军进攻幽州。对于窦建德的挑衅，薛家兄弟摩拳擦掌，要和他大干一场，窦建德可是他们不共戴天的仇人。当初，薛万钧和薛万彻的父亲薛世雄还是大隋朝的官员，因为影响窦建德收麦子，被窦建德痛扁一顿，郁郁而终。

按照薛万钧的策略，罗艺选择老弱残兵临水列开阵势。窦建德一看对面都是软柿子，也没多想就决定要狠狠捏个够，出了胸中这口恶气。于是，率领大军渡水冲击敌阵。就在窦建德的军队刚刚半渡之时，薛万钧率精锐骑兵杀出，窦建德的军队乱作一团，踩死、淹死的不计其数。出师不利的窦建德并不气馁，坚持不懈地攻了几个月的城，幽州城丝毫没有露出败象，窦建德无奈只好班师回朝。

回到乐寿之后，窦建德十分憋屈，必须要找人出了这口恶气，不然肯定憋出病来。窦建德看来看去，最终把目标锁定在宇文化及身上，因为他现在实力弱，距离窦建德也不是很远。这会儿，宇文化及正在聊城之内苦苦支撑，城外是李渊的手下淮安王李神通。当得知满肚子怒火的窦建德正率领大军风风火火的往这边赶，李神通衡量一下自己实力，攻城攻不下来，也对付不了窦建德，于是，选择撤退。

宇文化及刚刚抵抗李神通的时候已经用光所有力气，现在几乎就没什么战斗力，他的手下也看清了眼下形势，打开城门让窦建德的军队大摇大摆进了城。

公元 619 年 2 月，窦建德得到传国玉玺，以及当初隋朝留下来的各种皇帝用品，心情好转许多。杀了宇文化及、宇文智及以及一些重要官员之后，窦建德心情终于舒畅起来。

就这样，又一位皇帝还没来得及享受皇位带来的好处就匆匆离去，纵观宇文化及的一生，可以说毫无亮点可言，他之所以能当上几天皇帝，完全是因为那个年代太混乱。他的一生对这个社会来说基本没有什么贡献，他留给后人也就是那句令人啼笑皆非的名言："人生故当死，岂不一日为帝乎！"这句话是他杀傀儡皇帝杨浩时候说的，意思是：人总要死的，为什么不当一天皇帝再死呢！

皇帝之贵

李渊一边清除着自己全面统一中国的障碍，一边壮大自己的实力，这两年，战争、经济两手抓政策实施效果十分显著，对外削弱和清除很多对手，对内更是实现辖区内的经济、社会、军事等等大发展，终于，李渊觉得自己冲出长安走向洛阳的时机已经成熟。

不过，率先冲出长安的不是李渊，而是李密。

李密刚到长安的时候，享受到李渊的非常礼遇，李渊把他当弟弟一样看，还把自己的表妹嫁给他。

但是，这些年来李密一直都是自己当老大的，现在寄人篱下，不管待遇多么优厚，他都适应不了。以前是自己高高坐在上面，下面跪倒一片给他请安，现在他仅仅是唐朝的一个光禄卿、上柱国、邢国公，像他这样的官儿一抓一大把，因此，李密很郁闷，终于，在大朝会之后，他郁闷到忍无可忍的地步。

大朝会是西周时期开始的一种活动，简单来说，就是文武百官朝见天子，这个朝见活动说起来简单，做起来可是相当麻烦，并且相当重要。这个朝见仪式的一项重要活动延续至今——述职，文武百官向皇帝做述职报告，讲述自己的工作成绩。根据《孟子》记载，"一不朝则贬其爵，二不朝则削其地，三不朝则六师移之。”也就是说三次不来给天子述职，那天子就会派部队把他灭了。

中国人讲究排场，这是自古就有的习惯，西汉时期的大朝会搞得极其隆重，从天刚刚亮开始，文武百官穿戴整齐，排着队向汉高祖刘邦拍马屁，顺便汇报工作，刘邦坐在龙椅上那成就感就甭提了，通过他亲口说过的一句话能够反映出他当时的心情:“吾乃今日知为皇帝之贵也。”说这话的时候刘邦已经当了七年皇帝，由此可见，七年时间里发生的事情没有一件比大朝会更威风的。

当李渊组织大朝会的时候，同样也享受到超乎寻常的礼遇，对于这种礼遇李密表现出强烈的羡慕、嫉妒、恨，他当初要是成功的话，现如今高高在上的就不是李渊，在下面卑躬屈膝拍马屁的也就不是自己。

大朝会结束后，李密和死党王伯当聊天，表达胸中的苦闷。

王伯当的日子过得也不爽，当初在李密手下的时候他的地位相当高，绝对的一人之下万人之上，现如今差得就远了，因此，建议李密不应该窝在这里给人当小弟，还是应该找机会召集自己旧部干一番大事业。

李密接受了这个建议，找个合适的机会向李渊表示自己归顺大唐之后，寸功未立，天天吃闲饭，这样实在没脸见人，现在山东地区还有些自己的手下，想召集那些手下替李渊打头阵，灭了王世充，占领洛阳，一统天下。

李渊十分赞同李密的说法，但他手下的大臣们并不相信李密，认为让李密去山东如同放虎归山，后果不堪设想。

这个时候李渊表现出与众不同的帝王胸怀，他认为帝王自有天命，不是谁都能当的，李密要是老老实实替自己卖命绝不会亏待他，要是有二心的话，就让他继续和王世充狗咬狗，等两败俱伤的时候自己再去捡便宜。

于是，李渊派李密带领王伯当、贾闰甫等人前往山东。

送行宴上，李渊拉着李密的手说：“大丈夫一诺千金，贤弟答应朕的话可一定要说到做到，的确有人不同意让你回山东，但朕以真心对兄弟，相信你，不管别人说什么都不会影响我们兄弟感情。”

李渊这话说得有水平，表明自己态度的同时，也起到敲山震虎的作用。就是说我拿真心对你，你要不拿真心对我那是要被世人耻笑的，另外，大家不同意你去是怕你叛乱，我敢放你去就不怕你叛乱，到时你若不仁，就别怪我不义，收拾你绝非难事。

李渊这话的意思大家都能听出来，唯独李密利欲熏心，被皇帝宝座迷了心窍，愣是没听明白这些潜台词。

【第十七章】秦王破阵

主角：李世民

配角：王世充、李密、杨侗、尉迟敬德等

事件：清理掉眼前的部分散乱势力，唐朝的大敌终于浮出水面，东都洛阳不管多么坚固都必须将其击碎，因此，李世民带上他的王牌出发了。真金不怕火炼，李世民的大羽箭、尉迟敬德的马槊、玄甲军的凿穿力……在这里都得到充分考验，事实证明，它们是不可战胜的。

李密之死

李密从长安城出来还没走多远，李渊的诏书就来了，让他速速回京。

这是李渊对李密的考验，如果李密真的回去那就表示大家的担心是多余的，李密的确是死心塌地效忠于他，不惦记着自己当皇帝了。

但是，李密不想回去，他想成就自己的事业，也想当皇帝。

贾闰甫苦口婆心地劝李密回头，李密不但不听，反倒要杀贾闰甫。

多亏王伯当出面劝说，贾闰甫才得以保全性命。王伯当开始支持李密造反，现在怎么又反对了呢？因为，他从送行宴上听出李渊话里有话，这反不能造，造了就是死路一条，他们的确是斗不过李渊。

李密放了贾闰甫，但仍然听不进去王伯当的劝，坚决造反。王伯当一咬牙一跺脚就下定决心舍命陪君子。王伯当还真是条忠心耿耿的汉子，只可惜跟错了主人。

就这样，李密反了，对外界声称自己要重回洛州。

李密的造反让很多人寝食难安，尤其是史万宝，因为他镇守熊州（今河南省宜阳县附近），李密很可能路过那里。

史万宝的行军总管盛彦师倒不这样认为，反而十分开心，认为这是个千载难逢的好机会，终于可以立个大功。他对史万宝说：“给我几千人马，定能砍下李密的脑袋。”

史万宝一直比较相信盛彦师的判断，于是就按照要求派给他相应兵种。

盛彦师当即带领人马翻过熊耳山设好埋伏，弓弩手隐藏在高处，盾牌兵隐藏在山谷，吩咐士兵等李密渡河一半的时候立刻发起攻击。

士兵们就纳闷了，李密说是去洛州，不走这条道啊，我们这是伏击谁呀？

盛彦师知道，李密说去洛州那是蒙人的，他真正的目的地是襄城，他要去那里投奔老部下张善相。

果然，李密的一举一动都被盛彦师判断得一清二楚。

李密这边正心情愉快地游山玩水，琢磨着和张善相会合后大展宏图，突然乱箭齐飞，紧跟着喊杀震天，树丛之中杀出无数人马。

乱军之中，李密和王伯当都成了无头之鬼，脑袋被送到长安献给了李渊。

公元 618 年 12 月，年仅三十七岁的李密结束了自己跌宕起伏、异常精彩的短暂一生。

李密的一生数次大起大落，最初和杨玄感叛乱成了阶下囚，后来上瓦岗山落草为寇，很快带领瓦岗军闯出一片新天地，占领洛口仓直逼东都洛阳，而后杀翟让坐上了瓦岗军第一把金交椅，再后来对抗宇文化及、王世充等人，最终落败投靠李渊，然后又背叛李渊，自己的一生也画上了句号。

李密是一个有极大争议的人物，有人说他是英雄，有人说他不仁不义，对于他的失败也是众说纷纭，主要原因归结为以下几点：

第一，杀翟让，不仁不义。但是，他不杀翟让的话还有别的选择吗？一山容不下二虎，瓦岗军是人家翟让一手带出来的，将来真要拿下洛阳，谁来当这个皇帝？除非有人主动退出这场争夺，不然翟、李之间早晚要刀兵相见，李密只不过是先下手为强。不过，杀翟让带来的负面效果太明显，很多人觉得李密心狠手辣，什么事都干得出来，也就不会死心塌地和他打天下。

第二，在宇文化及身上消耗了太多力量。选择依附皇泰主杨侗对付宇文化及，这绝对是李密犯下的战略性错误，在王世充这个强敌仍在身边的时候实在不应该和宇文化及死磕，虽然消灭宇文化及对自己有很多好处，但那也不应该让王世充坐山观虎斗，这个过程中应该想办法让王世充投入战斗，也消耗一下他的实力，假如王世充坚决不配合，那么李密应该在打退宇文化及后闭门死守，养精蓄锐，反正洛口仓有的是粮食，等到兵强马壮再斗王世充也不迟。李密打完宇文化及就急着和王世充分出高下，能看出他轻敌的同时也是太着急做皇帝，最终是“欲速则不达”。

第三，背叛李渊。对于这一点可以说毫无争议，李渊对他的确不错，还把自己的表妹嫁给他，这个时候，李密就应该把自己的一生毫无保留地献给大唐，这样虽然无法成就帝王伟业，但可以善始善终，更何况，帝王的伟业真的那么好成就吗？

斯文人

清除李密之后，李渊这个皇帝当得更踏实了，他也在实践中不断地学习进步，即使开始有些不合时宜的做法也都渐渐改正，越来越像一个真正的皇帝。

再看看王世充，他这个皇帝当得实在不像话，开始还能学着杨广、杨侗的样子当几天还算凑合的皇帝，之后不停地做着出格的事情，这皇帝当得让人忍俊不禁。

王世充打跑李密，解了东都洛阳之围，终于不用像以前那样紧紧巴巴地过日子。古人说得好：饱暖思淫欲，这个时候的王世充开始动歪脑筋，准备名正言顺地号令天下，也风风光光地当一回皇帝。

然而皇泰主杨侗和隋恭帝杨侑不一样，当初杨侑看大隋气数已尽，李渊对待自己也算彬彬有礼，趁着还没撕破脸的时候选择自愿把皇位让出，这样就比李渊失去耐心之后敲他一闷棍，然后再交接皇位好得多。

杨侗的性格和杨侑不一样，祖宗的基业万万不能断送在自己手里，不然九泉之下有何面目见列祖列宗？

杨侗知道自己毫无权力，就是一个假皇帝，仍然死撑着不肯给王世充腾地方。

王世充也想效仿古人，一步步走上皇位，准备工作就是加九锡。

在李渊当皇帝那会儿已经分析了加九锡的作用和暗示，当初李渊为了名声坚决不肯加九锡，王世充却不然，他让亲信段达威胁杨侗，给自己加九锡。

杨侗很有骨气，坚决不肯配合王世充。

王世充请杨侗给自己加九锡也就是走个过场，杨侗是否同意并没有那么重要，这段时间假传圣旨的事情也没少干，于是，再次以杨侗的名义下一道圣旨，封王世充为郑王，加九锡，总理百官事务。

准备工作完成之后，就可以开展实质性的工作——禅让。

公元619年4月，王世充即皇帝位，建立郑国，改年号为“开明”。（通过年号能看出来，王世充想当一个开明的皇帝。）

王世充对外声称，这个皇位是杨侗禅让给他的，而且还是禅让了三次，他拒绝了三次，最后实在没办法，才接下皇帝这副重担。当然，杨侗自己并不知道禅让这回事儿，他现在已经被软禁在后宫之中，吃喝拉撒睡都在别人监视下进行。

王世充这人很喜欢做表面工作，虽然软禁杨侗，但不希望他怨恨自己，特意派人对杨侗说：“现在四海沸腾，大隋朝已经到了最危急的时刻，需要一位有胆有识的人物收拾这个局面，收拾好之后，四海升平，我再把皇位还给你。”

至于杨侗信不信并没有任何意义，王世充这边已经坐稳龙椅，开始分封诸王。

王世充立儿子王玄应为太子、王玄恕为汉王，其余亲朋好友也都封侯拜相。封苏威为太师，段达为司徒……另外，王世充选择了德高望重、才高八斗、学富五车的陆德明为汉王王玄恕的老师，还让王玄恕到老师家里去请安。

陆德明可不是趋炎附势的小人，他有着坚定的立场，为王世充这样的人服务是奇耻大辱，士可杀，但不可辱，因此，自己在家找了点儿巴豆吃了，吃完之后开始拉肚子，这样就可以名正言顺地回避王家父子。

刚刚当上皇帝的王世充有些面子工作必须得做，比如礼贤下士、以德服人。

自古以来，有点儿脑子的统治者最怕读书人，得罪读书人后果很严重，当年曹操不敢得罪读书人，后来朱元璋、朱棣不敢得罪读书人，直至民国期间的军阀仍然不敢对读书人下死手。这些帝王也好、称霸一方的枭雄也罢，他们偶尔也对读书人动粗，不过那都是实在没办法了，为维护当前利益不得不和读书人为敌，否则，他们绝对会一忍再忍。

这些明白事理的人为什么不敢得罪读书人呢？因为他们知道历史是读书人写成的，就算你能靠血腥、残暴的手段镇压一时，但是，你镇压不了一世，就算你能镇压一世，你也管不了后世，后世的读书人一定会把你的名字和焚书坑儒的秦始皇划在一个行列，那你就会遗臭万年。

王世充想青史留名，他就得恭恭敬敬地对待陆德明，陆德明在洛阳城是读书人的代表。

陆德明吃了巴豆拉肚子，不能去给王世充的儿子当老师，王世充不但不发火儿，反倒要趁机作秀，让读书人看到他是多么地礼贤下士。

于是，王世充让自己的儿子跪倒在陆德明床前嘘寒问暖。

令人没有想到的是，陆德明的巴豆吃得太多，这会儿肚子翻腾得厉害，忍无可忍的情况下便无须再忍，陆德明一泻千里，王玄恕在床下倒了大霉。（《资治通鉴》记载，德明耻之，服巴豆散，卧称病，玄恕入跪床下，对之遗利。）

有些人认为陆德明的行为不雅，有辱斯文，但我想陆德明要表达的意思是：有些事情斯文人也忍不了，例如，闹肚子，还有就是王世充这样的人当皇帝。

不复生帝王家

王世充的作秀工作远远不止这些，他在皇宫门前和玄武门等地方搭了简易房子，经常吃住在里面，对老百姓说："历朝历代的皇帝都住在深宫之中，无法听到老百姓的呼声，那样的皇帝都是为贪图享乐，不管百姓死活。现如今朕当皇帝绝对不是贪图皇位，而是为了让大家过上好日子，以后你们有什么事情可以直接向朕汇报，朕的办公地点就在皇宫门外。"

为了方便老百姓反映情况，王世充给东、西两个朝堂分配不同任务，东朝堂是接受直言劝谏的，西朝堂是接受各种冤案的。

出乎王世充预料的是，老百姓还真配合，热情高涨，不过，高得有点儿过头，让王世充难以接受。

每天有几百件诉冤和劝谏的文件，要把这些文件分类整理好再仔细看一遍实在是个体力活，王世充招架不住，败下阵来，几天之后，宫外的临时建筑拆除，冤案和劝谏也概不受理，自己老老实实待在皇宫里面享清福了。

看来要想当个开明的皇帝并不容易。

渐渐地，大家都看出王世充是个什么货色。当初，有人形容项羽是沐猴而冠，就是说项羽是猕猴戴上帽子装人，现如今，王世充甚至连猴子都不如，这样下去大家肯定也要跟着遭殃。

王世充虽然坐上龙椅，但他知道自己这个皇位是偷来的，不稳固，再加上他骨子里就自卑，知道自己才能不行，所以就嫉妒、怀疑那些有才能的人，怕有一天那些人威胁到他的皇位。

李密失败的时候，他的手下裴仁基和裴行俨父子成为王世充的俘虏，替他效命。

现在，作为礼部尚书的裴仁基和左辅大将军的裴行俨都很有威望，人缘很好，对这父子二人，王世充心里总是不踏实。

裴氏父子也知道王世充不信任他们，再加上实在看不惯王世充的所作所为，于是联合宇文儒童、崔德本等人准备暗杀王世充，让杨侗继续当皇帝。不幸的是他们被小人出卖，王世充一怒之下灭了相关人员的三族。

这次未成形的反叛还是给王世充敲了警钟，他的哥哥王世恽认为，杨侗活着就是个潜在威胁，也容易使大臣们躁动，不如斩草除根，杀掉杨侗，断了隋朝旧臣们的念想儿。

这个观点和王世充不谋而合，他早就想杀杨侗，可是一直拉不下这个脸来，还多少顾忌着自己的形象，如今被裴氏父子造反这么一刺激就下定决心要动手。

当一杯毒酒摆在杨侗面前的时候，这个可怜的孩子仰天长叹："愿自今已往，不复生帝王家！"

公元619年5月，杨侗在人世间悲惨的十五个春秋遗憾地画上句号。

杨侗宽厚仁爱，有圣明君主的胸怀和抱负，若是生在盛世，说不定是个好皇帝，只能怪造物弄人，让他生在隋末的战火硝烟之中，使得本来应该十分精彩的人生还没开演就落下帷幕。

剑指洛阳

到这个份上，王世充算是彻底地破罐子破摔了，这样做的下场只能是加速他的众叛亲离。

王世充打败李密之后收了一群牛人，程知节、秦叔宝他们早就跳槽到李世民手下，刚刚又杀了裴仁基和裴行俨父子，现如今只剩下罗士信和单雄信。

王世充派罗士信去打李世民，罗士信也趁机反水，成了李世民的得力助手。

紧接着，显州总管田瓒投降李世民，他管辖的地盘足足有二十几个州，他的投降导致王世充和襄阳的王弘烈军失去联系。尉州刺史时德睿投降李世民，他管辖的七个州也就变成大唐的领土。

李世民为了鼓励大家不战而降，又出台投降政策，凡是投降过来的，不管有没有功劳，最起码会保留原来职务，降将手下的官员也都官复原职，有功的再另行封赏。

这样一来，王世充的手下越来越多的跳槽到大唐这边。

破罐子破摔的王世充不知道从自身找原因，反而以暴制暴，用更加严苛的法律和血腥手段镇压官民。他规定：一人叛逃全家被杀，而且鸡犬不剩；有积极主动配合官府工作，肯于举报自己父母、兄弟、妻儿的，可免一死。另外，他把五家绑到一起，一家叛逃，其他四家满门抄斩。

王世充极端的做法更加激起官民同愤，叛逃者越来越多。

一直关注东都事态的李渊觉得时机已经成熟，到了发动总攻的时候，以前那些小打小闹都是热身，这次要做个了断。

公元 620 年 6 月，李渊召开决战前军事会议，商讨关于东都的作战计划。针对军事而言，并没有太多问题可以讨论，打仗的事交给李世民就行。李渊主要是想借此机会看看诸位大臣的态度，这才是军事会议的重要目的。

这些大臣中屈突通的表现令李渊最满意。

屈突通投降大唐之后享受到优厚的待遇，但寸功未立，寝食难安，同时，还有一个问题令其如鲠在喉，他还有两个儿子在洛阳，这难免让李渊对他的信任大打折扣。

屈突通是一个传统的忠臣，当初背叛隋朝投靠大唐实在是被逼无奈，再加上天下大势已然明了，因此他才做了隋朝叛徒。但他知道，第一次叛隋可以说是大势所趋，如果再叛唐那就是出尔反尔的小人，这样令世人耻笑的事情坚决不能做，哪怕牺牲亲儿子也在所不惜。

于是，屈突通主动请缨，要求配合李世民攻取洛阳，毕竟他对那边情况比较了解，还是能够发挥一定作用的。

对于屈突通的主动请缨，李渊感动得热泪盈眶，这样的做法就是大义灭亲。

屈突通虽然是降将，但以他的态度和能力栖身于“凌烟阁二十四功臣”绝对是实至名归。（加封“凌烟阁二十四功臣”是后来的事情，这里暂不做介绍。）

大唐开始军事行动，王世充也开始调兵遣将，策划迎敌。

公元 620 年 7 月 21 日，当李世民率兵到达洛阳西部几十公里之外的新安之时，王世充已经布置完毕。

太子王玄应镇守洛阳东城，齐王王世恽镇守洛阳南城，魏王王弘烈镇守襄阳，荆王王行本镇守虎牢，宋王王泰镇守怀州，汉王王玄恕镇守含嘉城，鲁王王道徇守曜仪城。

这些人基本都是王世充的儿子、兄弟和兄弟的儿子，用直系亲属率领重兵把守洛阳周边的重要军事要地之后，由他亲自率领主战部队正面迎敌。

几天之后，李世民的先头部队在罗士信带领下包围慈涧（位于新安县东之十里的一座小城）。慈涧是座小城，却是必争之地，因为它距离洛阳实在太近了，近到不足二十公里，李世民越过慈涧直接面对的就是洛阳城。

为了守住慈涧，王世充亲自率领三万人马前来支援。

这是决战中的第一场战斗，双方都很重视，李世民亲自带领轻骑侦察敌情，只有自己亲眼看到敌人的布防、阵形、军械铠甲、武器装备以及士兵的仪态仪表、精神面貌等才能判断出真实情况，斥候所反映的情况都是粗略的，而战争的成败往往看的就是细节。

战场上的将军谁不读兵法？谁不懂文韬武略？大家都读、都懂，那么，为什么制订的战法各不相同？不同将军指挥的战斗胜负不同？这些更多地取决于对细节的观察和判断，还有就是战场上的随机应变。

和以往一样，李世民仍然深入敌后，近距离观察敌人的一举一动，得到敌人的信息越多、越具体，制订战术的时候就越完善，赢得战争的机会也就越大。

这次李世民走得太近了，而且运气不太好，碰到了王世充的大部队，双方差距悬殊，李世民带轻骑兵侦察敌情，肯定是人越少目标越小，总不能带好几百人的大部队到人家门口看情况吧。

面对王世充的大部队，李世民毫无惧色，策马飞奔，张弓搭箭，大羽箭如同点点寒星落入敌阵，每箭必中。他这箭法绝对在他老爹之上，当年李渊是靠射固定靶赢回来个漂亮媳妇，如今李世民射的都是移动靶，照样例无虚发。

敌人一时乱了阵脚，李世民趁机活捉两个俘虏，然后打马回营。

这一场对于李世民来说美丽的邂逅令王世充沮丧到极点，部队士气一落千丈。第二天，当李世民率领五万大兵到达慈涧的时候，王世充已经撤回洛阳，就这样，李世民的几支大羽箭便射落慈涧。

为了把洛阳变成一座孤城，李世民派史万宝攻占龙门，刘德威包围河内，王君廓从洛口切断王世充的补给线，黄君汉进攻回洛城，唐军主力驻扎在洛阳城北的北邙山，扎下联营围逼东都城。

8 月 14 日，战火从黄君汉处点燃，很快，回洛城被攻克，守将达奚善定被生擒活捉。王世充派太子王玄应反攻回洛城，不过，丢的时候容易，想再抢回来就难了，王玄应几次攻城，发现以目前的情况拿下回洛比登天还难，无奈之下只好撤回东都。

外围的小打小闹对主战场只能是有一定影响，不能起到决定作用，主战场的胜负才是关键。

该面对的总要去面对，选了个良辰吉日，王世充在青城宫（洛阳城外西苑内的一座离宫）列开阵势，李世民同样也是列阵相迎。

双方将领在两军阵前开始对话，对话的内容看似简单，但细心人从中能够得到很多信息。

王世充首先开口说道："隋朝已经灭亡，你爹在长安称帝，我在洛阳称帝，咱俩井水不犯河水，你却无缘无故带领这么一大票人马来欺负我，这是为何？"

李世民派宇文士及（宇文化及、宇文士及、宇文智及都是宇文述的儿子，化及、智及被窦建德所杀，士及投靠了李渊）上前答话："普天之下莫非王土、率土之滨莫非王臣，我说的王不是你，是我主李渊，现在全天下都已归附大唐，只剩下你不懂事，在这里自立为王，我们此次就是为收拾你而来的。"

王世充对自己太没信心了，实在不想打这仗，又想继续当皇帝，只能低三下四地说："咱能不能握手言和，各自当各自的皇帝？"

"皇帝只命令我们攻取东都，没有命令我们前来讲和！"这是宇文士及给予王世充的答复。

话说到这份上也没法继续下去了，现在就动手开打吧也不合适，双方都需要通过多次试探性攻击找到对方的弱点再进行大决战。于是，各自鸣金收兵。

初次会谈便在这样一个十分不愉快的气氛中草草结束。

花拳绣腿

外围战场上唐军接连取得小胜，让王世充憋气又窝火，史万宝进攻甘泉宫，王君廓也攻城拔寨蚕食着原本属于王世充的领土。

不过，这个时候李世民遇到了点儿小麻烦，当初刘武周被打跑以后，他的手下大部分投降了李世民，并且此次随军东征，但是，那些人大多没有什么本事，以前当官靠的是溜须拍马，现在李世民不吃这一套，任命官员量才而用，那些人就多半只能干些打杂的事情，心里不平衡，便开始叛逃。

屈突通、殷开山把那些叛逃被抓回来和还没有叛逃的原刘武周部下一并关进大牢，尉迟敬德也在其中。

当李世民得知这个消息的时候，立刻把尉迟敬德放了出来，带进自己大帐，拿出一堆金银珠宝放到尉迟敬德面前，说道："男人之间的友谊讲的是情投意合，我觉得咱俩很合得来，他们不分青红皂白把你关进大牢，让你受了委屈，如果你为此生气，可以拿着这些金银珠宝离开这里，去寻找自己的梦想。"

尉迟敬德答道："我是个粗人，不会说话，但我对您的赤胆忠心苍天可鉴。"

没过几天，李世民和尉迟敬德带领五百骑兵观察地形，这次王世充的运气依然不好，他带一万多人出来观察地形，两人再次不期而遇，情况和慈涧十分相似。

以五百对一万，从数量上看王世充具有绝对优势，从质量上看则是李世民占据着绝对优势。

原本李世民一直以为自己武功了得，射箭是他强项，骑马冲锋更是所向披靡，现如今和尉迟敬德一比较，才知道自己那些都是花拳绣腿。

尉迟敬德单枪匹马杀入敌阵，敌人也不是木头人啊，刀枪剑戟全部招呼上来，只见尉迟敬德端坐马上闪转腾挪，任何武器都无法近身，时不时地还能夺过敌人武器反扔回去，就这样，尉迟敬德和李世民一起杀开一条血路冲出重围。

就在王世充顿足捶胸（又让李世民跑了）、士兵们庆幸万分（两个杀人狂魔总算走了，自己逃过一劫）的时候，这两个瘟神竟然调转马头杀了回来，进出这万人队伍如入无人之境，这个回马枪让王世充猝不及防，更是让他的士兵心惊胆寒。

让王世充欲哭无泪的是，屈突通带领大队人马前来支援，刚才的五百人已经让他灰头土脸，现在的大队人马更是令其大败而归。

遭遇战结束后清点战果，唐军活捉王世充的冠军大将军陈智略，杀了一千多人，对于这样的结果王世充能够接受，但是，被活捉一个整编队的盾牌长矛兵，让王世充颜面扫地，而且这队盾矛兵足足有六千人。

六千盾矛兵成了俘虏，这事其实不难理解，唐军骑兵多，移动速度快，盾矛兵靠双腿走路，移动速度慢，这个兵种主要作用是防守，阻止敌人突击，现在他们被围，又在乱了阵脚的情况下，要想突围简直比登天还难，为保住性命，缴械投降是个不错的选择。

尉迟敬德一战成名，从此之后李世民更加重视他，他也没让李世民失望，在之后的内外战争中都发挥出巨大作用。

很快，尉迟敬德武功很高这事就在大唐军中传开。齐王李元吉一直觉得自己擅长马上使矛，现在尉迟敬德公认的天下第一，要是能打败天下第一那得多风光啊。因此，李元吉就想借助尉迟敬德来衬托自己。

以前李元吉所向无敌是因为大家不敢赢，故意让着他，他自己还就真以为所向无敌。

令李元吉没有想到的是，尉迟敬德这人太实在，他并未因为对手是王爷就放水，依然认认真真地比赛，数次从李元吉手中抢下长矛再还给他。李元吉嘴上说佩服、佩服，心里实在是恨透了这个傻大个。

王牌——玄甲军

转眼之间，半年的时间就快过去了，唐军屡战屡胜，王世充在外围布防的城池相继沦陷，他所能够活动的空间越来越小。

公元621年2月，王世充终于迎来一个反击的机会。

2月13日，李世民刚刚把军营转移到青城宫，各种防御设施都没修好，军营内外因为搬家搞得乱哄哄一片，这真是天赐良机，王世充怎能放过，他亲率两万精锐直冲唐军大营，这个时候，唐军再想列阵已经来不及了，一盘散沙怎能抵抗两万精锐的冲击？

这里的部队是李世民的主力部队，王世充若是赢下这仗，重创唐军主力，李世民在正面战场的溃败将使得他这半年来的努力毁于一旦。

青城宫大营，唐军一片混乱，大家想找李世民汇报情况，然而，在这么关键的时候李世民竟然不在营中坚守。

李世民去了哪里？

此刻，李世民让精锐骑兵在北邙山列阵，自己登上了旁边高地观察敌情，丝毫看不出有多么紧张，反倒十分轻松地对手下说："王世充已经到了绝路，竟然干起这种偷鸡摸狗的勾当，想趁乱偷袭我，不过，我看他这也就是最后一搏，今天他输了之后应该再也不敢出城。"

李世民说的并非大话，因为他手中有一张王牌——玄甲军。当初的宋老生、薛仁杲、宋金刚等人都是败在这支部队之下。

他自信玄甲军天下无敌，这种自信来自长时间的努力、积累和战争中血与火的洗礼，他相信自己亲手培养起来的玄甲军，相信秦叔宝、尉迟敬德、程知节和翟长孙等现任统帅玄甲军的将领，这些就是自己手中的长矛，只要有他们在，不管敌人多么强大都将被狠狠刺穿。

可以说王世充选择的时机是绝佳的，战略战术也基本正确，他唯一的失误就是忽略了李世民手握玄甲军这把无往不利的长矛，这就足够令其一败涂地。

当屈突通的五千步兵刚刚和王世充交上火的时候，玄甲军按照事先的计划从北邙山猛冲下来，只见这群骑兵人如欢龙、马似活虎，刀未出鞘杀气已然袭身。

令王世充万万想不到的是，自己的精锐在杀正面那五千士兵的时候勇不可当，在玄甲军面前竟然如同纸糊的一般，郑军瞬间就被这支巨大而锋利的黑色长矛刺出一个大窟窿。

李世民正位于这长矛最锐利的尖端，他为了摸清敌阵情况率领几十名精锐马不停蹄向前冲，竟然直接冲透敌阵。

王世充自认铜墙铁壁一样的两万人组成的队伍被李世民刺了个透心凉。这一战的意义大家心里都明白，谁都输不起，王世充和手下拼了命地控制局面，重新列阵对抗玄甲军，疯狂地攻击李世民。

王世充这两万人都是江淮地区的精锐，也是隋朝留下的宝贵遗产，王世充偷得隋朝江山之后很重视这些遗产，他深知乱世没什么都行，就是不能没武器，因此细心呵护江淮精锐使其战斗力更加彪悍，这两万人也绝不能小视。

擒贼先擒王，要是抓住李世民这仗就结束了。

在敌人疯狂反扑下，李世民的战损也很严重，自己的战马中了冷箭英勇殉国。刚好丘行恭在他身边，丘行恭把战马让给李世民，自己手持长刀左突右杀，敌人的鲜血和自己的鲜血把他染成一个凶神恶煞，就在敌人慌乱之际，李世民飞马冲出敌阵，率领玄甲军再次冲击。

玄甲军真的如同一支利矛一样，刺到哪里，哪里就倒下一片，要想打断这支利矛实在是太难了，再加上使用这矛的人是李世民、尉迟敬德、秦叔宝、程知节和翟长孙等人。

这次王世充真够顽强的，刺穿的军阵会迅速修补完整，再次如同一块铁板一样横推过来。

这一战从早晨打到中午，到目前为止，还没有哪块盾牌能抵住这支黑色利矛，现在郑军靠的是顽强意志硬挺着挨打，但是，这样一直挨下去也不是办法。王世充实在撑不住了，只好鸣金收兵。

这个局面下收兵简直就是自杀，郑军一直还算整齐的队形立刻瓦解，大家争先恐后地往城里跑，落在后面肯定没命，士兵们开始恨爹妈给生得腿太少，多两条腿还能跑快点儿，运气好的、腿脚好的跑回了洛阳城，运气差的、跑得慢的就成了唐军的刀下之鬼。

正如李世民预料的一样，此战过后，王世充老老实实地躲在洛阳城中，说啥也不肯出来了。

千古第一骑兵

玄甲军为何如此厉害？因为，他是千古第一骑兵！

关于这支骑兵史料记载并不多，我们只能通过只言片语来还原他们的盛况。玄甲军产生的背景是府兵制，府兵制是我国古代兵制中的一种，该制度突出特点是兵农合一，平时没战事府兵们就种庄稼，边种庄稼边练兵，武器、战马等都是自备。

隋朝末年，李渊的官职是太原留守，主要任务是抵抗突厥，这种军事特点和一般战争不同，不需要常年打仗，但又不得不常备精兵强将，因为，突厥人不总来闹事，不可能长期备重兵防御突厥，当突厥人偶尔过来打家劫舍、强抢民女的时候，必须得迅速组队迎敌。

突厥人以骑兵为主，来无影、去无踪，要是用步兵和他们对抗，就只能眼睁睁看着人家表演，表演完扬长而去，为了能有效阻止骑兵劫掠，己方必须也是骑兵，而且要更加精锐。

《资治通鉴》中有这样一段记载，“渊选善射者二千人，使之饮食舍止一如突厥，或与突厥遇，则伺便击之，前后屡捷，突厥颇惮之。”由此可以看出，李渊这两千骑兵定是骁勇无比，当时的突厥人恨不得都是在马上出生的，骑马打仗从娃娃抓起，天生善骑射，但是，李渊这两千人能令突厥闻风丧胆，可见选拔和训练一定极其严格，这支队伍很可能就是玄甲军的雏形。

玄甲军采用的铠甲是唐十三铠，十三铠包括明光、光要、细鳞、山文、乌锤、白布、皂绢、布背、步兵、皮甲、木甲、锁子、马甲，共十三种。通过这十三种铠甲的名称可以看出，有些是按照铠甲样式分类，如细鳞、锁子等，有些是按照材料分类，如皮甲、木甲等，还有按照使用对象分类，如步兵、马甲等。不过玄甲军的铠甲进行了特殊处理，全身上下黑衣黑甲，所以叫玄甲军。

在这之前的魏晋时期流行具装铠，这种铠甲就像一个铁桶一样，把士兵装在里面，防御虽然好，但沉重无比，士兵的负担很大，行动不灵活，唐十三铠和具装铠比较起来就轻便很多，以保护身体的重要部位为主，比如明光铠前胸和后背用大块铜铁制成护心镜，并打磨得极其光亮，阳光一照反射出刺眼光芒，故曰明光铠，不宜受到伤害的部位也会有铠甲覆盖，只是厚度会大大降低，整体重量减轻很多。

玄甲军采用的战马种类也很多，主要包括蒙古马、哈萨克马、焉耆马和威尔勒马，选用最多的是焉耆马和威尔勒马。焉耆马在中原和西域颇具盛名，长得漂亮，尤其是那双大眼睛闪烁着龙威，也被称为龙驹。另外，威尔勒马和焉耆马都有的共同特点是，高大健壮，步幅流畅，善冲刺，对缰绳反应灵敏，经过长期训练可以和骑兵达到人马合一的境界。

玄甲军配备的武器更是齐全，主要包括弓箭、弩、长槊、环首刀、唐样大刀、圆盾等，除了这些之外，士兵还可以根据自己爱好使用锤、斧、鞭等各式各样武器。武器的多样性使得这支军队功能复杂，以冲击为主，也可以近距离作战，环首刀和唐刀均适合劈砍搏杀。

战马、铠甲、武器这些基本已经搞清楚了，但有个问题直至今日仍然困扰着大家，那就是这支骑兵是轻骑兵还是重装骑兵？

重装骑兵一般指骑兵全身都裹在厚厚的装甲之中，坐骑也都身披重甲，只有小腿裸露在外，武器以长矛为主，他们就是移动堡垒，冲击力强得令人不敢直视，可以说战场上没有他们撞不碎的东西，他们主要的作用就是冲击敌阵。久经沙场的老将是这样说的：对抗重装骑兵的最有效武器就是重装骑兵，其他兵种只有被蹂躏的份。

轻骑兵是相对于重装骑兵而言的，铠甲覆盖率大大降低，冲击力减弱，灵活性提高，作战范围更广，用途更多，可以用来作为传令兵、侦察兵，也可以追击作战、偷袭行动等。

玄甲军到底属于哪种呢？这个咱们得通过对战斗的分析才能得出结论。玄甲军配备齐全之后就可以开始进行严酷的训练，具体有多严酷并未在史料中记载，但是“台上一分钟，台下十年功”这话是错不了的，不经过严酷训练的士兵，到了战场就是活靶子任人宰割。

经过地狱式魔鬼训练之后，玄甲军终于可以走上战场。

关于玄甲军的猜测

李世民怎样使用这支部队的呢？

预先埋伏，然后侧翼突袭和背后偷袭；战场迂回，绕后突袭；正面冲锋，以硬碰硬。这三种方式中，正面冲锋用得最少，埋伏和迂回用得最多。迂回绕后对骑兵有一个最基本的要求，那就是灵活和速度，这一点重装骑兵不具备。另外，在和宗罗睺的战斗中有长途奔袭的描述，在和宋金刚的战斗中更是一天一夜追击二百多里，纯粹意义的重装骑兵肯定做不到。

这么说玄甲军就是轻骑兵了？

也不尽然，不论是对宋老生、宗罗睺、宋金刚还是对王世充的战斗中都充分地体现出玄甲军令人毛骨悚然的冲击力和穿透力，对于素质差的部队都是直接冲散、击垮，对于素质好的部队仍然可以突破对方阵形，在和王世充的战斗中竟然可以凿穿两万精锐江淮军组成的战阵。

不过，大多数人都认为玄甲军就是轻骑兵，冲击力和穿透力强是由于敌人不善于对付骑兵。

这种说法显然站不住脚。中国自汉朝以来一直要疲于应付匈奴、突厥等以骑兵见长的部队，怎么可能缺乏对骑兵的作战经验？

对付骑兵的武器也是数不胜数，例如，陌刀便是其中之一。《汉书》中有这样一句话："愿赐尚方斩马剑"，就是说有一种剑可斩马，到唐朝的时候进一步完善，形成陌刀，陌刀的样式类似于《西游记》中二郎神的武器——三尖两刃刀，隋唐时期的陌刀极重，达五十斤，折算成现代的重量有二十多斤（隋朝的一斤相当于现代的二百二十克）。

根据《旧唐书》记载，有个叫李嗣业的名将擅长使用陌刀，对于他的战斗描写有这样一句话："当嗣业刀者，人马俱碎。"这句话能够充分体现出陌刀对骑兵的杀伤力。

隋唐时期陌刀兵种也已经形成完善的阵形和战法，史料记载，陌刀列阵"如墙而进"。设想一下几百或者几千轻骑兵撞到一排排陌刀刀墙之上将是何等惨烈！没有坚实的防护和大质量快速移动产生的强大势能怎能冲击甚至刺透这样的刀墙？这么说来，玄甲军也不会是轻骑兵。

再次细翻史料，我们能找到这样的描述：马匹具装分为保护马头的面帘，保护马脖子的鸡颈，保护马胸的当胸，保护马躯的马身甲等。就是说隋唐的骑兵也有全马带甲的情况。

李世民培养一群特种兵作为撒手锏，肯定不能按照常规方式配制军队，选拔、训练机制一定是科学合理并且十分严格的，奖惩制度应该也有别于其他兵种。

这样的特种兵李世民培养了多少呢？这个仍然没有具体记载，史料中提到这支骑兵时多是五百至两千，最多一次是在和窦建德的生死战中，那也不过才三千五百人（《资治通鉴》记载，世民将骁勇三千五百人东趣武牢）。隋唐时期的军队动辄就是十几万人、几十万人，三千五百人简直就是九牛一毛，李世民为什么不肯多培养一些这么好用的部队呢？我想一定是对人员素质、马匹素质要求都很高，甚至他们配备的武器装备也是特殊定制的，从材料、样式、穿戴方法上都和常规配制有很大区别。

根据这些情况进行猜测（这些都是根据战争的过程和结果以及其他相关因素猜测得来的，并无证实）：

首先，极有可能每名士兵配备两匹甚至更多战马，这样才能保证马匹的体力能够满足长时间、远距离、高强度作战的要求。这种做法在我国历史上多支部队都采用过，不足为奇。

其次，对于武器的使用也是灵活多变，远距离是采用弓箭和马弩射击，打乱敌阵前排防御阵形，然后用马槊冲击，冲入敌阵后速度下降，部分士兵运用马槊的能力有限，他们便改换环首刀、唐刀、斧、锤等劈砍。同时，这些武器从材料到制作工艺应该都和常规部队装备的有所不同。以马槊为例，玄甲军使用的马槊应该和一般的槊有所不同，不能用一般的木杆，一般的木杆硬度和韧性都不够，要么易弯、要么易折，因此要选用特殊材料和方法制作槊杆，当时大多选用柘木、桑、藤等，将其做成细蔑，然后用油反复浸泡，直至不再变形、开裂，将篾条放在阴凉处风干数月，再把这些篾条粘连在一起，粗细和手，外面用坚韧麻绳缠绕，涂上生漆，包裹葛布，阴干之后再涂生漆、再裹葛布，直至用刀砍上之后发出金铁交鸣之声，这样才仅仅是做好槊杆。将槊杆头尾削齐，留一丈六尺长，前面装精钢槊头，后面安红铜槊纂，全长一丈八尺为标准，还要保证槊的首尾平衡，骑兵马上端槊，保持平衡进行冲刺，丝毫不费力气。做这样一杆槊要三年时间，造价更是极高，而且，成功率不超四成。槊成之后，可冲锋挑刺、可近战格斗，既不容易折断，又不会影响冲锋力度。一般情况下，这样精心制作的马槊都是给将军使用的，玄甲军可能全军装备此槊。

再次，铠甲应该是介于重装和轻装之间，甚至可以将部分铠甲迅速拆卸，需要长途奔袭和数公里迂回的时候，将部分沉重部件取下由备马携带，需要冲击的时候再将部件安装整齐，以增强防护和整体重量。这样的铠甲还可以抵挡穿透力不是很强的弓箭，《资治通鉴》中有“飞矢集其身如猬毛”之说，这是形容一个玄甲军将领穿梭于敌阵之中被弓箭射得像刺猬一样，但这些箭并没有完全穿透铠甲，因此这人并未受重伤，还在继续冲杀。希望有一天，从唐代古墓中出土一套黑色铠甲，由精钢锻造而成，主体分成两部分，一部分是较为轻便贴身的金属软甲，另外一部分则是坚实、厚重的大块护胸、护腿等，两个部分之间可以迅速组合起来，它应该就是玄甲军的遗物。

这便是自出道至消失始终未尝败绩的千古第一骑兵——玄甲军。

【第十八章】烽火燃尽

主角：李世民

配角：窦建德、刘黑闼、王世充、王琬、萧铣等

事件：洛阳城破已在旦夕之间，这个时候半路又杀出个窦建德，从政治的角度来看，没有永远的敌人，也没有永远的朋友，只有永远的利益。在李世民的威压之下，窦建德只好伸出援手拉王世充一把，因为，王世充倒下后，下一个可能就会轮到他。

窦建德倾巢出动，增援王世充，结局却是不但没把王世充解救出来，反倒让自己置身于屠刀之下。

就这样，隋末大堆的烽火基本已经熄灭，剩下的只是一些零星的火种，李渊要想睡踏实，就得把他们都熄灭。

政治上的问题

面对玄甲军，王世充知道自己是无法取胜的，这个时候有谁能帮他？思前想后，一个名字浮现在他的脑海之中——窦建德。

有人可能会说，王世充和窦建德两人之间的关系比死敌强不了多少，不落井下石背后捅刀子就不错了，还能互相帮助？

政治上的问题就是这样的，没有永远的朋友，也没有永远的敌人，只有永远的利益。

王世充和窦建德之间的关系细说起来相当复杂，两个人搞过同盟也闹僵过，这些都是根据社会环境和个人情况的改变而改变的。

这些年来窦建德发展得一直很顺利，事业搞得风生水起，尤其是杨广死后天下更乱，窦建德有更广阔的空间施展本领，他很快成为农民起义军中的佼佼者。

公元 618 年，窦建德觉得时机已然成熟，于是，搞了一个国家，国号为夏，自己也就名正言顺地当上夏王。

夏王窦建德把河北地区的起义军重新进行整编，识时务的都收到门下，不识时务的便派兵去兼并，很快，他的实力上了一个新台阶，地盘和人员都得到很大程度上的扩张，在这扩张过程中几乎没有受挫过，唯一一次让他颜面扫地的就是前面提到的和罗艺之间那次幽州之战。

窦建德在罗艺那里吃了大亏，但从宇文化及身上找回平衡，攻破聊城之后，生擒宇文化及、宇文智及、裴矩一干人等，该杀的杀，该留下的留下，裴矩就被划入该留下的行列。

裴矩用事实证明，留下他是一个十分明智的选择，他教会了窦建德如何当皇帝。

皇帝这个职业的技术含量相当高，完全不像一般人想象的那样坐在龙椅之上衣来伸手、饭来张口，看谁会拍马屁就给谁升官，看谁不顺眼就一刀砍了，找一堆美女放在后花园，看哪个顺眼就宠幸一番。

当皇帝要有当皇帝的规矩，国家机构的设立，各种法律的制定，官员的委任与考核，朝廷上下的礼仪，不同时期的祭祀活动等，这些都是需要皇帝明白的，做得不好会被别人笑话。裴矩在杨广手下工作过多年，对这些事情一清二楚，他把自己所掌握的知识毫无保留地传授给窦建德，这为窦建德自己当皇帝打下良好基础。（《旧唐书》记载，创定朝仪，权设法律，建德大悦，每咨访焉。）

在这段时间里，王世充和窦建德两人关系一直不错，原因就是，他们还没有冲突，或者说，他们还都没有精力来和对方发生冲突。王世充要对付李密和李渊，窦建德要收编河北农民起义军壮大队伍，因此，两人像哥们儿一样逢年过节互相送点礼，发个信息问候一下。

到了公元 619 年 4 月的时候，王世充自己当皇帝，窦建德表示很生气，普天之下只能有一个皇帝，那就是窦皇帝，怎么能轮得上王世充呢？再加上这阵子他已经把小散乱的农民起义军队伍收编得差不多，同时又和突厥人勾搭在一起，这样他就有足够的精力考虑王世充的问题，因此，二人彻底翻脸，成为敌人。

那个时候王世充刚刚打跑李密，也有富余精力，于是，抢了原本属于窦建德的黎阳。窦建德虽然农民出身，没什么文化，但也深知“来而不往非礼也”这个道理，因此，攻下原本属于王世充的殷州算是回应。

就这样郑、夏的关系严重恶化。

生死存亡

李世民的玄甲军彻底把王世充打怕了，为保住洛阳城和自己的性命，王世充不得不求助窦建德，从目前的形势来看，也只有窦建德具备和李世民一较高下的能力。

当窦建德收到王世充发来的求救信之时，内心开始纠结起来，救还是不救？这是个太不好回答的问题。

说实话，窦建德打心眼里讨厌这个伪皇帝，如果哪天这个伪皇帝被阎王请去喝茶的话，他一定会点着鞭炮开个焰火晚会以示庆祝。但是，如果送这个伪皇帝见阎王的是李世民，那就得另当别论。

窦建德是农民出身，但并无小农意识，他在思想上已经远超这个境界，要有大局观，不能用自己的好恶作为衡量政权得失的准绳。

现在的天下大势和三国时期的魏、蜀、吴有些相似，李渊建立唐占据关西，王世充建立郑占据河南，窦建德建立夏占据河北，形成三足鼎立之势，三个政权若能互相牵制，便可以保持一个平衡，相对弱小的两个政权应该联合起来抵抗那个强大政权的侵略，这样才能保证自身安全。

窦建德的手下也有能人，把这个情况看得清清楚楚，并向窦建德作出详细分析：原本三足鼎立的局面虽不能让我们有更好的发展，但最起码能自保，陛下能偏安一隅当个皇帝，现如今唐起兵攻打郑，唐军越战越勇，郑军屡战屡败，这样下去郑肯定会被唐彻底打死，唐的势力将会跃上一个新台阶，到那时候，我们就会是他的下一个目标。现在趁着郑还有一口气在，我们应该及时出手相助，跟他一起里应外合，打退唐军，然后再看是否有机会浑水摸鱼吞并郑国，趁着唐军新败，一鼓作气夺取天下，这样陛下就能够当个真真正正并且唯一的皇帝。

这话刚好说到窦建德的心坎儿里，他决定不计前嫌和王世充联手对付李世民。不过真要和李世民动手，窦建德心里还是发虚，夺取天下是很有诱惑力，但眼下自己这皇帝日子也挺舒坦，能不冒险和李世民这样的人为敌当然最好。因此，窦建德派人跟李世民讲和，希望他放王世充一马，大家都回到自己地盘儿好好过日子，别伤了和气。

此举可以说完全是多余的，李世民大老远从长安来到洛阳，牺牲那么多弟兄，该得到的还没得到，怎么可能收兵？窦建德并没有真的打算动动嘴皮子就把李世民打发走，发出讲和信之后，他亲自带领全部精锐共计十多万人水陆并进直奔虎牢关，与王世充遥相呼应。

大唐建立以来一直都有来自各方势力的威胁，但都未到生死存亡的紧要关头，此次窦建德和王世充的联手对唐是个极大考验，稍有不慎就得退出历史舞台。李世民手下将领们开始各抒己见表达自己的看法。

郭孝恪说："眼看着王世充就支撑不住了，说不定哪天他就会在巨大压力面前崩溃，开城投降。这个时候，窦建德竟然不知道好歹大老远地过来凑热闹，这是天赐良机，主动上门送死，我们就不用跋山涉水去攻打他的老巢。"

薛收说："郭孝恪说得有理，王世充手握江、淮精锐，只不过士气低落，又缺乏粮草，所以，战斗力大减，我们这个时候一定要咬紧牙关做最后收割，万一松懈，给敌人喘息之机，窦、王合兵一处后果将会不堪设想。我们应该派兵在这里牵制王世充，做好防御工事，以他现在的实力想要进攻我们几乎不可能，同时，分兵占据虎牢，以逸待劳，等窦建德来到之后给其迎头痛击，窦建德若是被咱们打败，王世充肯定也会失去继续对抗的勇气。"

李世民拍案而起，哈哈大笑，笑痛快了说道："我想说的话都让你们说了！"

薛收是隋末名人薛道衡的儿子，李渊起兵后，他便投奔大唐，后来一直跟着李世民南征北战，在这过程中基本上所有的檄文布告都是他的手笔，薛收心思敏捷、妙笔生花，写文件都是一次定稿，不需修改。他跟随李世民这几年学到很多军事知识，他的战略、战术思想都和李世民非常接近。

大家一看李世民这是想两线作战啊，以屈突通、封德彝等人为代表的保守派可以说是久经沙场，仗打得越多心思就越缜密，更习惯于用传统思想考虑问题，双线作战又是对抗两个政权的精锐，这要是有一点儿闪失就是万劫不复，因此，他们建议道："这样太冒险，何况我们的士兵也已经打了好几个月仗，大家都打累了。窦建德携精锐而来，士气正盛，我们腹背受敌实在太危险，不如退守新安，休整部队，再找战机。"

以李世民的性格和这几年来带兵打仗的作风来看，屈突通等人的想法和他肯定是不一致的，这也是为什么他们都是李世民手下败将的原因，他们看问题从来都没有李世民准确，作出的决策当然也没有李世民英明。不过李世民是个好领导，他仍然苦口婆心地给屈突通等人讲了一大堆道理，从各个角度分析眼下的局势，最后大多数人都听明白了，但仍然有些人觉得这样做太冒险。当然，这些并不会影响到李世民的决策，他坚决果断地让弟弟李元吉和大部队留下牵制王世充，自己和几员猛将带领三千五百名玄甲军支援虎牢关。（此刻的虎牢关有部分唐军把守，只不过不是精锐部队。）

牛刀小试

公元 621 年 3 月，李世民进入虎牢关，第二天，他便带领五百名玄甲军观察敌情。此时，窦建德已经在虎牢关东二十多里的地方扎下营盘。在去窦营的路上，李世民突发奇想：带这么多猛将，还有五百玄甲军仅仅观察一下敌情未免太浪费，不如趁机干他一票，给窦建德来个下马威。于是，李世民让秦叔宝、程知节和徐世勣带领四百九十六名玄甲军埋伏在道路两侧，自己和尉迟敬德带领四名玄甲军继续前进。

路上，李世民和尉迟敬德说："我有弓箭，你有长槊，咱俩在一起就算百万大军也不足为惧。一会儿敌人见到我们要是掉头就跑也就罢了，如若不然，嘿嘿，那就别怪我们下手太狠。"

距离窦营还有三里左右的时候，李世民一行人遇到窦建德的巡逻兵。李世民也太嚣张了，对着人家大喊："我是秦王李世民，活腻歪的过来送死。"然后开弓放箭，对方一人应声落马。

被人家欺负到家门口，这气怎么能咽下去，于是，呼啦一下五六千人冲了出来。李世民等人也不惊慌，掉转马头慢悠悠地往回溜达，当敌人进入弓箭射程的时候，李世民回头就是一箭，后面肯定会有一人落马。尉迟敬德也不甘寂寞，瞅准机会掉头回去捅死两个之后再回到李世民身边。就这样，李世民和尾随的五六千敌人慢慢地进入事先设好的埋伏圈。

这下秦叔宝、程知节和徐世勣终于有机会大开杀戒，不然风头都让李世民和尉迟敬德给抢走了。

这五六千人被五百人打得狼狈逃窜，窦建德的几员将领被生擒活捉，还有几百个命苦的士兵再也见不到明天的太阳。

牛刀小试就让窦建德无比郁闷，死点人能接受，但被这样狠狠羞辱一番让他情何以堪！一招得手的李世民再出一招，不过这次是动口不动手，他给窦建德写了一封信，大概内容是：你和王世充本来就有仇，此次却耗费大量人力物力来帮他，这是徒劳的，他大势已去，你来也没用。另外，你不是我对手，早点回家哄孩子去吧，在这丢人现眼事小，丢了性命可就追悔莫及。

这信表面看来是劝退，实际上可以起到激怒敌人令其心神大乱的作用，另外，还能打击敌人士气。《孙子兵法》说"怒而挠之"，意思就是对方暴躁易怒就可以撩拨他，使他发怒而失去理智。

两军对垒，主帅一定要心如止水，不能让情绪左右判断，被情绪影响的主帅无法根据客观情况制定出正确的战略、战术，最终他所下达的军令多半都是错误的，带来的后果只能是失败。

不要憎恨你的对手，那样会影响你的判断！

但是，窦建德做不到，他看完信后，气得暴跳如雷，暗下决心定要砍下李世民的脑袋当球踢。人生不如意十有八九，转眼之间，一个来月的时间过去了，窦建德大军仍然寸步未进。

李世民占据主动地位频频出手，他派王君廓率领轻骑截击窦建德的后勤补给队伍，窦军损兵折将，士气日渐低落。

根据战场形势判断，眼下窦建德最明智的选择就是撤兵，在这里耗下去不会有什么收获，而且越耗对自己越不利，到时候想撤都难以撤走了。对于这一点窦建德的手下也能够认识到，并且献计献策："咱们得撤兵，但不回老家，而是去攻打李世民的地盘，李世民若是不理不睬咱就可以开疆扩土，若是他回师救援那就解了洛阳之围。”

这个战术并不新鲜，就是“围魏救赵”，该战术古往今来屡试不爽，这个情况下使用再合适不过。但是，窦建德一心想着和李世民正面对决，砍下他的脑袋，出自己心中这口恶气。

豆人牛口

为了能尽快砍掉李世民的脑袋，窦建德一直寻找战机。

功夫不负有心人，机会终于来了，窦建德发现，李世民的战马缺少草料，每天都要去城外的河边放马，这是一个绝佳的机会，于是，窦建德倾巢而出，十几万人排了足足有二十里长的队伍，旌旗招展、彩带飞扬、人喊马嘶、战鼓雷鸣，那气势令唐军部分将士心生畏惧。

然而，李世民依然谈笑风生，窦建德的这支队伍看似威猛，实际上战斗力非常有限，这样的小场面当然吓唬不住久经沙场的猛将。

窦建德自起义而来，虽然大大小小的仗打赢无数，但一直没有遇到强敌，自身队伍得不到高强度磨炼，没有培养出一批像杨坚的骁果军和李世民的玄甲军一样拥有超强战斗力的核心队伍，两军作战靠的不是人数，而是战斗力。看看自然界，就算一群羊有几百只之多，他们能咬死一只狼吗？窦建德出道以来，很少尝到失败的滋味，并未把李世民和玄甲军放在眼里，本来他的实力就不如对方，再加上如此轻敌，他的失败简直就是一定的了。

窦军列开阵势向唐军示威。赶巧儿王世充的侄子王琬作为使臣正在窦建德军中，这小子马马虎虎算是太子阵营，长这么大一直都是飞扬跋扈，在以往欺男霸女的过程中未尝败绩，现如今在两军阵前依然改不了嚣张的臭毛病，这会儿，他穿着一身华丽的名牌铠甲骑着以前隋炀帝杨广的御马在阵前叫嚣。王琬的叫嚣实在小儿科，根本起不到威慑敌军的作用，甚至还让对面的唐军将士心中暗想：你是王世充派来卖萌的嘛？

王琬可能是来卖萌的，但他骑的那匹御马那可是货真价实的宝贝（杨广从不会亏待自己，他所用的所有东西几乎都是最好的，坐骑也不例外），李世民是懂马、爱马之人，看了这匹良驹之后，情不自禁地说道：“这绝对是当世无双、限量版的宝马。”

说者无心，听者有意，李世民只是看到好马忍不住发表一句感慨而已，这话听到尉迟敬德耳朵里就不同了，想秦王之所想、急秦王之所急，现在，秦王喜欢这马，那就必须牵过来献给秦王，要是这都做不到还怎么好意思在秦王手下混饭吃。尉迟敬德立即请命要去两军阵前把马牵回来，李世民连忙拦住他，说道："难道我是昏主吗？怎么可能为了匹马让爱将以身涉险？"

尉迟敬德说道："牵马事小，敌我士气事大，两军阵前不能壮我军声威，哪有脸当玄甲军的将领？"

对于这一点秦叔宝和尉迟敬德非常相似，两人都是在万军之中取上将首级的高手，秦叔宝和李世民一起打仗的时候经常就是一人冲过去砍了对方主将脑袋拿回来当球踢，大家娱乐够了再一起冲上去砍敌人脑袋，比谁砍得多。

李世民对这几个手下非常了解，也就没强加阻拦。

一张黑炭脸如同半截镔铁塔般的尉迟敬德打马冲出阵营，他的两个随从高甑生和梁建方紧随其后，三人在双方将士十几万双眼睛的注视下直入窦建德军阵，敌人被眼前这个"烟熏的太岁、火烧的金刚"彻底给吓傻了，尉迟敬德如同猛虎入羊群一般，在几乎没有阻拦的情况下生擒王琬，牵着御马从容回阵。

（《资治通鉴》记载，王琬乘隋炀帝骢马，铠仗甚鲜，迥出陈前以夸众。世民曰："彼所乘真良马也！"尉迟敬德请往取之，世民止之曰："岂可以一马丧猛士？"敬德不从，与高甑生、梁建方三骑直入其陈，擒琬，引其马以归，众无敢当者。）

众目睽睽之下，发生这样的事情，窦军顿时像霜打的茄子一样蔫儿了，唐军欢呼声响彻大地。得了这样一匹宝马固然让人兴奋，但两军交战胜负靠的可不仅仅是一匹马，制订科学合理的战术，充分的战前部署才是克敌制胜的关键。

一大早窦建德就摆好阵势，李世民却并未急于出战，而是等到中午。这个时候两军素质形成鲜明对比。窦军已经不是整整齐齐站着了，个个士气低迷、东倒西歪，还有些士兵互相抢水喝乱作一团，这都是平时训练不足、管理松懈所养成的坏习惯，在两军交战的时候，这个坏习惯足以让他们丢掉性命。

李世民一看时机已到，可以出战。于是，派宇文士及带三百骑兵投石问路，试探一下敌人虚实，万一敌人表现松散是在演戏，诱他上钩呢，打仗这事儿不能有丝毫的大意，尤其是在这种输不起的决战中更是要小心谨慎。

当宇文士及的三百骑兵到了窦建德军阵西侧的时候，敌人乱哄哄地起来迎敌，每一个细节都无法逃出李世民的眼睛，这种情况绝对不是在演戏，是真乱，一盘散沙一样的乱。

李世民立刻下令发起总攻。任何没有对抗过玄甲军的人从来都无法想象他们有多么的可怕，真正交过手的人才知道，那些骑兵根本就不是人，他们是由精钢铸造的牛头马面，在战场上负责收割敌人肉身未死就被惊吓出窍的魂魄。

这仗打得远没有想象的精彩，窦建德的军队比起王世充的江淮精锐差得太远，前段时间洛阳城下李世民的两千玄甲军虽然凿穿王世充两万人的军阵，但被凿穿的军阵迅速重新弥合起来，并能形成有效反击，足足和玄甲军对抗一上午才因撤退而崩溃。

眼下窦建德的杂牌军虽有十多万，但基本上是一击便溃败不堪，也没有有效的反击。当窦建德准备在慌乱之中迎敌的时候玄甲军已经冲到跟前，他也无力回天，只好狼狈逃窜。

李世民、秦叔宝、程知节等人穿过敌阵，砍倒窦建德大旗，竖起大唐旗号。窦军彻底乱了套，吓傻的士兵抛金弃鼓，撇戟丢枪，觅子寻爹，呼兄唤弟，人马践踏，骨肉如泥，死伤不计其数。

窦建德带领着重要大臣落荒而逃，一直跑了三十多里，逃到牛口渚（在河南省荥阳市西北部的王村镇附近）。当时军中流传这样一句歌谣：“豆入牛口，势不得久。”就是说豆子进到牛嘴里，肯定被牛吃掉，看来窦建德的宿命就是败于牛口渚。

李世民的两个手下白士让和杨武威哥俩也不知道做了多少好事，攒了多少的好人品，竟然能捡到这么个大便宜。乱军之中他们盯上窦建德这条大鱼，并且盯得死死的，窦建德逃到牛口渚累得上气不接下气，慌乱之中掉下马来，白士让这家伙估计是被这份大礼冲昏了头脑，不管三七二十一抬槊就刺。他也忘了窦建德这样的一方霸主要是能抓住活的回去领赏比带颗脑袋回去强得多。还好窦建德提醒了他：“别杀我，我是夏王窦建德，能给你带来一生享不尽的荣华富贵。”

就这样，白士让和杨武威哥俩高高兴兴地捆着窦建德回来找李世民领赏。李世民见到窦建德也不客气，直截了当地问道：“我和王世充打架和你有啥关系？你凭啥来找碴儿？”窦建德的回答更直接：“我自己来送死不是比你兴师动众到我家里去抓我方便多了嘛！”（窦建德说这样的话可能是懊恼至极吧。）此战过后，清点成果，缴获各类军事物资无数，另外还有五万俘虏，李世民并未为难这些人，想回家种地的全部遣散回去，不想回家的唐军热烈欢迎。

（《资治通鉴》记载，世民让之曰：“我自讨王世充，何预汝事，而来越境，犯我兵锋！”建德曰：“今不自来，恐烦远取。”）

执手相看泪眼

前两年李密围攻洛阳城的时候，城中的草根树皮都被啃得干干净净，王世充打跑李密之后，洛阳城中万物再次焕发生机，被扒光的树木重新长出新皮，小草也发出鲜绿的嫩芽。

现在唐军又来围城，花草树木再次倒了大霉，刚刚长出树皮的大树再次被扒光，发出嫩芽的小草也被连根拔起，这些都成为饥民宝贵的救命口粮。

王世充部将叛逃现象接连不断，唐军士气越来越盛，郑军则日渐衰败。这段时间里王世充的心理压力太大了：守，眼看着就守不住了；攻，那就更甭提了，那群黑色魔鬼太恐怖。这种情况下，窦建德就是他唯一的盼头，盼来盼去，窦建德终于出现在眼前，只不过出现的方式和他想象的不太一样，没有披着金甲圣衣，也没踏着七色云彩。

洛阳城下，窦建德、王琬等人像粽子一样被五花大绑，他们身边的高头大马上端坐一人，只见此人头顶束发金冠，身披连环铠甲，腰系狮蛮宝带，脚踏虎头战靴，外罩百花战袍，那真是威风凛凛、杀气腾腾，此人正是秦王李世民。

王世充终于盼来窦建德，此情此景不禁令其潸然泪下，有句词形容这个场面太合适不过了——“执手相看泪眼，竟无语凝噎。”两个大男人一个城上一个城下哭得稀里哗啦，仿佛这世界只留给他们一张嘴用来放声痛哭，他们现在是同病相怜，都被李世民折磨得人不像人鬼不像鬼。（《资治通鉴》记载，世充与建德语而泣。）

李世民看在眼里乐在心中，看来这仗终于不用再打了，通过王世充哭的那个可怜样就知道他应该是要放弃抵抗了。

这段时间的攻城战也让唐军吃尽苦头。王世充准备大量守城工具，有些重型武器更是让唐军伤亡惨重，例如，可以发射五十斤重石头的大炮，射程有五百步远的巨型弓弩，射出的箭比标枪还粗……

李世民看问题十分准确，王世充回到城中和大家一商量，眼下已经走投无路，早点投降吧，免得城破之日横死在乱军之中。

公元 621 年 6 月，王世充开城请降。

洛阳城解放了！老百姓们终于结束了杨广和王世充统治的黑暗时代，大唐朝的阳光普照洛阳城。

李世民率军进入城中，依然严明军纪，秋毫无犯，派人封存府库，该保管的妥善保管，金银珠宝等该拿出来的由官方统一拿出来，按照将士们的功劳公平、公正、公开地赏赐给大家。

封赏过自己手下之后，也要处理隋朝和王世充的旧部，该开批斗会的基本也没放过，对于那些罪大恶极的人李世民毫不手软，一口气砍了十几个。

老百姓们得知这些人被杀也都拍手叫好，认为他们实在是死有余辜，就拿其中一个叫朱粲的来说吧，这人竟然是个食人魔。

朱粲本来是个隋朝的小官，后来趁乱起义，自称楼罗王。转眼之间召集十多万人，这么多人跟着他混饭吃，他得让人家填饱肚子啊，偏偏赶上那几年他控制的那块地盘闹天灾比别的地方厉害，大米涨到了一万钱一斛，而且还经常断货。

朱粲没粮食吃就吃人肉，每次攻下城池都抓住城中妇女和儿童蒸熟分给大家吃，他留在这世上的一句名言就是："肉之美者无过于人，但使他国有人，何忧于馁！"意思就是，这个世界上最好吃的肉就是人肉，只要别的城池有人，我们就不用担心没有粮食吃。后来，朱粲兵败投靠王世充，李世民入主洛阳后毫不犹豫地砍了这个食人魔，城中百姓仍然不解气，用石头将朱粲的尸体砸得面目皆非，才各自散去。

公元 621 年 7 月，秦王李世民凯旋，长安城内欢天喜地，如同过节一般，城中大街小巷张灯结彩，净水泼街、黄土垫道，迎接英雄归来。李世民身披黄金战甲，李元吉、尉迟敬德、秦叔宝、程知节、徐世勣等重要将领紧随其后，再后面是一万铁骑、三万带甲武士。另外，王世充、窦建德等人也被押解回长安。

李渊亲自为战士们接风洗尘，表彰奖励之后，开始对"战犯"进行"审判"，窦建德毫无争议地被砍了脑袋，紧接着就要杀王世充，王世充开始为自己辩护："我是犯了十恶不赦的大罪，本应该被处死，但秦王宅心仁厚答应我要是肯于投降就放我一条生路。"

李渊不能让自己儿子说话不算数啊，于是把王世充的近亲全部贬为平民发配到蜀地。

有人该问了，李渊不是心胸极其宽广吗？为什么不能放窦建德一条生路呢？李渊心胸是宽广，但他不是弱智，该放的自然要放，该杀的也绝不会手软，当过皇帝的人都知道当皇帝多有诱惑力，就像李密一样，说不定哪天头脑一热再次造反，像窦建德这种智勇双全，并且还有一定影响力的人物实在是不稳定因素，留他在身边可不是明智之举。

有人该问了，那为什么不杀王世充呢？仅仅因为李世民的许诺吗？

谁说不杀王世充了？王世充也是必须得死的人，只不过不光明正大地杀，这样既能除掉心头大患，又能保住李世民一诺千金的美名。

当月，王世充根据李渊的要求向蜀地出发，路过定州，定州刺史独孤修德与王世充有仇，设计杀死王世充，将其兄弟、子侄也一网打尽。

这个独孤修德跟王世充之间有杀父之仇，现如今子报父仇，大家也都不好说什么，甚至李渊也都不好意思责备他，毕竟人家独孤修德是大孝子嘛！大孝子就可以随意杀人吗？没有李渊的支持他敢杀王世充吗？这事儿不是明摆着吗！不过，王世充坏事做尽，他的死只会让大家出口恶气，谁会追究大孝子是否可以随意杀人呢？

对于窦建德的死，还是会在部分人心中留下些许遗憾，甚至有人为他伸张正义（下文中会继续讲述继承他衣钵的人——刘黑闼），窦建德这人有优点也有缺点，归结起来，大致如下：

第一，隋朝末年，窦建德对于推动社会发展起到重要作用，他在山东、河北等地区长期坚持反隋斗争，加速了隋朝灭亡和新秩序的建立。

第二，窦建德待人还算宽厚，但他生性多疑，刚愎自用，在关键时刻难辨是非，虎牢关决战之前就是因为不听大家劝告而一战被擒，数年的劳动成果付之东流。

第三，窦建德的失败虽然和他的性格有关，但归根结底还是他所处阶级的特点所导致的，农民阶级出身的他在认识上存在一定局限性，政治敏感度不够，在战略上更是缺乏远见。不过，这些都掩盖不了他是一个伟大的农民起义军领袖的事实，直至今日，河北省大名县仍有窦王庙遗址，这就是父老乡亲给予他最大的肯定。

王世充就没这么幸运，他于公元619年篡位称帝，公元621年被诛，当了三年“伪皇帝”，时间不长，但坏事做尽，足以留下千古骂名，对于他的死，大家一点儿都不伤心，任凭你仔仔细细、认认真真地翻阅他的人生简历，实在是难以找出他干过的利国利民之事。

十八学士

李渊分封完诸位有功之臣，想来想去还是觉得对李世民的封赏不到位，与其他儿子平起平坐的“秦王”这个称号难以彰显其盖世奇功，于是，特别封他为天策上将，这个位置比其他的王公大臣都要高，自己开个天策府，设置官员。

从设置官员和下一步工作重点上就能看出来，李世民绝对是个武能安邦、文可定国的奇才，在战事不断的情况下，已经开始把工作重点放在文化教育方面。开馆招收天下有志之士和各种文化人，这里面包括：杜如晦、房玄龄、虞世南、褚亮、姚思廉、李玄道、蔡允恭、薛元敬、颜相时、苏勖、于志宁、苏世长、薛收、李守素、陆德明、孔颖达、盖文达、许敬宗，共十八人，这十八个人也就是名震古今中外的“十八学士”。他们都是未来大唐盛世的中流砥柱，有些人已经在大唐创业阶段就屡立奇功。

这些人中有些在前面露过脸，作出过贡献或者表现出非凡的潜质，其中一个人是刚刚招至门下的，他就是苏世长。

此次李世民东征归来，李渊除了和他谈工作之外，也要和他唠唠家常。唠家常的过程中提到苏世长这个人，说他太讨厌，见到他就烦，不想将其留在身边，让李世民收去吧。

李世民一听不对啊，这个苏世长可是大有来头的，他还是个十一岁的孩子之时（当时是北周），就给北周武帝写信谈工作，其文采和见识令武帝折服，北周武帝专门召见这个孩子。苏世长随着年纪的增长，学问和见识更是与日俱增，并且人品也是极佳，后来觉得李渊是真命天子便投靠大唐。

李世民知道自己老爹爱才、容得下才，今天怎么对苏世长有偏见呢？李渊讲述了一下这段时间发生的事情，李世民才明白其中原委。

练武出身的李渊就爱骑马射箭，现在有李世民冲锋陷阵，自己贵为皇帝当然不能像以前一样拎着弓箭扛着长矛和人火拼，于是，开始迷恋打猎。他自己玩得极其高兴，就问大臣们：“大家玩得咋样？高兴不？”

苏世长不识时务地跳出来答道：“当皇帝的应该日理万机，现在打猎荒废了工作，能高兴吗？”

李渊听完恼羞成怒，老苏竟然一点儿都不给自己留面子，我可是皇帝，立刻破口大骂：“好个大胆狂徒！”

苏世长面不改色，答道：“我虽狂妄，对陛下却是赤胆忠心。”

打猎这事就算过去了，大家不欢而散，没过几天，李渊和大家在披香殿（皇宫中的一个十分奢华的宫殿）喝酒，喝着喝着，苏世长耿直的毛病又犯了，也不管李渊爱不爱听就直接问道：“这宫殿是杨广修建的吗？”

李渊一听就不高兴了，阴沉着脸说道：“你喝多了吧？这宫殿当然是朕建的。”

苏世长紧接着说道：“这宫殿华丽程度和商纣王的鹿台不相上下，比杨广建的那些离宫别院也毫不逊色，隋朝的宫殿已经够过度奢侈，为此更是劳民伤财，现如今陛下刚刚当上几年皇帝，天下还没太平呢，就开始学亡国之君商纣和隋炀一样大兴土木，这个我实在看不下去。”

李渊听后，转怒为喜，知道这是为国为民的社稷之才，这样耿直的人才除了自己之外还有谁能容得下他呢？

大儿子李建成？

不行！

估计到李建成手底下用不了几天就被砍了。

二儿子李世民？

这个可以！于是，苏世长就成了李世民的人。

李渊和李世民在人才使用上的一些做法也为后来的“玄武门之变”埋下伏笔。长期以来李渊一直很支持李世民，并且不仅仅是停留在虚名方面，不管是文臣还是武将，基本上最优秀的都汇集到李世民的秦王府，聪明的李渊难道没有想过后果是什么？

有爱心还不够

李世民待在长安城休养生息、学习文化知识的时候，外面还有些小毛贼试图偏安一隅成立国中之国，虽然不窥视唐朝占据的大好河山，但李渊的眼睛里可揉不得沙子，对于这种情况绝不姑息，只要能抽出人手来立刻就去把国中之国连根拔起。

公元 618 年，萧铣在岳阳称帝，后迁都江陵（今湖北省荆州市），国号为梁。前几年李渊要忙的事情太多，要打的敌人也遍地都是，萧铣远在南方当皇帝影响不到这边，于是也就一直没有大规模全面开战，只是有些小范围武力冲突，每次发生冲突的时候，大家也都很克制地退了回去，双方克制的原因不同，李渊是不想打，萧铣是不敢打。

现在李渊想打，萧铣这个皇帝也就当不了几天了。

从出身来看，萧铣的确具备当皇帝的条件，往远了说，他太爷爷是西梁的一位皇帝，往近了看，他的姑母是杨广的媳妇，也就是萧皇后，他身体里流淌着皇族的血。

萧铣于公元 617 年起兵，一路势如破竹，很快江南部分地区便成为他的囊中之物，势力大到一定程度的时候，他就想当皇帝了。

那几年刚刚赶上北方及中原部分地区极其混乱，萧铣觉得没人会考虑到他的存在，在军事上便有些松懈，甚至解散部分军队，让他们回家去种地。

令萧铣想不到的是，李渊这么快就收拾好烂摊子，在这过程中不但没有疲惫不堪，反倒更加兵精粮足，在血雨腥风的战争上生存下来的战士更加骁勇善战，收拾萧铣这样的小角色甚至不用李世民亲自出马，由李靖代劳便绰绰有余。

公元 621 年 9 月，李靖率大军南下征讨萧铣。

李靖深得兵法精髓，堪称用兵如神，打仗的风格和李世民十分相似（但李靖并不是和李世民学的，两人战法相似只能说是巧合罢了），判断好敌我情况，找到最直接有效的方法，干净利索地把长矛插进敌人心脏。

此次攻打萧铣，李靖在制订战术时说了这样一段话："兵贵神速，我军迅速出击，直抵江陵，等他发现的时候已是兵临城下。"

在制订战术方面李靖出类拔萃，在执行力方面更是无可挑剔。李靖令李孝恭率两千多艘战舰沿江东下，迅速占领萧铣的荆门和宜都两个重镇，进入江陵地区。

这个时候，萧铣的部队才反应过来，迅速集结抵抗唐军。

这样仓促聚集起来的部队又没有有威信的名将统领怎能是李靖对手，一战过后，江陵的梁军便被击垮。

这一战，唐军缴获大量敌船，李孝恭一看这战利品很丰厚啊，将来回长安定能讨个好封赏，然而，李靖却把这些梁军的战船放入长江，让它们沿着长江顺流而下。

看着一艘艘战船从眼前消失，李孝恭心疼啊，埋怨李靖败家，李靖却说："咱们让梁军战船顺流而下，下游的城池看到这些战船会以为江陵已破，便不会来救援，甚至会直接缴械投降。"

事情果然和李靖预料的一样，很快长江下游的各位梁国负责人纷纷跳槽过来当了李渊的臣子。

萧铣是个有爱心的皇帝，他发现大势已去，与其死守城池连累百姓一起遭殃，还不如牺牲他一个免去百姓的刀兵之苦。

于是，萧铣开城投降。这几年，他为百姓做了不少好事，城中百姓哭天喊地，为他送行，萧铣也是大义凛然地说道："和李渊对抗的是我一人，跟百姓无关，不要滥杀无辜。"

李孝恭的队伍进城后，看见城中十分富裕，到处都是好东西，大家跃跃欲试，准备把自己的口袋装满，这个时候，萧铣的一个大臣岑文本（后来成为李世民的重臣）对李孝恭说道："江南百姓长期受隋朝苛政的虐待，这几年萧铣给他们带来好日子，他们心存感激，政治斗争难免有死伤，老百姓也不会过于关心谁当皇帝，他们关心的是自己生活的好坏，唐军刚下江南就烧杀抢掠的话，老百姓怎么能接受大唐的李渊皇帝呢？"

李孝恭对于岑文本的劝诫感激万分，自己差点犯了大错，想想人家李世民带兵打仗对老百姓秋毫无犯，到哪里都会受到群众热烈欢迎。

不欺负老百姓可以，那梁朝的文武官员呢？很多人认为，他们开始拼死抵抗我军，给我军也造成不小伤亡，现在应该杀了他们为死去的将士们报仇。

就在这时，李靖说话了："冤冤相报何时了！他们为了自己的主子拼死抵抗，这是因为忠诚，我们兴的是仁义之师，现在已经抓住萧铣，为什么还要为难那些忠臣呢？"

同年 10 月，李靖押解萧铣回到长安。

萧铣和李渊简单对话之后，被斩于长安城内，又一个皇帝见了阎王。李渊杀他的原因和不能留窦建德、王世充是一个道理，不会因为萧铣仁慈就放他一条生路，李渊绝不会在自己身边埋下一颗地雷，这可能就是皇帝之间战争的最终结局吧，如果萧铣抓住李渊的话，李渊应该也会人头落地。

从当皇帝的角度来看，萧铣做得不错，深受老百姓爱戴，可惜的是隋末乱世并非他这样人的舞台，能文不能武必然以失败而告终。通过萧铣的失败我们能够知道，在很多情况下，仅仅有一颗爱心是远远不够的，具备更高深的智慧才是成大事的关键。

最后的小黑点

江南沃土尽归大唐所有，李渊打心眼里高兴。闲来无事展开中国地图，左看看，右看看，上看看，下看看，差不多都是自己的了。

咦？怎么还有个小黑点儿？这是哪路小鬼敢扰大唐社会治安？

仔细一看，竟然还真是个“黑”点，这个让李渊不省心的人就是刘黑闼。

刘黑闼和窦建德是同乡，也是光腚娃娃，从小一起玩到大，他家里穷，作为里长的窦建德经常送他一些钱粮衣物，后来大家都搞农民起义，窦建德自立为王，刘黑闼就曲折多了，他最开始是给郝孝德打工，后来郝孝德投奔李密，刘黑闼就成了李密的手下，后来李密被王世充打败，他又成了王世充手下，再后来他看不惯王世充的所作所为就找机会跑到窦建德身边。

虎牢关唐、夏对决，窦建德被生擒活捉，树倒猢狲散，侥幸活命的人也就散伙了，刘黑闼回到老家过起“采菊东篱下，悠然见南山”的田园生活，没了往日的叱咤风云，但这怡然自得的日子还算快活。

夏王窦建德在长安被杀，余党继续被唐朝追捕，一群人打着为夏王报仇的旗号，再次聚众闹事。

这次起义的时候他们搞了一场封建迷信活动——占卜，找高人算了一卦，结果表明，这群乌合之众要想成大事必须找个姓刘的人当首领。窦建德的旧部有个叫刘雅的，大家推他做老大，但这人很有自知之明，知道自己不是那块料，断然拒绝大家的好意。

就这样，另外一个姓刘的刘黑闼就当了老大。

刘黑闼为了表示要做一番大事业的决心，干脆一刀断了自己后路，杀掉种地的老黄牛，弃农从政，继续从事造反斗争，只不过这回反的不是隋，而是唐。

（《资治通鉴》记载，黑闼方种蔬，即杀耕牛，与之共饮食定计，聚众得百人。）

公元621年8月，刘黑闼攻下鄃（shū）县（今山东省夏津县城东北），自称大将军，队伍也迅速壮大。

李渊开始对于刘黑闼并未放在心上，派就近的秦武通、李玄通、李神通和罗艺(现在已经被皇帝赐为姓李，大家叫他李艺也行)讨伐叛乱。

令大家没有想到的是，这个刘黑闼竟然是个狠角色，差不多五万唐军被他打得大败而归，就连罗艺也不是他的对手，损兵折将，薛万钧和薛万彻兄弟都成了俘虏。

刘黑闼随后又进攻定州，李玄通兵败被擒。刘黑闼爱才，没忍心杀他，还好酒好肉地招待。

李玄通也不客气，大口喝酒，大块吃肉，酒足饭饱兴致高涨，和守卫借了把刀，跳起舞来。跳完之后长叹一声："大丈夫受主恩惠，不能保家卫国，如今皇帝让我镇守一方，我却丢了国土，还有什么脸面活在世上！"说完举刀自刎。

李玄通真是条汉子！

同年12月，刘黑闼攻陷冀州，李神通、徐世勣等人先后都当了他的手下败将。一时间，刘黑闼声威大震，窦建德的很多旧部纷纷起兵响应，很快，原来窦建德的地盘都被刘黑闼收复了。

公元622年1月，刘黑闼看着自己取得的丰硕成果几乎不在窦建德之下，足以自立为王，于是定都洺州（今河北省永年东南），自称汉东王，一切习惯、法律制度等全部和窦建德在位期间一样。

看来李世民不出马还是很难收拾这个刘黑闼。

公元621年12月，李渊派李世民和李元吉起兵讨伐刘黑闼。

秦王李世民的名号在洛阳和虎牢之战以后足以令敌人胆寒，刘黑闼避其锋芒，撤退到卫州（今河南省卫辉市）。

罗艺率领本部数万人马配合李世民采取军事行动，刘黑闼不想双线作战，想先把相对较弱的罗艺解决掉，再集中精力对付李世民。于是，让范愿留守卫州，自己带领精锐部队去消灭罗艺。

刘黑闼前脚刚走，唐军后脚就跟着捣乱，大晚上的不让卫州城的士兵睡觉，摆了六十面大鼓在城外猛敲，差点儿没把范愿的心脏病给吓犯了，他立刻派人给刘黑闼报送紧急军情，说卫州危险。刘黑闼没办法只好又撤回来，让弟弟刘十善和张君立带领一万人去对付罗艺。

这刘十善和张君立哪是罗艺的对手啊，罗艺长期镇守幽州，兵强马壮，军事才能也不错。双方开战，一个回合下来，刘十善和张君立的一万大兵就剩下两千。

罗艺趁势收复定、栾、廉、赵四个州，然后准备在洺州和李世民合兵。

刘黑闼迅速集结精锐进攻洺州，阻止罗、李合兵。

此刻洺州守将是王君廓，面对刘黑闼的猛烈进攻，洺州城风雨飘摇，眼看着就保不住了。关键时刻猛将罗士信主动请缨要代替王君廓守城，王君廓撤出洺州城，罗士信带领二百敢死队进入危城。

几天之后，城池终于被刘黑闼攻破，罗士信被俘，但他威武不能屈的精神让刘黑闼很不舒服，因此，年仅二十八岁的罗士信被残忍杀害。（《旧唐书》说终年二十岁，《新唐书》说二十八岁，这个现在也已经无从考证。）

痛失爱将令李世民十分恼火，下令全力攻城，几天之后，洺州被唐军攻破，李世民在洺河南北两岸安营扎寨，分兵驻守。任凭刘黑闼如何叫骂都拒绝出战。

这次李世民又用了当初对付宗罗睺的战术，打持久战把敌人耗死。

李世民在坚守期间不停派兵袭击刘黑闼的后期补给队伍，烧毁敌人大量粮草。

消耗战一直持续两个来月，李世民推算刘黑闼的粮食应该已经快吃完了，他很快就会不顾一切地前来决战，于是，派了一队人马在洺河上游筑起水坝开始蓄水，并吩咐他们看到两军交战便开闸放水。

果然，没过两天，刘黑闼率领两万步兵和骑兵渡过洺河强攻唐军营寨。

李世民派轻骑诱敌，然后亲率玄甲军出击，刘黑闼背水一战也是拼了命地打，但两军实力毕竟有差距，再加上李世民临场指挥十分到位，刘黑闼只能无奈地选择撤退。

此刻，洺河上游已经开闸放水，河水大涨，刘黑闼的残余部队大多也都掉进水里喂了鱼虾。最终，他仅仅带领几百士兵仓皇逃到突厥那里寻求“避难”。

唐军再次收复山东、河北等地。

就这样，大唐地图上的最后一个小黑点也被擦掉。

刘黑闼大败而逃之后，中华大地再无成规模的造反势力，个别自立为王者已无法掀起风浪。

后记

经过多年努力，李家父子终于用辛勤的汗水和无数战士的鲜血浇灭了隋末的烽火，天下看起来好像已经太平无事，他们已经准备用自己的智慧和人格魅力奏响盛唐之歌。但是，真的会一帆风顺吗？就没有跳梁小丑或者江湖大鳄出来捣乱吗？

李家父子又是如何再次战胜对手创造一个安定团结的盛唐呢？盛唐在政治、经济、文化、艺术、科技等方面取得了什么样的成就？对中国和世界又有什么样的影响？

敬请关注《唐盛唐衰（贰）：贞观长歌》。